이머징 예배 ── 뛰어넘기

이머징 예배 뛰어넘기

Going Beyond the Emerging Worship

지은이   유재원
펴낸이   임성빈
펴낸곳   도서출판 하늘향

등록   제2014-31호
주소   서울시 광진구 광장로5길 25-1
전화   02-450-0795
팩스   02-450-0797

인쇄   2016년 12월 27일
발행   2016년 12월 30일

값 15,000원
ISBN   979-11-952833-9-2

* 이 도서의 국립중앙도서관 출판예정도서목록(CIP)은 서지정보유통지원시스템
  홈페이지(http://seoji.nl.go.kr)와 국가자료공동목록시스템(http://www.nl.go.kr/
  kolisnet)에서 이용하실 수 있습니다.(CIP제어번호: CIP2016032489)

* 도서출판 하늘향은 평신도를 대상으로 신앙·기독교교양 서적을 발행하는
  도서출판 장로회신학대학교 출판부의 패밀리브랜드입니다.

이머징
예배
뛰어넘기

변화하는 세상 속에서 풀어가는
한국형 예배 이야기

유 재 원 지음

하늘향

목 차
INDEX

추천의 글 1   8

추천의 글 2   10

추천의 글 3   12

감사의 글   13

프롤로그 : 생명을 위한 흔들림   14

1부 과거로의 여행

제1장 내려다보기 "굿바이, 이머전트!"   22

I   구도자에 민감한 집회   23

1. 구도자 집회의 역사적 기원   24

2. 구도자 집회의 성경적 근거   27

3. 구도자 집회의 빛과 그림자   28

II 이머징 예배   42

1. 이머징의 바다로 나아가기 전에   43

2. 이머징의 주요 그룹과 성향   45

3. 새로운 세대를 위한 Plan 'B'   46

제2장 뒤돌아보기 존재의 이유   60

I   쟝 칼뱅과 존 낙스의 예배   61

1. 쟝 칼뱅의 예배   62

2. 존 낙스의 예배   66

II   미국 장로교 예배   72

1. 미국 정착의 역사   72

2. 장로교의 설립   73

3. 미국 장로교 예배와 예식서의 형성 과정   75

4. 미국 장로교 예배서의 형성과 특징   77

5. 평가   81

III   초기 한국 장로교 예배   85

1. 초기 한국 장로교 예배의 시대적 구분   86

2. 만주 교회와 한국 장로교 예배   89

3. 미국의 선교사들이 소개한 예배 전통   91

4. 네비우스 선교정책과 초기 한국 장로교 예배   93

5. 1907년 이후의 한국 장로교 예배   95

2부   현재와 미래로의 여행

제3장 들여다보기 불편한 진실, 그러나...   106

I   열린 예배   108

1. 왜 열린 예배인가?   108

2. 열린 예배의 특징   111

목차
INDEX

3. 평가 112

4. 제언 114

II 카리스마틱 예배 116

1. 카리스마틱 예배의 개념 117

2. 카리스마틱 예배의 형태와 신학 121

3. 평가 126

4. 제언 128

III 통합 예배 130

1. 통합 예배의 시작 130

2. 예배 스타일의 통합 현상 131

3. 통합 예배의 영역 133

4. 통합 예배의 기본 패턴 142

5. 평가 및 제언 143

제4장 올려다보기 아무도, 아무 것도 149

I 한국형 예배, 그 이상과 현실 사이 150

1. 한국 교회의 현대 예배 현황 150

2. 한국 교회의 새로운 형태의 예배 현황 152

3. 한국형 예배를 위한 신학화 작업 159

II 나만 몰랐었던 이야기: 깊이 있는 예배를 위한 깊이 있는 교회 168

1. 책의 기본 구조 169

2. 책의 내용 요약 170

3. 평가 178

4. 제언   **182**

제5장 바라다보기 선택과 집중의 시대   **187**

I   **세대통합예배**   **188**

1. 왜 세대통합인가?   **188**

2. 새로운 세대의 특징과 한국 교회의 상황   **189**

3. 세대통합예배와 설교   **194**

II   **열린 예배 그 이후의 청년 예배**   **210**

1. 한국 교회의 청년 예배 현황   **210**

2. 한국 교회의 청년: 그들은 누구인가?   **214**

III   **한국형 예배의 새로운 패러다임: 유기적 예배**   **217**

1. 유기적 예배의 정의   **217**

2. 유기적 예배의 특징   **218**

3. 유기적 예배의 실제   **223**

4. 결론: 기억과 용기   **234**

에필로그 : 가장 좋은 것은 아직 오지 않았다   **240**

참고 문헌   **246**

부록 : 다양한 현대 예배의 실제 자료   **251**

주요 용어 및 주요 인물 색인   **263**

추천의 글 1

처음에 유재원 목사가 소망학술상에 응모했다는 소식을 듣고 의아해 했던 기억이 납니다. 학교가 아닌 교회에서 목회 사역을 하는 목사와 소망학술상은 왠지 어울리는 것처럼 보이지 않는 낯선 조합으로 보였기 때문입니다. 그러나, 소망학술상 선정 기준이 학문성에만 있는 것이 아니라 목회 현장에 적용할 수 있는 실제적인 요소를 함께 중요시 여긴다는 것을 알고 난 다음에는 왜 응모를 했는지 그제서야 이해할 수 있었습니다.

유재원 목사는 박사과정에 들어오면서부터 지금까지 계속해서 현대 예배에 대한 관심을 갖고 연구를 해오고 있는 예배 전문가입니다. 그 중에서도 아직은 한국 교회에 생소한 이머징 예배에 대한 연구 분야를 거의 개척해왔다고 해도 과언이 아닙니다. 이미 2011년에 『이머징 예배 따라잡기』라는 현대 예배와 이머징 예배에 대한 입문서를 출판하면서 그 저력을 과시한 바 있습니다. 장로회신학대학교에서 교수로 재직할 당시에도 그러한 열정과 사명감을 가지고 장신대 채플에서 2번에 걸쳐 성금요일 예배 기획과 실행을 주도했으며, 학생들과도 다양한 채널로 소통해 온 것으로 알고 있습니다.

이번에 발간하는 『이머징 예배 뛰어넘기』는 그 제목이 뜻하는바 서구 예배에 대한 무조건적인 답습이 아니라 '현재' 한국 교회만의 고유한 현장에서 이머징 예배라는 현대 예배 형태를 어떻게 풀어낼 것인가에 대한 저자의 고민과 목소리가 진솔하게 담겨 있다는 점에서 가치가 있습니다. 또한, 이 책에는 목회 현장에 나와 직접 기획하고 실행한 자료와 아이디어까지 아낌없이 실어놓았다는 점도 이 책의 큰 장점이라고 하겠습니다.

하나님의 백성이라면 매번 기쁨으로 감사의 예배를 드리는 것이 당연한 일입니다. 하나님께서는 "우리가 그리스도 안에서 전부터 바라던 그의 영광의 찬송이 되게 하려고"(엡 1:12) 우리를 창조하셨기 때문입니다. 따라서 예배는 우리가 이 땅에 존재하는 이유인 동시에 나아가 하나님 나라에 가서도 영원히 계속되어야 할 고귀한 의무입니다. 그런데 언제부터인가 한국 교회 안에서 점점 고귀한 예배가 사라져 가고, 인간적인 핑계를 내세워 세속화 현상이 가속되고 있습니다. 게다가 포스트모던 문화의 세찬 역습을 맞게 되면서 청년들을 위시한 3040 세대가 교회를 떠나는 현상이 계속되고 있습니다. 이러한 현상은 다시금 한국 교회의 위기로까지 언급되고 있는 실정이지만, 실상은 그만큼 우리 목회자들이 현대 예배와 문화에 대해 상대적으로 무심하고 무지했음을 인정하지 않으면 안 될 것이라 생각합니다.

바라기는 이 책이 척박한 한국교회의 현실을 타개하는 마중물이 되어 다시금 한국 교회와 예배 현장이 고귀하면서도 소중한 초대 교회의 예배와 그 정신이 새롭게 재해석되어 하나님께 영광을 올려드리는 그 날이 속히 오기를 기원합니다. 그런 의미에서 이 책을 예배의 영광을 회복하기를 원하는 많은 현장 목회자들과 또 신학생들에게 적극적으로 추천합니다.

2016년 대림절을 보내며 **주 승 중**
주안장로교회 위임목사

"주여, 이 모든 일을 중단하지 마옵소서"

김 운 용 (장로회신학대학교 교수, 예배설교학)

예배는 하나님과 그분의 신비에 목마른 사람들이 나아와 올려드리는 영광의 찬송입니다. 동방정교회 예배학자 알렉산더 쉬메만은 인간의 그 모든 갈망과 굶주림은 본질적으로 "하나님을 향한 배고픔"과 궁극적으로 "하나님을 향한 갈망"으로부터 시작한다고 주장합니다. 기독교의 예배는 그런 갈망과 배고픔으로부터 시작합니다. 또한, 예배는 그리스도 안에서 우리에게 주시는 하나님의 은혜와 신비를 경축하는 자리이며, 그것으로 인해 영광과 감사를 올려드리는 자리입니다. 그런 점에서 볼 때 예배는 그리스도인들의 모임인 교회에 주시는 선물이며 교회를 교회되게 하는 요소입니다. 그래서 예배 사역자들과 예배자들은 예배의 생명을 유지하기 위해 지속적인 노력을 할 수 밖에 없습니다.

　　기독교의 예배는 신앙공동체가 이 세상 속에 그 비전을 전달하고transmission 펼치는 것spread을 온전히 감당할 수 있도록 도와줄 뿐만 아니라 그러한 비전이 "뚜렷한 초점 sharp focus과 집중된 표현concentrated expression으로 나타나는 자리"여야 합니다. 그러한 예배에 참석한 그리스도인들은 "말로 표현할 수 없는 전혀 다른 실재가 우리의 삶을 살아가게 한다"는 고백을 하게 되며, 예배의 현장에서 신앙공동체인 교회는 하늘로 영광을 올리고, 하늘이 땅으로 내려오는 신비를 맛보게 됩니다.

　　그런 점에서 신실한 예배 사역자들이라면 누구나 생명력이 상실한 형식만 남은 예배,

비본질적인 요소로 가득 찬 예배를 회복하여 진정한 예배 회복과 생명력을 가져오려고 몸부림을 쳤습니다. 그것이 개혁자들과 그 후예들이 추구하는 바였습니다. 그런 의미에서 종교개혁은 예배 개혁이었으며, 예배에 대한 열심으로부터 생겨난 운동이었습니다. 언제나 개혁은 과거에서 이루어지는 것이 아니라 오늘의 삶의 자리에서 일어나는 현재적 사건입니다.

특별히 20세기 후반에 들어오면서, 기독교 예배는 많은 위기 현상들을 경험하면서 예배를 새롭게 하려는 움직임이 활발하게 일어납니다. 그러한 움직임들은 직접 활용할 수 있는 부분도 있고, 새롭게 하려는 그 정신만으로도 다양한 예배의 현장에 많은 통찰력을 주기도 했습니다. 본서는 그 흐름 가운데 하나인 이머징 예배에 대해 지속적으로 깊은 연구를 해 온 예배학자 유재원 박사가 변화하는 상황과 한국적 상황에서 과거를 돌아보고 현재를 바라보면서 한국형 예배를 제안하고 있는 책입니다. 이것은 예배학자가 과거와 현재의 대화를 통해, 그리고 미래를 지향하면서 한국교회 목회 현장에서 예배의 신비를 어떻게 더욱 생생하게 누릴 수 있을 것인지에 대해 몸부림을 통해 나온 열매입니다. '과거로의 여행'으로 개혁자들로부터 현대적 예배까지를 살펴보고 있으며, 요즘의 하나의 트렌드처럼 제시되고 있는 다양한 흐름들을 정리하면서, 한국형 예배로서 '유기적 예배'를 제안하고 있습니다.

　　본서는 예배가 본질적으로 무엇을 의미하며, 그 본질적 기초를 어떻게 세워가야 할지를 함께 고민해야 한다는 당위성을 함께 느끼게 해 줍니다. 과거와 현재를 돌아보며 반성하고, 미래를 위해 본질과 정신을 바로 세워가려는 저자의 시도가 돋보이는 이유입니다. 시대적 트렌드를 따라가기 위해 분주히 달리다가 탈진해 있는 시대를 향해 본질과 오늘의 상황이라는 경계선을 달려가면서 더 좋은 예배를 향한 여행길을 소개하고, 함께 걷는 많은 사람들에게 그 신비의 세계가 활짝 펼쳐지는 이야기를 들려주는 저자의 진솔한 예배 이야기에 진지하게 그리고 깊이 귀 기울여 주시기를 바랍니다.

　　1500여 년 전 존 크리소스톰이 드렸던 기도가 오늘 나의 가슴을 여전히 울립니다. "주께서 우리를 천상으로 올리시기까지, 그리고 우리에게 장차 임할 주님의 나라에 이르기까지, 주여 이 모든 일을 중단하지 마소서."

추천의 글 3

김 경 진 (장로회신학대학교 교수, 예배설교학)

『이머징 예배 따라잡기』의 저자 유재원 박사가 5년 만에 그의 새로운 책의 초고를 들고 저를 찾아왔을 때 저는 설레는 마음으로 그의 글을 읽지 않을 수 없었습니다. 현대예배와 관련하여 타의 추종을 불허할만한 전문적인 지식과 정보를 가지고 있는 유재원교수가 오랫동안 연구 끝에 내어 놓는 이머징 예배의 결정판이었기 때문입니다. 『이머징 예배 뛰어넘기』라는 제목이 이미 우리에게 알려주듯이, 저자는 자신의 첫 번째 책을 넘어서 이제 이 책에서 이머징예배에 대한 현대적, 한국적 대안을 제시하고자 합니다.

　현대 예배에 대한 연구는 현장성이 강하고 진행형이며 다양한 형태로 나타나기 때문에 정연한 이론으로 정리해 내기가 어려운 것이 사실입니다. 그러다 보니 "이머징 예배를 따라잡는" 일도 쉬운 일은 아니었을 것입니다. 그런데 이제 저자는 이머징예배를 이해하고 분석하고 정리하는 단계를 넘어서서 "이머징 예배를 뛰어넘고자" 시도하고 있습니다.

　이 책에는 이머징 예배를 다루는 다른 일반적인 책들과는 차별되는 장점이 여럿 있습니다. 우선 저자는 서구교회에서 나타난 구도자집회로부터 이어지는 이머징예배의 흐름을 역사적으로 신학적으로 보다 분명하게 정리하여 알려주고 있습니다. 이어서 장로교의 전통에서, 그리고 한국 교회의 전통속에서 이러한 이머징예배의 흐름이 어떠한 의미를 갖고 있는지, 또한 어떤 문제점을 갖고 있는지에 대해 설명하여 줍니다. 마지막으로 이머징 예배의 한국적 적용에 대하여 다양하게 열린 대안들을 제시하고 있습니다.

　저는 이 책이 현대 예배를 이해하고자 하는 사람들, 특히 이머징 예배를 이해하고 한국교회 안에서 적용하고 싶어 하는 사람들에게 매우 유익한 책이 될 것이라고 확신합니다. 저자가 직접 기획한 다양한 이머징 예배 사례들은 우리에게 주는 귀한 세렌디피티이기도 합니다.

　유재원 박사는 장로회신학대학교에서 교수로 봉직하는 동안 특별히 이머징 예배를 연구하고 한국교회에 적용하는 것에 대하여 소명감을 가지고 접근해왔습니다. 그의 연구가 열매로 나타난 이 책을 기쁜마음으로 추천합니다.

감사의 글

교수로 있을 때 소망학술상에 응모했다가 떨어졌었는데, 오히려 현장으로 나와 있을 때 선정된 것 자체가 작은 기적입니다. 하나님의 크고 넓은 사랑을 다시금 느끼게 되면서 지금까지 허락해 주신 은혜가 얼마나 큰지 새삼 깨닫습니다. 개인적으로는 앞서 저술한 『이머징 예배 따라잡기』의 미진한 부분을 부분적으로나마 채우고 앞으로 나아갈 수 있는 기회를 얻게 되어 얼마나 감사한지 모르겠습니다.

언제나 학문의 선배이자 부모의 심정으로 지켜봐주시는 세 분의 은사님들-주승중 목사님, 김운용 교수님, 김경진 교수님 모두 기꺼운 마음으로 귀한 추천의 글을 써주셔서 고맙습니다. 부족한 가르침에도 불구하고 수업 시간에 열정적으로 자료를 준비하여 토론하면서 반짝이는 통찰력과 의견을 아낌없이 나누어 준 학생 여러분, 고맙습니다. 새내기 교구 목사인 저를 위해 기도해 주시고 동역해 주신 62교구 성도님들과 예배기획팀, 고맙습니다. 뒤늦게 만나 각자의 살인적인 연말 일정 속에서도 이 책을 출판할 수 있도록 실질적인 도움을 준 최영민, 이지은에게도 특별히 감사의 인사를 전합니다.

다윗의 장막이 회복되는 그 날을 기대하면서
주후 2016년 성탄절을 앞두고 **유 재 원**

PROLOGUE

생명을 위한 흔들림

——

이것 또한

지 나 가 리 라

요즘 지상파 방송에서든 케이블 방송에서든 오디션 프로그램이 유행이다. 그 프로그램을 보노라면, 치열한 경쟁을 거치면서 남은 생존자들에게서 공통점을 발견하게 된다. 일단은 자신의 '꿈'을 이룰 때까지 계속해서 흔들리는 경험을 한다는 사실이다. 환경과 외모, 신체적 조건 앞에서, 노래에 대한 상대적인 열등감이나 지금까지 장점이라 생각했던 것이 단점이라 지적받을 때 그들은 흔들린다. 촉박한 시간 가운데 펼쳐지는 미션 경쟁에 대한 불안감과 부담감 앞에서 그리고 같은 꿈을 갖고 도전하는 다른 경쟁자들과의 인간관계 앞에서 그들은 사정없이 흔들린다. 이처럼 힘든 시간을 보내며 끝까지 살아남는 사람들은 그러한 흔들림 속에서도 자신의 참 모습과 직면하여 과감히 버릴 것은 버리고 인내하면서 미처 몰랐던 자신의 장점과 잠재력을 표출시켜 당당한 모습으로 감동을 선사하게 된다. 마치 어느 시인이 "이 세상 그 어떤 아름다운 꽃들도 다 흔들리면서 줄기를 곧게 세워나가며 피워나가는" 것처럼 말이다. 그렇다면 요즘의 '한국 교회'는 어떠한가? 그리고 '한국 교회의 예배'는 어떠한가? 현재 어떤 '흔들림' 가운데 있는가?

성경에서는 '흔들다'라는 단어가 하나님께 경의를 표하며 무언가를 바칠 때와 하나님의 임재하심을 표현할 때 사용된다. 또한 흔들리는 나의 실존을 표현하거나 분노 혹은 심판의 상태를 나타낼 때 그리고 실제로 일어난 지진을 지칭할 때(행 16:26) 사용된다. 한편으로 우리의 인생을 이러한 '흔들림'의 관점에서 보면 먼저, 일상적인 흔들림, 감성적인 흔들림 다른 말로 심리학적인 면에서의 혼란이 있다. 다양한 감정의 변화를 겪으면서 각 성장 단계마다 도사리고 있는 여러 결핍과 맞서 싸우고 인간 관계에서 오는 갈등을 겪으면서 자신만의 균형 감각을 갖게 된다. 다음으로는 지적인 흔들림 즉 교육학적인 면에서의 혼란이 있다. 이것은 학습을 통한 인지 능력을 키워나가면서 극복하게 된다. 마지막이 가장 중요한데 그것은 바로 기독교인들이 일평생 겪어야 하는 영적인 '흔들림'이다. 절대자이신 하나님 앞에 벌거벗은 존재로 섰을 때*Coram Deo* 엄습하는 본질적 흔들림 그리고 이 땅에서의 삶 가운데 쉴새없이 덤벼드는 크고 작은 시험과 시련에서 오는 흔들림을 의미한다. 이러한 영적 흔들림이 있었기에 수많은 신앙의 선배들이 핍박을 이길 수 있었고, 종교개혁이 일어날 수 있었고, 그리고 무엇보다 현재 우리가 마음 놓고 하나님을 믿을 수 있는 특권을 누릴 수 있었다.

단순히 생각하면 흔들림 없이 사는 삶이 최고인 것 같지만 실상은 이와 반대라는 것이다.

기독교가 위기라는 말이 오히려 익숙하게 들릴 정도로 한국 교회는 그 어느 때보다도 내외적으로 사정없이 흔들리고 있다. 그리고 이것은 예배 현장에서 더더욱 흔들리고 있는 기독교의 모습이 여과없이 비춰지고 있다. 무작정 서구 교회의 유행을 따라 드려지는 소위 '트렌드 예배', 혹은 귀차니즘에 빠져 아무런 성찰없이 늘상 익숙한 예배 순서대로 드려지는 '주일 예배'가 바로 그것이다. 그렇다고 해서 필자는 이러한 상황을 구차한 변명이나 합리화로 미화시킬 의도는 전혀 없다. 오히려, 이러한 현실이 반갑다면 반갑고 미래를 위해 나아갈 수 있는 최적의 표준 환경이라 생각한다. 왜 그럴 수 있냐고 반감어린 질문을 떠올릴 수 있겠지만 이에 대한 필자의 답은 다음과 같다. 냉정하게 이러한 흔들림 가운데에서도 가만히 초점을 맞춰 살펴보면 신기하게도 변함없이 우리에게 향하신 하나님의 분명한 뜻을 발견할 수 있기 때문이다.

그렇다. 흔들리지 않는 것만을 남겨놓기 위해서 지금도 하나님께서는 우리를 흔들고 계신다. 그 흔들림은 마치 예방접종과도 같다. 단지 차이가 있다면 그 접종 시기를 내가 정할 수 없고 전적으로 하나님의 때에 맞춰있다는 사실이다. 갑자기, 예상하지 못한 장소, 예상하지 못한 시간, 예상하지 못한 것들을 가지고 우리를 흔들어 놓고 계신다. 우리가 할 수 있는 것은 오직 그 흔들림 속에서 최선을 다해 하나님의 불씨divine spark가 일어나고 있는 자리를 찾아 참된 생명을 자라나게 하는 것이다. 그리고, 더 큰 흔들림이 있고난 후에는 더 큰 은혜가 있음을 기억하면서, 그 가운데 분명히 심겨져 있는 흔들림의 불씨, 생명의 불씨를 계속해서 피워나가야 한다.

나아가서는 그러한 새 생명의 창조적인 진화 사역을 온전히 즐겨야 할 것이다. 그것이 바로 십자가에서 돌아가신 예수님이 완성하신 생명의 흔들림에 동참하는 것이며 부활의 신앙을 키워나가는 첫 걸음이 된다는 사실을 기억하기 바란다. 또한, 이러한 초심을 가지고 한국형 예배를 위한 흔들림 속으로 기꺼이 들어가려는 그 때가 바로 하나님의 온전한 생명의 역사가 시작되는 때라는 것을 아울러 기억하기 바란다. 이 책은 그러한 흔들림 가운데 있을지라도, 당황하지 않고 끝까지 잘 갈 수 있게 도와주는 일종의 비상용 안내책자이기도 하다.

—— 책의 구성과 내용

『이머징 예배 뛰어넘기』라는 책의 부제인 "변화하는 세상 속에서 풀어가는 한국형 예배 이야기"를 보면 알 수 있듯이 이 책은 사실상 이상적으로 최선인 것을 추구하기 보다는 현실적인 차선책을 추구하려는 시도이다. 한국 교회의 역사를 되돌아보면, 당시 선교사들에 의해 복음을 전해 받았던 피복음국이었기 때문에 당시 문화와의 융합은 필연적이었고, 한편으로 선교사들의 예배관과 신학을 거의 맹목적으로 따를 수 밖에 없었다. 이러한 현상은 현재에 까지 거의 주류로 이어져오고 있는 것이 현실이며, 그것은 현대 예배의 현장이라고 해서 예외는 아니다. 특히나, 필자의 경우 예배신학자로서 이론이 주가 되는 학교에 있다가 실제 목회 현장에 나와서 다양한 예배자를 대상으로 하여 예배의 실제를 기획하고 실행다보니 이론과 실제와의 괴리감이 얼마나 큰지 그러면서도 본질을 간직하며 현상에 접목해야만 되는 애로 사항을 느끼지 않을 수 없었다.

이 책에서는 다른 여러 예배학 저서에서 다루어지고 있는 예배의 정의나 역사에 대한 부분은 과감히 뛰어넘은 채, 바로 구도자 집회와 이머징 예배에 대한 담론으로 시작하려고 한다. 이 책의 구성과 내용을 차례대로 살펴보면 다음과 같다.

먼저 구성에 있어서는 제일 처음 나오는 프롤로그와 제일 뒤에 나오는 에필로그를 제외하고서 크게 2부로 되어 있다. 1부는 "과거로의 여행"이라는 제목 하에 제1장 내려다보기, 제2장 뒤돌아보기로 되어 있으며, 2부는 "현재와 미래로의 여행"이라는 제목 하에 제3장 들여다보기, 제4장 올려다보기, 제5장 바라다보기로 구성되어 있다. 각 장별 내용을 간략하게 소개하면 다음과 같다.

제1장 내려다보기: "굿바이, 이머전트!"에서는 한국 교회에 많은 영향을 지금까지도 떨치고 있는 서구교회에서 성행한 구도자 집회와 이머징 예배에 대해 전반적인 고찰과 서술을 해나가게 될 것이다. 그리하여, 그 두 가지 유형의 현대 예배를 통해 나타난 현상을 정리하

면서 한국형 예배 작업에 적용하려고 할 때 어떤 점을 유의해야 하는 지를 내려다보려고 한다.

제2장 뒤돌아보기: 존재의 이유에서는 지금까지의 현대 예배와 관련된 예배학 저서에서는 거의 도외시했던 장로교 예배 신학의 뿌리를 본격적으로 찾아 나서는 작업을 시도하고자 한다. 칼뱅으로 시작해서, 존 낙스로 대표되는 스코틀랜드 장로교 예배의 역사를 먼저 뒤돌아보게 될 것이다. 그런 다음에, 미국 장로교 예배와 초기 한국 장로교 예배의 신학과 예배의 특징을 뒤돌아보면서 현재 우리가 어디에 서 있는지를 가늠해 보려고 한다.

제3장 들여다보기: 불편한 진실, 그러나...에서는 현재 한국 교회 예배 현장을 가장 잘 나타내는 대표적인 예배 유형 세 가지를 선택하여 그 현장을 중심으로 들여다보려고 한다. 열린 예배, 카리스마틱 예배, 그리고, 사중구조를 기본으로 하는 통합 예배가 이에 해당된다. 특히 카리스마틱 예배를 선택한 이유는, 다른 예배에 비해 지금까지 제대로 살펴볼 기회가 상대적으로 적었던 것을 고려한 것임을 참고하기 바란다.

제4장 올려다보기: 아무도, 아무것도에서는 실제 본격적인 한국형 예배를 세워나가기 위한 신학화 작업에 따른 고충과 현실을 직시하면서 나아가는 부분이다. 소위 '한국형'이라는 말에 담긴 양면성, 그리고, 양 극단으로 나뉘어져 이전투구泥田鬪狗식의 소모적인 싸움 보다는 제3의 길을 제시하고 있는 깊이 있는 교회론과 예배신학을 간략하게 소개하려고 한다.

제5장 바라다보기: 선택과 집중의 시대에서는 앞에서 이루어진 모든 내용을 종합하여 하나의 단순한 결론을 내리는 것이 아니라 '열려있는 결말'을 바라다보면서 서술해 나가게 될 것이다. 이를 위해 필자가 직접 기획하고 실행한 예배 중에서 '선택'한 몇 가지 예배와 해당 자료들을 '집중적'으로 소개할 것이다. 그리하여, 필자가 궁극적으로 제시하고자 하는 새로운 패러다임의 예배가 어떤 것인지 그리고 어떤 가능성이 잠재되어 있는지를 가늠해 보고자 한다.

이제, 모든 일상의 의심과 회의는 접어둔 채 열려있는 여정으로 함께 떠나는 일만이 남았다. 힘차게 외쳐보자. "Ready, Action!"

1부

과 거 로 의   여 행

제 1 장

내 려 다 보 기

—

"굿바이, 이머전트!"[1]

구도자에
민감한 집회

SEEKER-SENSITIVE

SERVICE

포스트모더니즘이라는 거대한 변화의 흐름 속에서 현대 교회의 예배 현장은 계속해서 치열한 전쟁을 치르는 중이다.[2] 이러한 예배 전쟁에서의 갈등은 다음과 같은 영역에서 일어난다고 생각했다. 즉, 구도자나 비신자들에게 초점을 맞출 것이냐 아니면 기존 신자들에 초점을 맞출 것이냐[3], 인간 중심이냐 하나님 중심이냐[4], 성장인가 퇴보인가[5], 세상을 따를 것인가 세상을 이끌어갈 것인가[6], 자기중심의 신앙을 추구할 것인가 공동체적인 신앙을 추구할 것인가의 갈등 관계에 따라 예배 현장이 달라질 수 밖에 없다고 여겼다.[7] 일단 이 전쟁의 승자는 적어도 1980년대 후반 혹은 1990년대 초반까지는 미국의 대형 교회가 주도하던 '구도자에 민감한 집회'인 것으로 보였다.[8]

　　다니엘 베네딕트*Daniel Benedict*와 크랙 밀러*Craig Kennet Miller*는 이것을 '구도자에 민감한 집회*Seeker-sensitive Service*[9]'라고 명하면서, 구도자들이 예수 그리스도에게 헌신하는 믿음을 갖도록 CCM과 드라마, 춤, 동영상, 가요 등을 혼합시킨 예배로 본다. 진리를 찾아

방황하는 구도자들, 잠재적인 구도자들, 불신자들 그리고 교회를 떠난 신자들까지 고려하여 예수 그리스도에 대한 신앙을 선포하는 것에 집중한다.

앤디 랑포드*Andy Langford*는 이 집회를 '구도자 집회*Seeker Worship*[10]'라고 분류하면서 교회에 나가지 않는 사람들이나 교회에서 성장하지 않아 교회 문화에 전반적으로 익숙하지 않은 사람들에게 복음을 소개하는 예배로 본다. 짧은 연극 형식을 즐겨 사용하며, 도입부에서 구도자들이 실제 생활에서 갖게 되는 질문을 나열하고 나중에 설교자가 이를 언급하며 신앙 공동체의 문제를 가지고 성경 본문에서 해답을 찾아나가 제시하는 순서로 진행된다. 극장식 분위기이며 첨단 방송기기를 활용하여 예배 실황과 함께 맞춤형 시각적 자료들을 보여준다. 예배는 참여 중심과 공연 중심이라는 두 가지 중요한 형식으로 드려진다.

이상의 내용을 염두에 두면서 구도자 집회의 역사적 기원과 성경적 근거 그리고 특징 등에 대해 차례대로 알아보기로 하자.

1 ── 구도자 집회의 역사적 기원

1) 제2차 영적 대각성 운동의 시작

구도자 집회의 역사적 배경은 19세기 미국 변방 예배의 전통에서 유래한다. 18세기말 영국에서는 이신론이 범람하고 합리주의와 회의주의가 만연해가고 있었고 미국 역시 영적 침체기에 머물러 있었다. 19세기 초 미국에서 기독교인은 전 인구의 10%에도 미치지 못했다. 반면 영토는 불과 50년 사이에 3배로 확장되었고 인구도 이민의 급증으로 5배나 증가했다. 따라서 이같은 상황은 침체된 교회의 갱신을 요구하였다.[11] 이 당시 미국은 동부 13개 주를 넘어서 광대한 서부개척을 적극적으로 펼쳐가고 있었는데, 서부개척과 함께 단 기간에 빠르게 확산된 것이 영적 대각성 운동이었다.[12] 미국교회사에서 제2차 영적 대각성 운동만큼 미국 사회에 큰 영향을 준 사건이 없었다고 할 만큼 이 부흥운동의 강도와 범위, 영향력은 실로 대단한 것이었다.[13] 이 당시의 상황을 요약해 보면 다음과 같다.

서부개척의 시작점이라고 할 수 있는 켄터키 주에서는 천막집회를 통해 1800년과 1801년 전례 없는 제2차 대각성 부흥운동이 일어났고 중서부로 뻗어 나간 개척지에서 이 영적 각성 운동도 함께 번져갔다. 다음해인 1801년 5월과 8월에 2회에 걸쳐 켄터키 주의 케인리지에서 6일간 제2차 집회가 열렸다. 이 집회에는 2만 명이 참석했는데, 그 당시 이 지역이 인구밀도가 높지 않은 개척지인데다가 가장 인구가 많은 도시였던 렉싱턴의 전체 인구가 1,795명이었던 것을 고려하면 믿기 힘든 숫자의 사람들이 몰려든 것이다. 미국 내 개신교 교회들은 이 2차 영적 대각성 운동을 계기로 전례 없는 성장을 이룩했다. 감리교는 1784년 1만5천명에서 1830년 100명으로 급증했고, 침례교는 1802년과 1812년 사이에 2배로 증가했으며, 장로교는 1807년에 1만8천명에서 1835년에 25만 명으로 성장했다.[14]

18세기 말부터 19세기 초까지 전 미국을 휩쓸었던 제2차 영적 대각성 운동은 대략 세 단계로 구분할 수 있는데, 1단계는 1780년-1790년대인데 대서양을 접하고 있는 동부지역을 중심으로 이어졌다. 2단계는 1796-1820년까지 서부지역 특히 켄터키 지방에서 야외집회 형식으로 일어났다. 마지막 3단계는 1825년부터 서부지역과 동부의 뉴욕을 중심으로 각 도시를 기점으로 번져가서 찰스 피니의 부흥운동으로 마무리 된다.[15]

2) 변방전통 예배의 시작
대각성 부흥운동은 주로 천막집회, 야외집회의 형태로 이루어졌는데 이 예배는 크게 세 가지 구조로 이루어졌다. 그것은 '뜨거운 준비찬송과 집회의 중심부로서 회심을 촉구하는 복음적인 설교, 그리고 마지막으로 결신자를 불러내는 초청의 순서[16]'이다.

이렇듯 18세기 후반부터 19세기 중반까지 일어났던 제2차 영적 대각성 운동은 부흥집회 중심의 결단과 헌신을 강조하게 되었고, 이때 은혜를 받고 선교사로 헌신한 이들이 세계 각지로 흩어지면서 그들이 경험했던 선교적 열정, 그리고 그 중심의 집회가 타국에 그대로 전달되었다. 천막집회, 야외집회 형태의 대각성 부흥운동은 새로운 예배 전통을 창조하게 되었는데 오늘날 그것을 변방전통*Frontier Tradition*의 예배라 부른다.[17]

3) 기존 교회와의 갈등

설교중심의 집회의 성격을 띠었던 개척기의 변방전통은 기존 교회들과의 마찰을 필연적으로 야기시켰다. 사실 장로교회와 회중교회가 일찍이 1700년대 중반부터 개척자들의 정착지에 개척교회를 세우고 있었다. 그리고 동부와 남부쪽에서는 목사를 파송하고 노회를 조직하게 한 바 있었다. 그런데 예배당을 벗어나서 천막을 치고 야영집회*camp meeting*를 예배로 대치하는 변방전통의 집회는 탈 예전적인 모습이었기 때문에 심한 갈등을 양산하기에 이르렀다. 예를 들어 당시 부흥집회 분위기는 기도와 찬양 심지어 성경봉독까지도 설교를 듣기 위한 준비행위로 격하시켰고, 기타 모든 것은 경험이나 회심의 황홀함을 함께 하도록 강조하는 위험한 경지를 보편화시키고 있었다. 이런 모습은 분명히 기독교 예배의 역사와 전통과는 어긋나는 예배의 정신이며 내용이었다.

그럼에도 불구하고 "버림받은 영혼들의 구원"이라는 대전제 앞에서는 어떤 교회도 적극적인 반대를 할 수는 없었다. 즉 서부로 향한 사람을 따라가면서 전개했던 부흥운동과 그곳에서 진행되었던 예배는 기독교의 전통적인 예배에 대한 관심보다는 죽어간 영혼의 구원을 위한 말씀의 선포가 시급하였다. 이러한 예전의 외면과 설교 중심의 예배는 후에 동부의 기존 교회까지 영향을 미치게 되었고, 미국 교회의 새로운 세기를 열게 되었다.[18] 이처럼 구도자를 중심으로 하여 드려지는 열린 예배 형태는 바로 제2의 서부 개척시대에 발생했던 새로운 혹은 낯설기까지 한 예배 전통의 내용과 형태에 그 맥을 같이 한다고 하겠다.[19]

2 ── 구도자 집회의 성경적 근거

1) 구약의 근거

하나님께서 아브라함을 부르신 목적은 '땅의 모든 족속이 너를 인하여 복을 받게 함'(창12:3, 22:18)이었고, 하나님의 관심은 이스라엘만이 아닌 세계 모든 나라에 있음을 볼 수 있다. 하나님은 이사야 선지자에게 이스라엘의 남은 자들이 이방인에게 가서 하나님을 소개할 것을 언급하셨고(사66:19), 시편 기자도 많은 나라들 가운데 하나님께서 예배 받으실 것을 이야기했으며(시96:3,10: 57:9), 우거하는 객이고 이방인이었던 가나안 족속과 함께 즐거워하면서 하나님께 예배하라(신26:10~11)고 말씀하셨다.**20**

이와 같이 구약시대에 이방인들과 세계 열방에 대한 하나님의 관심은, 그들을 하나님께 인도하여 하나님의 백성으로 또는 예배자로 부르시는 것을 볼 수 있다. 실제로 구약시대 예배자였던 이스라엘 백성의 구성원은 순수한 혈통인 아브라함의 자손만이 아니라 출애굽 시대에 이스라엘로 귀화한 이방 부족들, 그리고 가나안 전쟁에서의 패전 후 노예화되었으나 점차 히브리화한 원주민들, 그 외에도 역사적으로 이스라엘로 귀화한 이방인들과 이스라엘의 후손들이다.

이를 알 수 있는 또 다른 예로, 하나님은 에돔 족속과 애굽 민족에게 그들의 삼 대 후 자손이 여호와의 총회에 들어올 수 있는 길을 열어놓으신다(신23:7~8). 이처럼 하나님께서 이방인들을 하나님의 백성으로, 예배자로 삼으려는 배려를 찾아볼 수 있다. 또한 이러한 다양한 예배자들이 하나님을 아는 지식을 통해 온전한 예배를 드릴 수 있도록 문화적 환경과 시대적 상황에 맞게 역사하심을 볼 수 있다. 하나님의 말씀은 일방적인 부르심만이 아니라 다양한 사람들이 이해할 수 있는 방법으로 선포되고 기록되고 전승되었기 때문이다.**21**

2) 신약의 근거

하나님께서 불신자들을 잠재적인 예배자로 보신다는 사실을 성경(롬15:9~11)**22**은 우리에게 가르쳐주고 있다.**23** 예루살렘 초대 교회는 단지 일방적인 외침으로 구원의 역사를 이룬 것이 아니라 사람들의 현실과 필요에 맞는 나눔과 섬김을 함께 한 복음전파를 통해 많은 사람들을 구원하였다(행2:43-47). 특히 초대 그리스도인들은 불신자들에 대해 놀라운 관심을 갖고 있었고 그들을 진심으로 염려하였다.[24] 또한 성전미문에 앉아 구걸하던, 나면서부터 걷지 못하던 이를 베드로와 요한이 예수 그리스도의 이름으로 일어나 걷게 하였을 때에 그와 주위에 있던 모든 백성들이 하나님을 찬송하는 예배의 현장을 우리는 목격하게 된다.[25]

3 ── 구도자 집회의 빛과 그림자 :
윌로우 크릭 교회를 중심으로[26]

1) 교회 소개
윌로우 크릭 교회*Willow Creek Community Church*는 탁월한 리더십을 발휘하고 있는 빌 하이벨스*Bill Hybels*목사[27]의 비전과 결단력 하에, "하나님의 방식으로 하나님의 말씀을 전하는 하나님의 교회"로 전력을 다하여 오늘날 미국 뿐만 아니라 세계에서도 손꼽히는 대형 교회로 성장하게 되었다. 현재 성전의 크기만도 3에이커를 넘는 시설의 교회로 매주 약 20,000명이 넘게 예배를 참석하고 있다. 또한 Willow Creek Association안에 약700명 이상의 교인들이 동일한 목회 철학과 비전을 갖고 협력하고 있다.

2) 목회철학

(1) 목적
윌로우 크릭 교회는 하나님을 높이고*Exaltation*, 신자들을 교회하며*Edification*, 복음을 전하고*Evangelism*, 사회에 기여하는*Social action* 4가지 목적을 위해 존재한다.
❶ **하나님을 높임**: 신자들에게 하나님을 예배하고 영화롭게 하는 기회를 제공한다.

❷ **신자들을 교화**: 신자들에게 성경적인 이해의 기초를 닦고, 헌신적인 삶을 확립하며, 영적인 은사를 발견하고, 그리스도의 몸에 참여하는 일원이 되도록 돕는다.

❸ **복음 전도**: 그리스도 없이 내세를 맞이할 사람들을 전도한다. 교회는 성령께서 믿지 않는 자들을 찾음같이 교인들로 하여금 그들을 찾아 나서도록 도와주며, 그리스도의 사랑을 나눌 수 있는 기회를 찾도록 격려한다.

❹ **사회 활동**: 말과 행동으로서 하나님의 사랑과 의를 실증함으로 세상의 양심으로서 행동한다.

(2) 철학

❶ **모든 신자는 그리스도와의 동행과 자신의 믿음을 증거해야 할 책임을 가진다**

복음전도의 영적인 은사를 받고 세상에 나가서 복음을 전하도록 소명을 느끼는 사람들은 소수에 불과할지 모르지만, 자신의 영향권내에 있는 사람들에게 나아가서 그리스도와의 관계가 자신의 삶을 변화시킨다는 사실을 전하는 것은 모든 신자들의 책임이다. 불신자들을 전도하는 교회의 효율성은 우리가 전도자로서 은사를 받지 못했다고 생각하는 95%의 신자들을 움직일 수 있을 때 극적으로 증가한다. 우리는 그들이 전도하려고 애쓸 때 도와줌으로써 그들을 움직일 수 있다. 윌로우 크릭 교회는 신자들의 믿지 않는 친구들이 교회에 올 때, 그들이 거부감 없이 쉽게 들을 수 있도록 그리스도의 메시지를 그들의 삶에 적절하게, 창조적으로, 그리고 오늘날의 스타일로 전달하도록 설계된 예배를 제공함으로서 신자의 복음전도 노력을 보완하고 있다.

❷ **처음 예수를 믿는 사람**_seeker_**이 갖는 필요는 기존 신자의 필요와는 다르다**

예수 그리스도를 자신의 구주로 받아들이지 않는 사람들은 기독교적인 용어를 이해하지 못한다. 그들은 교회 예배에 참석하는 것을 꺼린다. 그리고 참석하는 경우에도 기본적인 기독교 원리들에 대한 지식이 거의 없는 상태에서 온다. 그러므로 교회는 이들이 이해 할 수 있는 수준으로 사역하는 것이 절대적으로 필요하다. 윌로우 크릭 교회는 처음 기독교를 찾는 사람들의 필요들을 채울 수 있도록 특별하게 디자인된 예배-주말 구도자 집회를 제공한다. 그러나 한편으로 윌로우 크릭 교회는 이미 믿고 있는 신자들의 필요들도 잘 채워져야 함을 인식하고 있기 때문에, 이들을 위해서도 특별하게 만들어진 예배-토요 주중예배를 제공한다. 이 예배는 성경 강해 설교를 통해서 삶에 도전을 주고, 성찬식을 거행하는 등의 창조적인 방식으로 신자들이 하나님을 예배할 수 있도록 한다.

❸ **신자들은 처음 신앙을 갖는 사람이 믿음을 결정하는 과정과 그리스도 안에서 성숙으로 나아가는 그 개인의 신앙 여정을 존중해야 한다**

신학적으로는 개인이 예수 그리스도에게 헌신하는 것을 통하여 하나님의 가족으로서 태어나는 때가 있음을 인정할 수 있다. 그러나 실제적으로 이러한 사건은 개인이 기독교인이 됨으로서 치러야 할 대가를 검증하고 살펴보는 일련의 과정 이후에 일어난다. 회심의 순간은 그 과정의 끝이 아니라 오히려 믿음의 여정이 시작되고 새로운 신앙에서 성숙의 과정으로 들어가는 시작의 순간이다. 실제로 윌로우 크릭 교회는 행사 중심보다 과정 지향적이 *process-oriented*되도록 애쓴다.

❹ **모든 신자들은 그리스도의 몸인 교회의 유익을 위해 하나님에 의해 은사를 받은 사역자이다**

윌로우 크릭 교회는 모든 신자들이 그리스도의 몸을 무장시키고 성숙하게 하는 절대적인 지체로서 하나님에 의해 은사를 받은 자들임을 인정하기 때문에, 모든 신자들이 봉사와 사역에 참여하도록 이들을 움직이게 하려고 시도한다. 교인들이 사역과 봉사에 참여하도록 하기 위해서는 교회가 신자들로 하여금 은사를 발견하고, 개발하며, 사역과 봉사를 통해 사용하도록 도전함으로서 이루어진다.

3) 교회의 특징

윌로우 크릭 교회의 특징은 위의 4가지 목적보다는 이러한 목적을 이루기 위해 구도자 중심으로 개발된 7가지 전략*Willow Creek's 7-Step Strategy*에 두드러지게 나타난다.

(1) 관계를 형성함 *Bridge Building*

구도자들을 생명력 있는 교회 생활 속으로 데려오는 것은 신자들이 이들과 개인적으로 성실한 관계를 세울 때에야 이루어질 수 있다. 윌로우 크릭 교회는 신자들에게 구도자 친구들과 성실한 관계를 세우도록 강력하게 도전하고 있다. 구도자들은 기독교로부터 고립될 조건을 충분히 가지고 있다. 이들은 기독교 라디오 방송을 듣지도 않으며, 전도스티커에도 감동하지 않을 뿐만 아니라 그들에게 주어진 선교 책자들은 쓰레기통으로 들어가기 십상이다. 이들에게 나아 갈 수 있는 유일한 길은 구도자들과의 성실한 관계 개발을 통해서이다.

(2) 입술로 증거함 *Sharing a Verval Witness*

일단 구도자들과 성실한 관계가 세워지면, 신자들은 그들에게 간증을 할 기회를 갖는다. 이러한 기회는 불신 친구와 신뢰할만한 관계를 형성한 후, 점검할 기회를 위해서 하나님께 간구하는 사람들에게 먼저 주어진다. 신자들과 그리스도와의 관계를 듣는 구도자들 대부분은 즉각적으로 신자처럼 그리스도와 관계를 가질 것이라는 반응을 보이지 않는다. 이 시점에서는 구도자 친구들에게 적절하면서도 창조적이고, 또한 호소력 있는 방식으로 다가가면서 간증의 내용을 계속 생각할 수 있게 도전하는 것이 중요하다.

(3) 구도자를 위한 예배를 제공함 *Providing a Service for Seekers*

❶ 그리스도에 관해서 그리고 그리스도가 개인의 삶을 통해 어떻게 변화시키고 있는지에 관해서 구도자들이 들으면서 보이는 전형적인 반응은 최소한의 관심의 표현이다. 윌로우 크릭 교회는 주말에 드려지는 구도자 집회를 통해 이러한 최소한의 관심을 계속 자라나게 한다. 이것은 그리스도를 믿으려고 결심하고 있는 사람들과 기독교가 무엇인지 알려는 사람들, 그리고 최근에 그리스도에게로 자신의 삶을 헌신한 사람들을 위한 것이다.

❷ 주말에 드리는 이 예배는 기존의 신자들이 믿지 않는 친구인 "해리 & 메리" **28)** 와 관계를 형성함으로서 만들어진 이들의 복음적인 노력들을 보완하려는 의도를 가지고 있다. 이 예배에서는 복음에 낯선 사람들이 그리스도의 메시지를 듣기 때문에, 메시지는 이들이 이해 할

수 있고, 이들의 문제들을 다루며, 그리스도에 대해서 더 알고자 하는 마음이 생길 수 있도록 하는 방식으로 전해져야 한다.

❸ 세상의 생활 방식에 젖어 있는 구도자들에게 그리스도의 급진적이고 삶을 변화시키는 메시지는 다소 당황스러울 수 있다. 따라서 이들이 불안해하지 않을 수 있는 편안한 환경 속에서 메시지가 전해져야 한다.

❹ 적절하고 창조적인 메시지와 그들에게 호소력 있는 내용 외에도, 구도자들이 편안하게 자기를 드러내지 않고도 예배를 드릴 수 있는 기회를 갖도록 하는 것이 필요하다. 익명성은 구도자들에게 무엇을 노래하거나, 말하거나, 헌금을 하거나 자신의 이름을 쓰거나 하는 부담을 주지 않으면서 사물들을 구별하는 기회를 제공한다. 이렇게 하기 위해서 구도자는 기독교를 믿을 때의 유익이나 희생을 평가하거나 생각할 시간이 필요하다. 구도자가 20-30분의 설교를 들었다고 하여 즉각적으로 그의 삶의 패턴을 바꾸지는 않을 것이다. 그는 그 메시지에 따라 그의 삶을 헌신하기 전에 그것을 주의 깊게 곰곰이 생각할 필요가 있기 때문이다.

❺ 만일 우리가 구도자인 해리의 이목을 끌어내려 한다면, 몸짓이나 표정 등의 비언어적인 것은 물론 언어적으로도 탁월하게 말하는 것이 절대적으로 필요하게 된다. 해리는 메시지에서 무엇인가 반박할 거리를 찾고 있을 것이기 때문이다. 만일 우리가 메시지를 전하는 것에 대해서 무관심하거나 무성의하다는 것을 그가 감지한다면, 그는 그 메시지가 중요하지 않은 것으로 인식하게 될 것이 분명하다.

❻ 윌로우 크릭 교회의 지도자들은 구도자가 한 번이라도 하나님의 말씀을 듣는 일에 시간을 사용하고, 하나님의 백성들을 관찰하면서 신자들을 통하여 하나님의 일이 어떻게 이루어지는지를 보게 되면, 그는 성령의 확신을 통해서 예수 그리스도와의 개인적인 관계의 필요성을 발견하게 된다고 믿고 있다.

(4) 기존 신자를 위한 주중 예배에 출석 *Attending the New Community service*
예수님을 믿음으로 받아들이고 일정 기간 동안 주말 예배에 참석한 사람은 주중의 신자들을 위한 예배에 참석하도록 권유받는다. 교회에서 "New Community"라고 부르는 이 예배는 신자들에게 공동의 예배에 참여하게 하고, 그들이 성숙할 수 있도록 준비된 성경 강해를 듣는 기회를 제공한다. 이 예배는 온전히 헌신된 그리스도의 제자가 되려고 하는 사람들에게 절대적으로 중요하다.

(5) 소그룹에 참여함 *Participating in a Small Group*

주중 예배에 참석하는 신자들은 다음 단계로 소그룹에 참여하도록 권유받는다. 소그룹 참여는 구성원에게 상호책임성, 제자도, 격려와 후원은 물론 신자들에게 교제를 가질 수 있는 기회를 제공한다. 소그룹은 2년의 기간 동안 매주 모이며, 8-10명의 인원으로 구성된다. 이 기간 동안 소그룹 구성원들은 윌로우 크릭 교회의 소그룹 사역을 위해 기획된 교과과정을 공부한다.

(6) 봉사에 참여함 *Involve in Service*

윌로우 크릭 교회를 자신이 뿌리 내릴 모 교회 *mother church*로 여기는 신자들은 그들의 영적인 은사를 발견하고, 그것을 개발하며 봉사의 어떤 형태로든 그 은사를 사용하기를 권유받는다. 신자들은 하나님으로부터 받은 은사를 확인하고 개발하고 사용함이 없이는 그들의 영적인 잠재력을 경험하지 못할 것이다.

(7) 청지기 의식 *Stewardship*

신자들은 돈을 관리하는 영역에서 교육받고, 그들이 가진 것으로 하나님을 영광스럽게 하는 방법으로 관리해야 하는 개인의 책임을 인정해야 한다. 신자들은 빚지는 것을 거부하고, 재물을 탐하는 것을 중지하며, 자신의 수입 내에서 살고, 자신의 소유물에 인색하지 않고, 필요한 사람에게 나누어주며, 주님의 일에 넉넉하게 사용하는 것을 배워야 한다. 이처럼 청지기 의식이란 제자도의 한 형태이며, 헌금이 예배의 한 형태임을 인정하는 것이므로 모든 신자에게 중요하다.

　　윌로우 크릭 교회의 지도자들은 교회 내에서 수행되었던 이 전략이 교회를 향하신 성령님에 의해서 개발된 청사진을 반영한다고 믿는다. 이 전략은 윌로우 크릭 교회의 지도자들과 하나님으로부터 받은 그들의 은사와 정열들을 고려한 것이다. 따라서, 구도자를 위한 7가지 단계별 전략이 비록 윌로우 크릭 교회에 아무리 효과적이었다고 해도, 우리는 그것이 성경을 믿는 모든 교회에 대한 성령님의 청사진이라고 맹신해서는 안 됨을 기억해야 한다.

4) 구체적 전략 7단계
앞에 나온 7가지 전략을 기본으로, 단계별 사역을 결합시킨 것이다.

(1) 복음전도 사역 *Evangelism Ministry : 1 - 2단계*
복음전도 사역팀은 신자들에게 구도자들과 성실한 관계를 세우라고 요구하는 것이 신자들의 입장에서 쉬운 일이 아님을 인정한다. 많은 신자들은 그들이 그리스도와의 관계를 가지기 시작할 때, 구도자보다는 신자와 관계를 갖는 것에 편안함을 느낀다. 복음전도 사역팀에 속한 교회 지도자들은 신자들에게 그들 또한 다른 사람들이 그들을 전도하지 않았다면 영생의 소망을 가지지 못했을 것임을 상기시키려고 노력한다.

이 단계의 주요 목적은 구도자들과 관계를 형성하고 있는 신자들이 그들의 삶에서 예수님이 하셨던 것을 말로서 표현하도록 준비시키는데 있다. 이것은 부분적으로 "Impact Evangelism Seminars"**29**를 통해 이뤄진다.

복음전도 사역팀은 기초반*Foundations classes*을 운영하는데 여기에서 매주 기독교의 기본 진리에 대한 지식을 구도자와 신자들에게 제공한다. 매 강좌마다 끝나기 전에 질의 응답시간이 있다.

(2) 구도자 집회 *Service for Seekers : 3단계*
이 집회는 불신자들을 전도하는 신자들의 노력을 보완하기 위해 설계되었다. 구도자들이 자신을 드러내지 않아도 되는 편안한 분위기 속에서 그들에게 삶을 변화시키는 메시지를 제공하며, 메시지뿐만이 아니라 음악과 드라마와 기술적인 연출을 포함한다.

(3) 기존 신자를 위한 예배 *New Community : 4단계*

이 예배는 기존 신자들을 대상으로 설계된 주중예배이다. 이 주중예배는 믿음을 가진 성도들에게 함께 모여 하나님을 찬양하는 시간, 깊이 있는 성경공부와 기도시간을 제공한다. 이러한 교제의 시간은 그리스도의 몸 안에 있는 신자의 영적인 과정의 핵심이다. 이 프로그램의 개발팀은 담임목사와 협력하여 이 예배를 개발하는 책임을 가진다.

(4) 소그룹 사역 *Small Group Ministry : 5단계*

윌로우 크릭 교회에 참여하는 모든 사람들이 소그룹 멤버가 되도록 하는 것이 교회 리더십의 목적이다. 각 그룹은 삶의 비슷한 단계에 있는 4쌍의 부부들로 이루어져 있고 이 중 한 부부가 이 그룹을 인도하도록 특별히 훈련을 받은 사람들이다.

소그룹의 목적은 각각의 멤버들이 제자도의 과정을 통하여 성숙하도록 돕는 것이다. 소그룹은 각각의 멤버들에게 상호 책임성, 교육, 격려 그리고 후원을 제공한다. 소그룹 참여에 관심을 가진 성인 독신자들은 윌로우 크릭 교회의 독신자 성인사역 *Singles Adult Ministries* 을 통해서 참여할 수 있다.

(5) 네트워크 사역 *Network Ministry : 6단계*

신자들은 영적으로 성숙함에 따라, 그리스도의 몸을 섬기는 것이 예배의 한 형태임을 배운다. 네트워크 사역은 신자들이 그리스도 안에서 그들의 영적인 은사를 확인하고 개발함을 통해 자신들이 누구인지를 발견하도록 하여 하나님께서 원하시는 영역에서 그리스도의 몸을 섬길 수 있도록 돕는다.[30]

(6) 청지기 사역 *Good sense Ministry : 7단계*

이 사역은 신자들에게 하나님께서 그들에게 맡기신 것을 맡아 관리하는 좋은 청지기가 되도록 돕는 사역이다. 이 사역은 1년에 3번의 세미나를 통해 이루어지는데, 각각의 세미나는 일일 세미나로 이루어져있다.[31)]

5) 예배와 설교의 특징

윌로우 크릭 교회의 사역에 참여하고 있는 지도자들은 획일화된 한 종류의 예배만을 가지고 복음도 전하고, 신자들을 양육하는 동시에 하나님을 찬양하는 것과 이를 각각의 영역에서 필요를 가진 사람들을 효과적으로 사역하는 것이 가능하다고 믿지 않았다.

(1) 시장 조사와 분석

구도자 집회는 1975년 교회의 설립에 앞서 교회의 지도자들에 의해 취해진 지역사회 조사의 결과로부터 발전되어 나갔다. 그들이 했던 질문 두 가지는 "교회에 나가십니까?" "안 나가신다면 이유는 무엇입니까"였다. 이러한 조사 결과, 교회 출석에 전혀 흥미를 갖지 않은 사람들은 다음과 같은 이유를 가지고 있었다.

❶ 교회는 돈을 요구한다. 그러나 내 돈을 가지고 사용하는 것이 하나도 중요한 것처럼 보이지 않는다.

❷ 교회 예배가 생명력이 없다. 너무 지겹고, 따분하고, 뻔하다

❸ 교회 예배가 판에 밖은 듯 뻔하며 습관적으로 되풀이하는 것과 같다.

❹ 설교가 현실의 세계에 뿌리를 두고 있는 일상생활에 부적합하다. 목사가 사람들에게 죄책감과 무지함을 느끼게 하고 그래서 불신자들은 그들이 교회 문을 들어 올 때 보다 나갈 때에 더욱 비참한 감정을 가지고 교회를 떠난다.

❺ 나는 무슨 말을 하는지 도무지 알아들을 수 없다.

❻ 나를 너무 당황케 하고, 귀찮게 한다. 자신을 노출시키면 그들이 집으로 몰려오며 계속하여 나를 괴롭힐 것이 싫기에.....

이런 조사 결과를 심각하게 받아들인 지도자들은 교회를 포기한 사람들의 삶에 중요성을 부여하는 교회 예배를 설계하기 시작했다. 지도자들은 누구를 이 예배의 대상으로 삼을 것인지 파악하는 것이 중요하다고 생각했다. 막연히 불신자 모두를 대상으로 삼는 것으로는 불충분했다. 그래서 예배대상의 폭을 좁히고 특정적인 사람을 구도자 집회의 대상으

로 삼고자 했다. 당시 교회 주변의 지역 사회에는 전문직에 종사하는 많은 사람들이 있었기 때문에 대략 25세-50세까지의 남성 전문직업인을 주말의 구도자 집회 대상으로 삼았다. 남자들에게 복음을 전하는 것이 더 어려우며, 교회에 대한 그들의 요구가 보다 강경했기 때문에 집회는 이들을 중심으로 디자인되었다.

여성들은 교회의 문제들에 보다 마음을 열고 용서하며 쉽게 포용하는 경향이 있다. 따라서 구도자 집회가 남성들에게 성공적으로 전달된다면 여성들에게도 잘 전해질 것이라 낙관했다. 게다가, 전통적으로 남자는 가정의 모본 *Role-Model*이기 때문에 만일 남자가 가정의 영적인 생활에 참여하지 않으면 가정의 영적인 성장은 그만큼 줄어들게 될 것이라 생각했다. 그리하여 다음과 같은 대처 방안을 제시하기에 이르렀다.

❶ 돈을 요구하지 않는다 → 오랫동안 헌금을 요구하지 않으나 결국 회원이 되면 스스로 헌금을 내겠다고 함. 헌금함을 뒤에 놓고 새가족 혹은 구도자는 헌금을 내지 말 것을 광고.

❷ 교회에 와서 따분하거나 지겨움을 못 느끼게 한다 → 이들을 대상으로 집에서 TV를 보는 것 이상으로 만족을 느끼도록 축제적인 예배를 느끼게 함.

❸ 그들을 귀찮게 하지 않는다 → 익명성 인정. 그들이 말하려고 하지 않는 것에 대해 아무것도 요구하지 않음. 이들은 주로 회사의 중역들이므로 신분이 밝혀지면 여러 사람들이 요구하고 부담감을 줄 수 있으므로.

❹ 그들이 알아들을 수 있는 말을 하고 설교도 그들의 수준에 맞도록 한다 → 듣는 설교가 아니라 전문가들에 의한 드라마 설교 제공. 부활, 성화와 같은 전문용어를 사용하지 않으며 이들에게 이러한 단어에 대해 설명하여, 이해시킨후 설교함.

(2) 구도자 집회의 철학적인 원리들

구도자 집회에서 무엇을 행하고 무엇을 행하지 않을 것인지를 알기 위해서는 예배의 모양과 구도자들에 대한 태도를 결정할 기본적인 철학적 원리들을 발견하는 것이 중요하다. 윌로우크릭 교회는 다음의 철학적 원리들에 의해 세워졌다.

❶ 모든 사람들은 하나님께 중요하다. 그러므로 그들은 우리에게도 중요한 존재이다.

❷ 길을 잃은 사람들은 찾아져야 하며 발견되어져야 한다.

❸ 복음 전도와 신앙교육은 기존 신자의 필요와 구도자들의 필요가 크게 다르므로 동일한 예배에서 효과적으로 수행될 수 없다.

❹ 교회가 구도자의 영적인 여정을 존중한다는 것이 구도자들에게 전해지고, 허용되며, 정당하게 인정되어야 한다.

❺ 구도자들을 익숙하지 않은 교회분위기로 당황시키거나 그들의 의사와는 다른 것을 말하게 하거나 헌금을 강요하거나 신분을 밝히라고 해서는 안된다.

❻ 교회의 모든 것에 탁월함을 유지시키는 것은 하나님의 영광을 반영하며 사람들에게 긍정적인 결과를 끼치게 된다.

(3) 구도자 집회의 기본 요소

불신자가 교회에 오는 것을 방해하는 장애물과 구도자 집회의 철학적인 원리를 파악하는 것은 윌로우 크릭 교회가 세워나간 전략들처럼 적극적이면서도 사려 깊게 개발해야 한다. 교회에 나가지 않는 사람이 교회에 관해 경험하는 모든 면들은 이러한 장애물과 원리들을 통하여 걸러져야 한다. 그래야만 그들에게 복음의 메시지를 가장 잘 전할 수 있는 방법들을 결정할 수 있다. 이러한 맥락에서 구도자 집회의 기본 요소들을 정리해보면 다음과 같다.

❶ 우리가 살고 있는 곳에서 시작하여 세상을 복음화하라는 성경의 명령을 믿어야함

❷ 하나님의 왕국에서 어떤 사람도 결코 지루함을 느끼지 않도록 하려는 열망을 위해 동시대적이며 창조적인 것에 전념해야 함

❸ 구도자의 익명성을 깊이 존중해야 함

❹ 구도자가 결정을 내리는데 시간이 필요함을 이해. 따라서 구도자가 예수님을 영접하는 행사보다 영접하려는 과정을 강조해야 함

❺ 우리가 하는 모든 일에 있어 특별히 하나님의 성품과 속성을 전달하는 것들에 있어서

탁월함이 필요함을 인지함

❻ 구도자가 교회에 나오지 못하는 이유로 말하는 시간, 재능, 재물에 대한 망설임을 이해해야함

❼ 구도자들이 기독교를 실생활화 할 수 있도록 기독교와 구도자의 일상생활 사이를 적합하게 연결하는 일에 전념해야 함

(4) 구도자 집회의 구성

아래 요소 중에서 특히 음악과 드라마와 성경 읽기에서 모두 설교자의 메시지에 적합하도록 기획해야 한다는 것이 중요하다.

❶ **음악** : 공연되는 음악은 경쾌하며 현대적이다. 집회 중에 모두 함께 부르는 시간이 있다. 그리고 설교자의 메시지에 부합하도록 구도자들을 위해 만들어진 뮤지컬도 있다.

❷ **드라마** : 드라마는 무엇을 가르치거나 질문에 대답하려고 시도하기보다 오히려 질문을 갖게 하고 설교를 위한 사고과정을 준비시키는 일을 한다. 드라마는 현재의 논쟁거리와 관심들을 유머스럽게 드라마틱하게 그리고 민감하게 다룬다.

❸ **성경 읽기** : 일반적으로 성경에 부합하는 개인적인 이야기나 시사 사건들과 관계되는 구절들이 읽혀지며 성경이 오늘날의 문화에 적합하다는 사실을 예시한다.

❹ **광고** : 구도자 집회에서의 광고는 참석한 모든 사람들을 환영하며, 교회에 관한 부가적인 정보를 원하는 사람들에게 정보를 얻는 방법을 알려 주도록 만들어져 있다. 그리고 구도자들이 관심을 가질 강좌 등록에 관한 세부사항들이 고지된다.

❺ **헌금** : 구도자는 그가 손님이며 이 순서에 참여하지 않아도 된다는 말을 듣는다. 구도자는 그 자체로 환영을 받으며 물질적인 기여 때문에 환영받는 것이 아님을 분명히 알게 된다.

❻ **메시지** : 메시지는 오늘날 구도자와 기존 신자들의 삶에서 예수 그리스도의 적합성을 강조하며 현재의 논쟁거리나 문제들을 다룬다.

❼ **익명성** : 구도자 집회의 전체 순서에서 유념해야 하는 것은 구도자가 익명성을 바란다는 것이다. 참석자들에게 요구되는 것은 한 번의 짧은 코러스를 부르는 시간과 자신이 앉아 있

는 주위에 인사하는 정도이다. 그 외의 순서는 구도자의 시선을 끌 수 있는 것이어야 하며, 그 시선을 붙잡아 두는 것도 기획부서의 책임이다.

월로우 크릭 교회에서는 사건 지향적이 아니라 과정 지향적인 선택을 하고 있기 때문에 세례자들의 간증을 들어보면 대개 교회에 발을 딛고 예수 믿기까지 6개월에서 8개월의 기간이 걸리는 것을 알 수 있다. 또한, 주일 예배가 구도자 집회로서 기획되어 있음에도 불구하고 하나님의 말씀은 참석한 모든 사람들에게 도움이 되도록 이루어져 있다. 하지만, 기존 신자들은 보다 내용이 충실한 가르침을 받는 것이 필요할 뿐만 아니라 하나님을 경배하는 공동 예배에 참석하여 교제를 나누는 것이 필요하다. 그러므로 신자들은 주중에 열리는 "New Community" 예배에 참석하도록 권유되고 있다. 이 예배는 특별히 기존 신자들의 영적인 성장과 필요들을 채우도록 만들어져 있다.

6) 구도자 집회의 한계점

지금까지 언급한 많은 장점이 있음에도 불구하고, 예배학적인 관점에서 다음과 같이 구도자 집회가 가진 한계점이 있다.

첫째, 하나님을 위한 인간의 봉사 측면이 거의 나타나지 않는다. 올바른 예배란 예수 그리스도의 구원 사역을 통해 보여주신 하나님의 계시에 감격한 인간의 자발적이면서도 뜨거운 감사의 응답이다. 그러나, 구도자 집회에 참석하는 '인간'(구도자)의 모습은 신적인 노동이나 수고를 하는 것이 아니라 자신부터 그 자리를 즐기기 위해서 나온 것으로 보여진다.

둘째, 고객 지향적 집회처럼 보인다. 초신자들이나 불신자들을 배려하고 그들의 취향을 존중하는 것도 중요하지만 그들의 필요에만 너무나 집중한 나머지 주객이 전도된 것처럼 보이는 것 또한 사실이기 때문이다.

셋째, '예배'를 수단화시킨다. 특히 복음전파에 있어 다름 아닌 '예배'를 효과적이고 효율적인 전도 수단으로 활용했다는 점이 가장 심각한 부분임을 강조하는 바이다. 바로 이것 때문에 구도자 집회가 많은 비판을 받고 있으며, '예배'가 아니라는 비판까지 받고 있다.

마지막으로, 회중의 '수동적인 참여'를 조장한다. 참된 예배는 하나님과 인간 사이의 만남이며, 각자에게 부여된 '신적인 노동'과 '자발적인 참여'가 필수적인 조건으로 작용하게 된다. 그러나, 구도자 집회에 참석하는 회중은 참여자가 아닌 구경꾼에 불과하며, 전체 순서에서 회중이 능동적으로 참여할 수 있는 부분은 거의 없다고 해도 과언이 아니다.

이제는 다음 장에서 이러한 '구도자 집회 그 이후'에 나타난 이머징 예배에 대해 본격적으로 살펴보기로 하겠다.

||

이머징 예배

EMERGING WORSHIP

포스트모던 문화는 때론 포스트-크리스찬으로 묘사된다.[32] 보다 정확히 포스트모던 문화는 안티-크리스찬으로 표현된다. 포스트모던의 이미지와 감각은 기독교적이지 않다. 카브라*P. J. Kavenagh*는 영국에서 기독교에 대한 대중적인 표현의 70%는 부정적이거나 조롱으로 보인다고 했다. 1998년 세계 YMCA의회가 직면한 가장 큰 이슈는 그들의 이름에서 "C"를 계속 유지할 것이냐 말 것이냐 였다. 이유는 구원자로서의 그리스도에 대한 선포가 114개 국가에서는 서구 제국주의의 표식으로 보이기 때문이다.[33]

이렇듯 절대 진리를 부정하며 종교의 다양성을 주장하고, 삶의 기준과 문화의 변화를 매일의 생활 속에서 새롭게 정의하려고 하는 포스트모던 시대의 도전 앞에서 교회는 어떠한 준비를 하고 있는가? 그 가운데에서 다음 세대 즉 포스트모더니즘 세대에 교회는 어떠한 모습으로 대응해야 하는가? 이러한 고민에 대한 응답으로 나온 것이 일단 이머징 교회와 예배이므로 필자는 새로운 한국형 예배를 찾으려는 이 시점에서 한 번 더 정리해 나갈 필요가 있다고 생각한다. 이머징은 성육신, 공동체, 제자도, 선교적이라는 단어를 제외하고 생각해 볼 수 없기에 일단 여기에서는 그러한 주제어를 중심으로 살펴보게 될 것이다. 아울러 지금까지는 참고로만 하고 본격적으로 언급하지 않았던 이머징 교회론과 신학에 대한 부분까지 포함시켜 언급하고자 한다.

1 —— 이머징의 바다로 나아가기 전에: Postmodern Atmosphere [34]

1) 댄 킴볼*Dan Kimball*은 이렇게 이야기 한다. "포스트모던이라는 단어가 너무 많이 사용되고 분석되어서 그 단어를 듣는 것조차 지겨울지도 모른다. 당신은 '이런, 또 포스트모더니즘에 대해 이야기하려는 것은 아니겠지' 생각할지도 모른다" 이처럼, 포스트모더니즘의 영향이나 사상에 대해서 되어진 논의들은 이미 충분할지도 모르겠다. 그러나 분명히 이머징 교회와 예배에 대하여 말할 때, 포스트모더니즘을 빼놓고 이야기 할 수 없다.

2) 포스트모더니즘에 한 가지 확실한 것이 있다면 그것은 '모더니티 계몽주의 프로젝트를 버리기 위한 탐구'라는 점이다.[35] 포스트모더니즘은 모더니티의 상태에서 시작된 모더니즘의 사고방식에 대한 거부로부터 시작된다. 스탠리 그랜츠*Stanley J. Grenz*의 말을 조금 더 빌리자면, 포스트모더니즘은 모더니즘으로 대표되는 객관적 진리를 내던져 버렸다. 즉, 일반적으로 객관적 진리 개념을 침해하는 회의론으로 이끌려 간다.[36] 포스트모더니즘이 가지고 있는 급진적인 회의론의 한 측면은 바로 '중심의 상실'이라는 점에서 대조적으로 실재에 대한 통일하는 '중심이 있는' 기독교의 주장과는 완전히 상반된다. 기독교가 가진 메타내러티브*meta-narrative*는 죽을 수밖에 없는 인간의 구원을 위해 사람의 역사 속에 기꺼이 들어오신 하나님의 적극적인 구원의 이야기이다. 이는 곧 '복음'이기 때문에, 포스트모더니즘의 도전은 기독교에게 커다란 경고를 의미함이 분명하다. 포스트모더니즘 하에서 기독교는 여러 종교 중 '하나'이며, 더 이상 모든 사람을 위한 진리가 아니다.

3) 이는 완전하게 포스트모더니즘으로부터 등을 돌려야 함을 의미하는 것이 아니다. 오히려, 레너드 스윗*Leonard Sweet*의 말처럼 우리는 포스트모더니즘에게 키스*kiss*해야 한다.[37] 그리스도는 문화 '안'에 거하시기 때문이다. 리처드 니버*Richard Neibuhr*의 고전 『그리스도와 문화*Christ and Culture*』가 이 부분에 대한 아이디어를 충분히 제공했을 것이라 생각한다. 물

론 신앙은 전통에 반드시 기반을 두어야 한다. 토마스 쿤*Thomas Kuhn*의 패러다임 이론이 제시한 것과는 달리 신앙의 패러다임에는 과거가 사라질 수 없다. 그러나 분명한 것은 패러다임의 전환은 여러 세기에 거쳐 이루어졌으며, 변화하는 패러다임 속에서 복음 역시 전파 되었다는 것이다. 에디 깁스*Eddie Gibbs*와 라이언 볼저*Ryan K. Bolger*는 포스트모던 문화를 이해해야 하는 의무가 선교, 영성, 제도, 문화, 철학, 커뮤니케이션 등 모든 면에서 포스트모던으로의 패러다임 전환이 일어나고 있기 때문임을 이미 지적한 바 있다.[38]

4) 레너드 스윗은 포스트모던 시대를 이렇게 비유한다. 새벽 1시, 한 사람이 마이애미*Miami* 공항에 도착한다. 그 사람은 차를 빌리기 위해 접수대로 간다. 차를 빌린 후 지도도 함께 받는다. 그러나 당황스러움을 경험하게 된다. 그 사람이 받은 지도가 1955년 지도였기 때문이다. 스윗은 질문한다. "1955년도 지도를 가지고 2004년의 마이애미를 돌아다닌다는 생각을 해 보았는가? 정확한 지도도 없이 프러시아의 접경지대를 향해 길을 떠났기 때문에 결국엔 길을 잃었던 19세기 파리의 군대처럼 되기를 원하는 사람은 아무도 없을 것이다." 그러나 지도의 주된 목적은 길을 찾는 것에 도움을 주는 것이지 그 길 자체는 아니다. 따라서 스윗은 정확한 지도는 없으며, 최신 지도도 없으며, 공평한 지도도 없다고 언급한다.[39] 매우 빠르게 변화하는 세상은 변화 그 자체이다. 오늘은 놀랍고 새로운 것일지라도 얼마 지나지 않은 내일에는 진부한 것으로 되어 버리는 것을 계속 경험하고 있지 않은가?

5) 그렇다면 이러한 세대 속에서 어떤 대응이 필요한 것인가? 상호문화적*intercultural*, 혹은 온고지신형 오리엔티어링*orienteering* 등의 단어가 적합할 것이다. 상호문화적이라 함은 성육신적인 상황화*contextualization*의 과정을 거친다. 즉 스윗이 제시하고 있는 바와 같이 예수님은 "어느 동네에 들어가거든지 너희를 영접하거든 너희 앞에 차려 놓는 것을 먹고"(눅 10:8)라고 하셨다. 바울 역시 "내가 여러 사람에게 여러 모습이 된 것은 아무쪼록 몇몇 사람이라도 구원하고자 함이니(고전 9:22)라고 기록한다. 하나님은 문화를 통해 모든 민족들과 모든 세대에 역사하신다. 스윗이 언급하는 성육신적 모델은 '그 세대에 그리스도를 상황화하기 위해 토착 문

화의 지식과 무지, 강함과 약함 등을 사용한다' 또한 온고지신형 오리엔티어링이란 과거로부터 전통을 되살려내어 21세기 사역 환경에 적합하도록 다시 최적화 시키는 것을 의미한다.[40] '전통'과 '현재'의 연결은 이머징 교회에서 추구하는 '예배 복고, 혹은 전통으로의 회귀 현상'과 밀접하게 연결된다.[41] 즉, '복음을 담는 그릇'에 대한 필요가 포스트모던시대로부터 이머징 교회와 이머징 예배를 이끌어 냈다. 그랜츠의 말대로 포스트모던 풍조*ethos*는 새롭게 떠오르고 있는 이머징 세대*emerging generation* 가운데 영향력을 드러내고 있기 때문이다.[42]

2 ── 이머징의 주요 그룹과 성향

1) 이머징 계열의 주요 세그룹

이머징 교회를 비판하는 사람들은 이머징 교회 운동을 한 두 사람에 의한 것으로 축소시키지만, 짐 벨처*Jim Belcher*에 따르면 이머징 계열의 주요 세 그룹으로 연결주의자, 재건주의자, 수정주의자로 나눈다.

(1) 연결주의자 *Relevants*

그들은 보수적인 신학을 표현하는 복음주의자들이다. 신학을 수정하기보다 예배 형식과 설교 기법, 교회 지도 체제를 쇄신하는 데 관심을 둔다. 즉 예배와 음악과 전도를 이머징 문화에 좀더 맞추려고 노력하는 것이다. 벨처는 이러한 교회로 코스타메이사의 락 하버 교회, 시애틀의 마스힐 교회, 산타크루스의 빈티지 페이스 교회가 속한다고 언급한다. 이들의 공통점은 성서무오설과, 니케아 신조, 그리고 제도적 교회를 중요하게 생각한다는 점이다.[43]

(2) 재건주의자 *Reconstructionist*

그들은 전통 교회 뿐 아니라 구도자 교회 모델도 성경에 맞지 않는다고 언급한다. 즉, 재세

레파와 메노나이트를 비롯해 주류에 조금 더 가까운 교회 모델에 영향을 받는다.[44] 메노나이트 공동체의 신학자와의 접촉이 이것들을 가능하게 했는지, 아니면 그 공동체를 통한 것이었는지, 아니면 신학을 통해서였는지 확실하게 알 수 없지만, 분명히 아나뱁티스트-메노나이트의 영향을 받았다. 뒤에서도 언급하기 때문에 여기서 잠시 언급하자면, '공동체', '삶으로의 선교-성육신과 매우 밀접하게 연관되어 있는', '제자도'의 관점은 상당히 유사한 형태로 보여진다. 벨처는 이러한 영향들로 인해 성육신적이며, 유기적 형태의 교회를 실험한다고 언급한다.[45] 이것은 긍정적인 측면에도 불구하고 전통 교회의 제도에 대한 강한 도전임은 분명하다.

(3) 수정주의자 *Revisionists*

그들은 신학과 문화에 관한 복음주의의 핵심 교리에 의문을 제기 하면서 이러한 교의가 포스트 모던 세계에 적합한지 의심한다. 브라이언 멕클라렌*Brian Mclaren*이 속한 이 진영은 이머징 담론을 떠올릴때, 사람들이 가장 많이 언급하는 진영일 것이다. 그러나 벨처의 언급대로 수정주의자들이 택한 이머전트 빌리지라는 이름은 킴벌이 말하는 이머징 교회와 연관이 있지만, 실제 상황은 다르다는 것이 매우 중요하다.[46]

3 —— 새로운 세대를 위한 plan 'B': 이머징 예배

포스트모던 시대의 중요한 특징은 경험을 강조하는 시대로의 전환이다. 간접적인 경험이 아닌 직접적인 경험, 즉 다른 사람들이 이야기 하는 하나님이 아닌 자신이 직접 야곱이 되어 씨름하며 하나님을 만나는 경험이 메시지가 된다. 그래서 포스트모던 시대의 예배는 총체적인 예배가 되어야 한다.[47] 레너드 스윗은 사람들이 단순히 관찰자로서 예배에 참여하기를 원하는 것이 아니라고 말한다. 여기에서는 예배 쪽에 초점을 맞춰 살펴보기로 하자.

1) 이머징 세대: 이머징 예배의 대상

이머징 세대라고 하면 새로운 풍조에 영향을 받는 사람들을 지칭하기 때문에 언제 출생한 사람부터 인지 확실하게 정의 내릴 수 없지만, 기성세대와는 확연히 구별되는 개성을 가진 새로운 세대들이 1990년대 이후로 사회 전면에 본격적으로 등장하게 된다.[48] 이들은 열세번째들 *Thirteeners*, 베이비 붐렛*Baby boomets*, 에코부머*echo boomer*, N세대*net generation*등의 다양한 별명을 가지고 있다.[49] 아울러 기존 교회 문화와 예배 형식에 대해 많은 변화를 몰고 왔고 포스트모던적 특징을 유입하여 이머징 예배가 출현하게 되는데 결정적인 역할을 했다.[50]

스티브 테일러*Steve Taylor*는 이머징 세대들의 종교 형태에 대해 "개인적인 내러티브가 공동체의 종교적인 내러티브와 접촉하게 될 때, 아주 효과적인 방식으로 공동체의 것이 자신의 것으로 받아들여질 때에만 유효한 의미를 가지게 된다"고 언급하면서, 새롭게 부상하는 이 세대는 무엇이든지 직접 참여하기 원하며 느끼기를 원한다고 말한다. 이머징 세대들은 그들이 공동체에 동참하여 기여하고, 그리하여 그들의 삶의 이야기를 나누게 될 때 공동체의 신앙을 자신의 것으로 받아들이게 된다고 한다.[51]

이머징 세대의 가장 큰 특징은 기독교를 경험하지 못했다는 것이다. 부모 세대인 베이비부머 세대가 교회에 흥미를 잃어 떠났기 때문에, 그들의 자녀인 이머징 세대는 기독교를 접하지 못했다는 뜻이다. 이들이 교회의 영향을 받지 않은 상태로 자랐다는 것은 이는 일반적으로 가치, 도덕, 신념 등이 유대-기독교적 세계관에 기초를 두고 있지 않음을 의미한다. 게다가 그들에게 교회는 낯선 곳이기까지 하다.[52]

2) 이머징 예배의 모델들

(1) 에디 깁스*Eddie Gibbs*와 라이언 볼저*Ryan K. Bolge*의 모델[53]

❶ 이머징 예배는 성육신적인 예배

성육신적 모티브는 이머징 운동을 총체적으로 뚫고 있는 이미지 이다. 성육신에 대한 개념은 이머전터들에게 가장 중요하다고 볼 수 있다. 성육신은 이머징 신학의 근본 신학을 형성하고 있다고 해도 과언이 아니다. 이 이미지는 예배에서도 동일하게 적용된다. 이는 사람들이 가진 모든 것, 현재의 있는 모습 그대로 모든 것을 자기들의 세계로부터 하나님께로 가져오는 것을 의미한다.[54] 테일러 역시 이러한 성육신 사건은 하나님이 만드신 이 세계로부터 그 샘플을 추출하라고 요청한다고 언급하며[55] 이는 선교적 사명과 연결된다.[56]

❷ 몸과 마음의 통합을 표현하는 예배

모더니티의 성聖과 속俗의 분리에 따르면, 몸은 악이며 영과 마음은 성스러운 것이다. 그러나 포스트모던 시대는 몸과 정신의 시대이다. 몸과 영혼은 전인적인 인간의 일부분이며, 종교 개혁이 예배 의식으로부터 많은 의식들을 제거해버린 반면 이머징 예배는 이런 활동들을 회복시키고 있다. 아울러 문화를 공유하는 예배이어야 한다는 뜻도 함께 갖는다. 이는 예배가 주변에 있는 사람들에게 낯선 것이 되지 않기 위해서이다.[57]

❸ 이머징 교회는 소비자 교회 형태에서 생산자 교회 형태로 바뀌는 교회

바울이 모든 사람은 각자 하나의 은사를 가지고 있다고 선언하듯이(고전12:7,11; 롬12:5-8; 엡4:7; 벧전4:10) 신자들도 각자의 은사를 사용하려고 노력해야 한다. 또한 예배가 진정한 예배가 되기 위해서는 외부로부터 가져오지 않고 토착적이어야 한다. 그래서 사람들이 자기 자신의 존재와 문화를 충분히 반영하는 형식으로 그들 스스로의 예배를 만들어 가도록 해야 한다. 이들은 다른 사람들에게 마케팅하려고 예배를 드리지 않는다.[58] 이머징 예배는 현대의 문화들만을 반영한 것이 아니라 문서화된 고전 예배로부터 현대의 즉흥적인 예배 형식에 이르기까지 어떤 형식의 예배이든 간에 정열적으로 예배에 참여한다.[59]

참고로, 깁스가 언급한 9가지 솔루션은 이러하다. 과거 회귀에서 현실 참여로 이동하는 것이며, 마케팅적 모티브에서 선교적 모티브로, 관료적 계층 구조에서 사도적 네트워크로, 집단적 가르침에서 개인적 멘토링으로, 대중적 설교가에서 내면적 영성가로, 보는 예배에서 느끼는 예배로, 기다리는 전도에서 찾아가는 전도로, 수동적인 교인에서 활동적인 신자로, 닫힌 공동체에서 열린 공동체로의 이동이다.[60]

(2) 댄 킴볼*Dan Kimball***의 모델**[61]

킴볼은 그의 책 『하나님께서 영광 받으시는 고귀한 예배*The Emerging Worship*』에서, 단지 이머징 예배가 찬양만 하거나 예배의식만이 아니라고 말한다. 그가 이야기 하는 이머징 예배는 첫째 다감각적인 예배이다. 예배 안으로 미술이 들어오고, 영상들이 사용되고, 고대의 규율들이 실행되고, 관중들은 수동적이기 보다는 참여하도록 예배 모임이 고안된다. 둘째 이머징 예배는 역사적 다양성을 포용한다. 셋째로 새로운 것이 아니다. 이는 단순히 유행을 따르는 예배가 아님을 뜻하며 어느 지역이나 공간에 부속되는 것이 아님을 뜻한다(요 4:23-24). 그는 우리가 하는 모든 것이 예배라고 말한다. 마지막으로 이머징 예배는 삶의 예배이며, 일주일 내내 하나님을 사랑하고 그분을 경외하는 생활 양식(롬 12:1-2)이라고 언급한다. 이러한 점을 감안하여 그의 주장을 정리해 보면 다음과 같다.

❶ 관객형 예배에서 탈피

관객형에서 탈피한다는 것은 사람들은 무대를 바라보고 찬양팀과 인도자들의 쇼를 지켜보며, 주인공이 등장하여 설교를 하고, 별다른 대화 없이 그저 흘러만 가는 예배에서 벗어나야 한다는 것이다. 킴볼은 구체적으로 그의 책에서 설명하고 있는데, 한 마디로 말해서 이머징 예배란 다양한 쇼가 아니라 함께 모여서 사명을 감당하는 예배자들에 의해 진행되는 것이라는 사실이다.[62]

❷ 예배 모임을 위한 유기적인 계획 [63]

여기서 '유기적인'의 의미는 무질서 속의 혼돈이 아니라 신중하게 계획되고 준비된 예배 모임을 말하는 것이다. 단 한편의 설교와 찬양 몇 곡보다는 더욱 상호작용을 하고, 더욱더 참여하기 위해서 창의적인 방법을 깊이 생각하는 것을 의미한다. 이러한 가치는 가정에서 모이는 10명의 그룹이던지 예배당의 500명의 그룹이든지 함께 예배하려는 노력에 기인한다.[64]

❸ 예배 드릴 때의 성스러운 공간 [65]

킴볼은 새로운 세대들이 매우 시각적이라는 것에 착안하여 여러 가지 예술 작품이나 십자가를 통해 거룩한 상징을 나타낸다. 그는 이러한 공간 연출을 가지고 예술적인 표현에 신학을 가미한 창의성을 통하여 하나님께 대한 사랑과 경배를 표현한다고 생각한다. 그가 공간연출에 있어 가장 많이 쓰는 것은 '촛불'이다. 촛불은 어두운 세상에 빛이신 예수님을 나타낸다. 촛불은 예배의 엄숙함속으로 인도하며, 마음을 가라앉히고 하나님을 예배하는데 집중할 수 있는 분위기를 선사한다고 언급한다. 게다가 킴볼은 예배처소를 거실처럼 만들어 놓고 무대 같아 보이지 않도록 최선을 다한다.**66**

❹ 절충적 음악 스타일을 추구

고대와 현대가 어우러진 음악을 선호한다. 고대의 합창곡과 떼제 스타일의 챤트를 팝음악과 혼합해서 부르기도 한다. 킴볼에 의하면 이머징 교회에서 예배 음악은 그 범주가 정해져 있지 않다. 음악은 특정한 공동체에 따라 달라지며 그들 스스로 작곡하기도 한다.**67**

❺ 예배의 표현 도구인 미술작품과 영상들

앞에서 말한 것처럼 미술작품들은 감각 있는 공간 창안에 도움을 주지만, 예배의 표현으로도 사용된다. 예배 모임 동안에 색칠을 하고, 그림을 그리고, 시를 쓴다. 미술로 드리는 예배를 위해 테이블과 기도 처소들이*stations* 예배실 여기저기에 마련될 수도 있다. 조각을 할 수도 있고, 하나님께 드리는 표현에 있어서 다소 추상적이지만 많은 것들이 가능하다. 또한 소금주머니, 모래 등을 처소에 두어 촉감을 경험 할 수도 있게 한다.**68** 혹은 손 씻을 대야를 테이블 위에 준비함으로 예수님의 피로 말미암아 우리가 얼마나 깨끗하고 정결하게 씻음 받았는지를 전달할 수도 있다.**69**

❻ 예배에서 설교를 여러 부분으로 나눔

한편의 긴 설교 대신에 찬양으로 상호응답을 하거나 설교 중간에 공동의 기도를 낭송하고, 미술작품 등을 만든다. 이머징 예배의 주목할 만한 특징은 예배에서 이동할 수 있는 자유가 있다는 점이다. 사람들은 자유롭게 기도할 수 있으며, 무조건 움직이지 말라고 강요받지 않는다. 예배는 교회력에 초점을 두려는 경향이 점점 늘어나며, 그리스도 중심의 예배*Christ-Centered*를 지향하면서 성찬식이 그 중심을 차지한다.

(3) 스티브 테일러*Steve Taylor*의 모델

테일러는 그의 책 『교회의 경계를 넘어 다시 교회로*The Our of Bounds Church*』에서 자신이 주장하는 이머징 예배의 모델을 다음과 같이 말한다.

❶ 창조적 예배

특별히 예배 장소에 예술 작품들을 걸어 놓는 것에 대해, 또한 청각, 시각, 미각, 촉각, 후각 이 다섯 가지 감각을 예배나 아이디어 회의 때 사용할 수 있도록 시도하라고 말한다. 게다가 창조적 예배라는 음식을 위해 요리책을 제공하고 그 책을 읽는 독자들에게 자신에게 주신 하나님의 창조성을 활용하여 자신들만의 요리를 하라고 권한다.**70**

❷ 경험하는 예배

영적인 여행으로 비유했는데, 영적인 여행자들이 자기 자신의 시간과 방법으로 반응하도록 성경, 음악, 예식 등을 새로운 방식으로 활용하여 스스로 선택하여 반응 할 수 있도록 하는 것이다. 그는 교회가 기독교 전통의 풍부한 자원을 통원하여 사람들이 자신들의 방식으로 항해할 수 있도록 도와주어야 한다고 말한다. 그는 또한 두 가지 전략을 소개한다. 첫째, 예배를 기념할 수 있는 무엇인가를 집으로 가져갈 수 있게 하는 기념품 전략과 둘째, 나의 생각들, 그림, 사진, 나만의 비법, 묵상 등과 같은 것을 적는 노트에 내 작업이 끝나면 그 공책을 다른 친구에게 전하는 식의 찾아감의 영성 전략이다.**71**

❸ 예배의 리믹싱

교회는 예배를 위해 디스크 자키의 역할을 감당해야 한다고 말하고 있다. 이머징 예배에는 과거와 현재, 고대와 오늘이 뒤섞인다. 익숙한 것들을 취해 새로운 의미를 창출하고 기존의 시각과 다른 방식으로 그것을 바라보는 것이다. 따라서 이머징 예배란 복음과 문화를 변혁적으로 리믹싱*remixing*하는 예배이다.**72**

(4) 레너드 스윗*Leonard Sweet*의 모델

레너드 스윗은 그의 책 『영성과 감성을 하나로 묶는 미래 교회*Postmodern Pilgrims*』에서 포스트모던 세대의 특징을 에픽*EPIC*으로 정리해서 말한다.

첫째, 경험*Experience* : 포스트모던인들은 삶이 무엇인지 경험하고 싶어 한다고 언급한다. 스윗은 이 경험에 대한 관심이 영성, 영감과 연결된다고 생각한다. 그러나 불행하게도 이 관심은 교회의 문 밖에서 일어나고 있는 실정이다.**73**

둘째, 참여*Participatory* : 참여는 클릭, 그리고 선택으로 대표되는 이른바 상호작용이다. 보고 즐기고 끝나는 것이 아니라 참여하기를 원한다. 그는, 포스트모던인들이 어떠한 형태로든 몸으로 하는 의식을 간절히 원하고 있다고 언급한다. 이러한 참여가 있는 예배는 설교조차도 회중들과 마이크를 공유하면서 함께 설교를 만들어 나가는 것을 포함한다.**74**

셋째, 이미지*Image-driven* : 이미지화에 대해서는 이미 전개된 많은 담론들이 이해를 충분히 도와줬다고 생각한다. 여기에서 그는 '균형'을 중요시 여긴다. 그리고, 소위 '예술의 자유'라는 이름으로 세상 속에 존재하는 이미지가 파급되는 영향에 대해서도 언급한다.**75** 결과적으로, 그 해결책은 마음을 깨끗이 하고 복음이 전하는 구속의 은총으로 그 마음을 채우는 것이라고 언급한다.**76**

넷째, 관계*Connected* : 여기에서 '관계*connection*'란 적어도 그에게 있어서는 공동체 *community*보다는 훨씬 더 그가 설명하려는 이머징 교회에 가까운 표현이다. 그는 "사회적으로 소외 받는 사람일지라도, 또는 공동체를 고통스럽고 박해하는 곳으로 느끼는 사람일지라도 관계를 필요로 한다"고 하면서 이러한 관계의 근원은 하나님으로부터 온다고 말한다.**77**

그렇다면 과연, 위에서 말한 에픽*EPIC*을 전제조건으로 하면서 드려지는 예배는 어떤 예배일까?

❶ 감각적인 예배

스윗은 포스트모던 문화는 간접적으로 경험하는 하나님에 대해서는 관심이 없다고 언급하면서 총체적인 경험이 필요하다고 이야기 한다. 그런 예배는 청각, 시각, 촉각, 미각, 후각 등 온 감각을 한데 묶어진 진, 선, 미로 가득찬 천상의 빛에 뒤덮여 있는 하나님의 백성들을 그분이 임재하시는 찬란한 광채 속으로 이끈다.**78**

❷ 참여하는 예배

여기에 대해 그는 다음과 같이 말한 바 있다.

포스트모던인들은 하나님의 신비에 대해 상호 작용하고 몰입할 수 있으며 정면으로 부딪히며 참여하기를 원한다. 오순절 교인들은 움직이는 예배를 드린다. 움직이는 예배를 드린다는 것은 춤, 이야기, 소리, 접촉을 통해 하나님과 친밀함을 촉진시키는 것을 말한다.**79**

그는 이처럼 몸으로 드리는 예배야말로 포스트모던인들이 원하는 예배형식이라고 말하고 있는 것이다.

❸ 은유적인 예배

스윗은 끊임없이 교회가 이미지를 만들어야 하며 사람들에게 전달해야 한다고 말한다. "최대의 상표가 고유한 이야기들이고 소유할 수 있는 가장 큰 자산이 이미지와 이야기들이라면 기독교는 가장 거대한 상표가 되어야 한다. 헐리우드가 아닌 교회가 세계에서 가장 큰 이미지 공장이 되어야 한다."[80] 왜냐하면 "세상에서 가장 위대한 이미지, 사람들을 관계 속으로 끌어들이는 이미지"[81]는 하나님의 형상인 예수 그리스도이기 때문이다. 예배에 있어서도 은유적인 예배가 시도되어야 하며, 진정한 그리스도의 이미지를 심어 주어야 한다.

❹ 관계적인 예배

그는 예배 역시도 셀그룹 중심의 분산화와 전체 집회의 초집중화가 동시에 이루어져야 한다고 말하면서 개척자라면 신앙과 예배를 EPIC 유형으로 만들어 하나님의 계시적 사건에 문을 열어야 한다고 말한다.[82]

(5) 이머징 교회의 영성과 특징 : 또 하나의 중요한 요소

이머징 교회 영성의 주요 뿌리는 1980년대와 1990년대 초에 영국에서 있었던 "카리스마 운동의 제 3의 물결"과 "고대의 영성"이다. 특히 이머징 교회 영성의 특징은 포스트모던 문화의 이해와 사용을 강조하면서도 고대 교부들과 중세 성인들, 켈틱*Celtic* 영성, 수도원 영성 등 과거에서 많은 것들을 빌려오고 있다는 점이다. 이러한 영성의 또 다른 특징은 공동체 영성의 강조이다. 대체로 영성은 개인적인 영성에만 국한 되어 이해되는 경우가 많았으나 이머징 교회에서는 그렇지 않다. 오히려 영성훈련의 사유화 내지 내재화를 거부한다.

이머징 교회는 예전을 즐겨 사용한다. 고대의 예식들, 기도문, 그들은 예전을 "금지하고 통제하는 속박이 아니라, 영양분을 제공하고 자극하는 풍부한 자원"으로 생각하기 때문이다.[83] 교회의 예전과 고대기도문의 발견은 심한 문화적 격변기에 뿌리 내려야 할 욕구를 반영한다. 그것은 또한 다양한 형태로 헌신을 표현하고자 하는 욕구를 나타낸다. 말은 단순히 생각의 논리적 연속을 표현하는 데만 사용되는 것이 아니라 분위기를 만들기 위하여 사용된다. 때로는, 민감하게 그리고 열린 마음으로 말씀을 경청할 수 있도록 긴장을 풀어주는 음악이 동반되기도 한다.

예전적 전통은 또한 예술적 표현의 가치를 인정하는 것과도 연관되어 있다. 이머징 교회들은 근대의 특징이었던 철저한 합리주의에 반대하여 신비를 인식하고, 그들의 이해를 넘어가는 문제를 다룰 때는 모호함으로 만족할 수밖에 없다는 것을 인정한다. 강단보다 주님의 식탁에 대한 강조가 중심적이다. 주님의 식탁은 환대와 포용을 강조하기 때문이다."[84]

3) 정리

이머징 예배의 고정된 틀은 없다. 오히려 새롭게 지속적으로 만들어 가는 예배이다. 그러나 이머징 예배가 추구하는 것이 무조건 새로운 것만은 아니다. 전통과 새로움의 조화가 이루어지는 예배이다. 복음이 가진 성질이 절대 변하지 않는 가치이기도 하지만, 초대 교회 공동체의 예배를 현대에 접목시키고자 하는 노력이 있기 때문이다.

더 이상 하나님을 교육받는 예배가 아닌, 하나님을 아는 지식만 채워지는 예배가 아닌 하나님을 경험하는 예배가 되어야 한다. 레잇 앤더슨*Leith Anderson*에 의하면, 오래된 패러다임은 우리가 교육을 잘 받으면 하나님을 경험할 수 있다고 가르치지만, 새로운 패러다임은 하나님을 경험하면 잘 배울 수 있다고 한다. 애굽의 경험이 출애굽기의 기록보다 먼저 있었으며, 십자가의 경험, 부활과 오순절의 경험 등이 이 사건들에 대한 명제적 선언에 앞서는 것과 같은 이치라고 설명한다.[85]

한국은 아직 이머징 예배가 정착되지 않았다. 아니 발생하지 않았다고 해도 무방할 정도이다. 그러나 댄 킴볼이 주고 있는 아주 중요한 통찰은 현재 우리가 문화의 과도기 속에 있다는 점이다. 그가 언급한 것처럼 일반적으로는 나이가 많은 사람일수록 더 근대적이고 젊을수록 포스트모던적이지만, 젊은 세대 중에도 근대적인 사람들이 존재한다. 여전히 근대적인 젊은 사람들이 있다는 것, 그리고 나이 든 세대 중에도 포스트모던적 사람들이 있다는 것은, 사실상 그가 어느 연령대의 사람이냐가 아니라 그가 세상을 어떻게 바라보며 삶에 대해 어떤 가치관과 사고방식을 가지고 있느냐와 직결 된다는 것이다.[86] 이러한 경향은 그가 1964-83년에 출생한 사람들을 겨냥해서 만들었던 젠 엑스*Gen X* 예배를 신설했다가 이 연령 이외의 사람들도 이 예배의 정신, 방법론, 형식에 공감한다는 것을 알게 되면서 젠 엑스의 사역 대부분을 모든 사람들에게 개방하였던 것에 기안한다. 또한, 포스트모던 세대가 하루 아침에 자라서 근대적인 사람이 되기를 기대해서는 안된다는 것을 의미한다.[87]

스탠리 그랜츠는 "익숙했던 모더니티의 영역으로부터 포스트모더니티의 미지의 지형으로 나아가게 하는 이런 전환은 새로운 상황 가운데서 그리스도의 제자로서의 삶을 살려고 하는 사람에게는 거대한 함축적 의미를 지닌다"고 언급한다. 또한 이러한 상황을 깊이 고찰해야 하는 이유는 "기독교 신앙에 대한 우리의 이해와 다음 세대에게 복음을 전하기 위해서 필요한 작업"이라 언급한 바 있다.[88]

혹자는 이머징 교회들을 보면서 '행동'만을 강조한다고 비판한다. 그러나, 이보다 중요한 것은 그들의 행동이 바로 성서와 예수에 초점을 두고 있음이 바로 그들의 신학을 통해서 명백하게 드러나고 있다는 점이다. 매일 그리스도인으로 살아가는 삶의 방식은 그들의 선교적 관점과 제자도적 관점이 일치한다는 것을 보여주며, 성서를 기반으로 삼았음이 분명하다. 김도훈은 "이머징 교회를 이론적, 신학적으로 비판하기 전에 미래 교회 운명을 진지하게 고민하며, 예수님처럼 살기를 원하며, 삶으로 자신들의 신앙을 보여주고자 하는 그들의 열정을 먼저 보라"고 언급한다.[89] 그리고 로버트 웨버*Robert Webber* 역시 이머징 교회가 현 시대의 문화적 위기와 관련하여 새로운 형태의 복음주의를 수립할 수 있는 잠재력을 가지고 있다고 생각한다고 언급한다.[90] 이러한 사실만으로도 우리는 충분히 이머징 예배에 빚을 지고 있음을, 그리고 한편으로는 이머징 예배 자체가 충실히 자신의 책임을 다하려고 애썼음을 알 수 있게 되는 것이다.

이상과 같이 내려다보기를 마쳤다면 제2장에서는 종교개혁 이후 현재에 이르기까지 기독교 예배 존재의 근거를 제공하는 쟝 칼뱅과 존 낙스의 예배 그리고 미국 장로교 예배와 초기 한국 장로교 예배의 역사와 특징에 대해 차례대로 뒤돌아보도록 하겠다.

미주

1 Jeremy Bouma, Understanding Emerging Church Theology: From a Former Emergent Insider (Grand Rapids: THEOKLESIA, 2014), 1.
2 Elmer L. Towns, Putting and End to Worship Wars (Nashville: Broad & Holman Publishers, 1997). 47.
3 위의 책, 54-55.
4 위의 책, 55.
5 위의 책 56.
6 위의 책, 59-60.
7 위의 책, 60.
8 이후로는 편의상 '구도자 집회'로 표기하기로 한다.
9 Daniel Benedict and Craig Kennet Miller, Comtemporary Worship for the 21st Century: Worship or Evangelism? (Nashville: Discipleship Resource, 1995), 112-13.
10 Andy Langford, Transitions in Worship: Moving from Tradition to Contemporary, 전병식 역, 『예배를 확 바꿔라』 (서울: 기독교대한감리회, 2005), 52-61.
11 이주형, "18, 19세기 미국 대각성 운동 연구,"(미간행 신학석사학위논문, 장로회신학대학교, 2004), 55.
12 이미생, "미국의 제2차 영적 대각성 운동," 『빛과 소금』 (2005. 8), 118-19.
13 한 홍, "거칠고 야성적인 서부의 부흥운동," 『빛과 소금』 (1997. 8), 88.
14 이미생, "미국의 제2차 영적 대각성 운동," 118-19.
15 한 홍, "거칠고 야성적인 서부의 부흥운동," 88.
16 주승중, "한국 교회의 예배, 설교의 위기," 『교회와 신학』 (2002, 9), 18.
17 안성봉, "구도자를 위한 집회(Seeker's Service)고찰 및 가능성 연구," (미간행 석사학위 논문, 장로회신학대학교, 2002), 45.
18 주승중, "미 서부 개척기의 예배 전통(Frontier Tradition)," http://blog.naver.com/jjkkhh2232/50010693987 (2014. 8. 16)
19 정장복, 『예배의 신학』 (서울: 장로회신학대학교 출판부, 2000), 377.
20 김만형, "구도자 예배란 무엇인가," 『목회와 신학』 (1997. 4), 42.
21 문동학, "열린 예배의 신학적 이해와 영성," 『목회와 신학』 (1997. 4), 52.
22 롬15:9-11 "이방인들도 그 긍휼하심으로 말미암아 하나님께 영광을 돌리게 하려 하심이라 기록된 바 그러므로 내가 열방 중에서 주께 감사하고 주의 이름을 찬송하리로다 함과 같으니라 또 이르되 열방들아 주의 백성과 함께 즐거워하라 하였으며 또 모든 열방들아 주의 백성과 함께 즐거워하라 하였으며 또 모든 열방들아 주를 찬양하며 모든 백성들아 그를 찬송하라 하였으며"
23 김만형, "구도자 예배란 무엇인가", 42.
24 Michael Green, Evangelism-Now and Then, 김경진 역, 『초대 교회의 전도』 (서울: 현진문화사, 1984), 31.
25 행3:8-9 "뛰어 서서 걸으며 그들과 함께 성전으로 들어가면서 걷기도 하고 뛰기도 하며 하나님을 찬송하니 모든 백성이 그 걷는 것과 하나님을 찬송함을 보고"
26 교회 홈페이지 주소 www.willowcreek.org, 주소 67 E. Algonquin Road, South Barington, IL 60010. 이 내용 전체는 유재원 편, 『장신대 목회신학박사과정 제2차 목회유형연구 세미나 자료집』 (2006)에서 해당 부분을 정리 및 요약한 것임.
27 Bill Hybels 목사는 Deerfield 에 있는 Trinity College 에서 신학을 공부했으며, 아내 Lynne 사이에 1남 1녀(Todd & Shauna)를 두고 있다. 미시간 주에서 사업을 성공적으로 경영하는 기독교 집안에서 태어나 성장한 그는 부친의 가업을 있도록 되어 있었다. 그가 몸담았던 개혁장로교회(Christian Reformed Church)가 그에게 성경의 귀중함, 가정의 중요성, 믿음의 충실함과 인내 등을 가르쳤지만 하나님의 사랑으로 예수 그리스도 안에 있는 구원의 선물은 깨닫지 못하고 있었다. 그가 17세 되는 해 Awana 대회에 참석하게 되 처음으로 예수 그리스도를 영접하여 구원의 감격을 누리게 되었다. Hybels 목사는 그 당시의 감격을 이렇게 회상한다. "사랑으로 인해 거저 주는 구원의 선물을 깨달았을 때 가슴

이 폭발 할 것 같았다." 이때부터 그의 가슴에 심겨진 하나님의 무조건인 사랑의 메시지가 그의 삶에 혁명을 이루었다. 아버지의 사업을 이어 받을 계획으로 대학교 진학하여 공부하던 중 회의를 느끼며 8주간 남미로 여행을 떠나게 되었는데, 이것이 또 한 번 그의 삶을 하나님의 소명에 조명하는 계기가 되었다. 그는 브라질 리오데자네이로의 코파카바나 해변이 보이는 찬 호텔 방안에서 무릎을 꿇고 자기의 삶의 하나님의 영원한 것에 헌신하는 기도를 드리게 되었다. 남미에서 돌아온 후 Chicago에 있는 Awana본부에서 일하면서 그는 Dave Holmbo라는 신앙의 친구를 만나게 되었고, 그와 함께 청소년과 젊은이들을 위한 "Son City" 라는 전도 모임을 시작하게 되었다. 1973년에 약150명으로 시작한 이 모임은 2년후 1975년에는 약1,200명까지 참석하는 규모로 커졌다. "Son City"에서 1,200명이 넘는 사역을 하며, 여러모로 한계를 느낀 Hybells목사는 그 당시 사도행전과 Robert Schuller목사의 책을 잃으며 마침내 현 Willow Creek Community Church의 시초라 할 수 있는 교회를 23세의 나이의 신학생으로 Willow Creek 극장을 빌려 시작하게 되었다(1975.10.2.). 그것도 일개의 보통교회가 아닌 기존 교회의 전통을 부수고 완전히 새로운 목회 철학과 사역을 꿈꾸는 목회의vision을 펼치게 되었다. 1978년에 정식으로 담임목사(Senior Pastor)가 되면서 첫 당회(Elders Board)를 조직하고 3명의 장로가 선출되었다. 그 후 창립 동역자인 Dave Holmbo목사와 사이가 멀어지게 되고, Holmbo목사는 그 다음 해인 1979년에 당회에 사표를 제출하면서, 본 교회의 가장 어려운 시기를 맞게 되었다. 그 때부터 1981년까지 1,800명의 교인 중 약 200명 이상이 교회를 떠났고, 교역자들 중에서도 1/4이 Leaders의 1/3이 교회를 떠나게 되었다. 이 어려운 상황이 Bill Hybels목사에게는 자기의 목회 철학과 Vision을 다시 한 번 점검하며 갱신하는 계기가 되었고, Willow Creek Community Church의 장래를 하나님께 전폭적으로 맡기는 변화가 있었다. 그는 나중에 이렇게 고백한 바 있다: "나는 나의 약점과 한계를 너무나도 깊이 느끼며 기도했다. 하나님! 하나님께서 한 번만 더 일할 기회를 주시면, 우리는 바르게 하겠습니다. 나는 '이 교회'를 하나님의 교회로, 우리는 하나님의 방식으로 행할 것이며, 그리고 하나님의 말씀을 가르칠 것을 서약하였다."

28 "해리"와 "메리"는 Willow Creek Community Church에서 전도의 대상으로 삼은 불신 남성과 여성을 대표적으로 통칭하는 이름이다.

29 이 세미나는 신자들에게 복음을 명확하게 표현하게 하고, 불신자들이 제기하는 문제들에 대답할 말을 준비시키기 위해서 만들어졌다. ①자연스럽게 복음을 전할 준비를 하는 방법 ②당신의 신앙을 이야기하는 방법 ③복음의 메시지를 명료하게 전하는 방법 ④질문들에 대처하는 방법이 주요 4주제에 해당된다. 또한, 이 세미나는 복음 전도를 자신의 영적인 은사로서 파악하는 사람들을 위한 것만은 아니며, 그리스도를 잃고 길을 헤매는 사람들에게 전도하려는 열망을 가진 모든 신자들에게도 적용할 수 있다.

30 이것은 다음의 주제들에 초점을 맞추는 4주간의 세미나를 통해서 이루어진다: 궁극적인 목적들, 종의 직분(servanthood), 성경의 가르침, 은사의 특징, 당신만이 할 수 있는 헌신, 종의 모습(servant profile), 종의 책임, 사역과 당신의 은사 개발.

31 돈의 관리에 대한 성경적인 가르침, 개인의 예산을 세우고 준비하는 일에 대한 교육, 투자와 보험 같은 영역에 대한 성경적인 원리와 적용 등에 초점을 맞춘다. 훈련받은 재정 카운슬러 팀이 있어서 개인적이고 세밀한 각 가정의 재정 상담을 돕는다.

32 Leonard Sweet, Soul Tsunami: Sink or Swim in New Millennium (Grand Rapids: Zondervan, 2001), 45.

33 위의 책, 47.

34 여기서 '대기(atmosphere)'라 함은 지구를 감싸고 있는 '공기', '분위기' 등을 나타내는 말이다. 즉, 이미 우리 시대는 포스트모던 공기 중에 살아가고 있음을 나타내는 말이다.

35 Stanley Granz, A Primer on Postmodernism, 김운용 역, 『포스트모더니즘의 이해』 (서울: WPA, 2010), 292.

36 위의 책, 292-93.

37 이 아이디어에 대한 자세한 내용은 Leonard Sweet, Post-Modern Pilgrims: First Century Passion for the 21st Century Church, 김영래 역, 『영성과 감성을 하나로 묶는 미래교회』 (서울: 좋은씨앗, 2002)의 introduction을 참고하라.

38 Eddie Gibbs and Ryan K. Bolger, Emerging Churches: Creating Christian Community in Postmodern Cultures, 김도훈 역, 『이머징 교회』 (서울: 쿰란출판사, 2008), 15-26.

39 Leonard Sweet, Aqua Church: Essential Leadership Arts for Piloting Your Church in Today's Fluid Culture, 김영래 역, 『모던 시대의 교회는 가

라』 (서울: 좋은씨앗, 2004), 17-19.

40 Leonard Sweet, 『모던 시대의 교회는 가라』, 111-12.

41 유재원, 『이머징 예배 따라잡기』 (서울: 미션아카데미, 2011), 86.

42 Stanley Granz, 『포스트모더니즘의 이해』, 290.

43 Jim Belcher, Deep Church, 전의우 역, 『깊이 있는 교회』 (서울: 포이에마, 2011), 64-65.

44 위의 책, 65.

45 위의 책.

46 위의 책, 66.

47 Leonard Sweet, 『영성과 감성을 하나로 묶는 미래교회』, 78.

48 유재원, 『이머징 예배 따라잡기』, 83.

49 자세한 내용은 유재원, 위의 책, 83-84를 참고하라.

50 위의 책, 84.

51 Steve Tayor, (The) Out of Bounds Church: Learning to Create a Community of Faith in a Culture of Change, 성석환 역, 『교회의 경계를 넘어 다시 교회로-도대체 그곳에서는 어떤일이 벌어지고 있는가?』, (서울: 예영커뮤니케이션, 2008), 139.

52 조성돈, "이머징 교회의 아이콘, '전통. 신비'", 『목회와 신학』 (2008. 06), 56.

53 Eddie Gibbs and Ryan K. Bolger, 『이머징 교회』, 121-29.

54 위의 책.

55 Steve Taylor, 『교회의 경계를 넘어 다시 교회로』, 183.

56 사실 이머징 교회들의 교회론들이 서로 얽혀 있는 것을 보면, 즉 유기적으로 성장해 가는 모습을 보면 성육신, 제자도, 공동체, 선교적 사명 등이 서로가 서로에게 중요한 기반이 된다는 것은 이상한 일이 아니다. 사실 좁은 의미에서 이들이 말하는 선교적이라는 의미는 포스트모던 문화의 세계에 던지는 복음을 의미한다. 즉, 포스트모던 사회 자체가 이들에게 선교지라는 의미이다. 이는 이머전터들이 매일의 그리스도인들로 살 때, 그 삶 자체가 '선교적'이 된다.

57 때때로 이머징 세대들이 요가, 마사지, 몸의 기도를 시행하기도 하는데, 이러한 제반 사항들은 다른 문화의 수용 가능성에 달려 있다고 본다.

58 예를 들어 시애틀에 소재한 퀘스트(Quest)교회 교인들은 매월 두 번씩 집에서 모임을 가지는데 서로 간증한 후에 침묵의 시간을 갖는다. 그 후에 예배로 응답한다. 미국의 캘리포니아 산타 모니카의 생츄어리(Sanctuary)교회는 모임을 누구에게나 개방하며

그 모임 이외에도 기도의 방과 대화의 방, 예술의 방 등이 있어 회중에게 예배드리는 다양한 방식들을 제공하고 있다. 또한 참여하는 방법에 있어서 예배 기획팀이 꼭 리더십 팀일 필요는 없다. 피츠버그의 성공회 교회인 쓰리 네일즈(Three Nails)의 특이한 점은 매달 예배 모임을 디자인하는데 성직자가 참여하지 않는다. 또한 나이든 리더들은 촉매자로서의 기능을 할 뿐이다. 이런 응답하는 예배를 위해서는 창조적 에너지가 필요한데 이는 구성원들의 은사들로부터 생겨나는 자연스러운 표현들을 강조하는 것이다.

59 Eddie Gibbs and Ryan K. Bolger, 『이머징 교회』, 256-81.

60 Eddie Gibbs, Next Church, 임신희 역, 『넥스트 처치』, (서울: 교회성장연구소, 2003)을 참고하라.

61 Dan Kimball, The Emerging Worship: Creating Worship Gatherings for New Generation, 주승중 역, 『하나님께서 영광 받으시는 고귀한 예배-포스트모던 시대를 살아가는 새로운 세대를 위한 대안적 예배』 (서울: 이레서원, 2008), 27-40.

62 위의 책, 108-109.

63 "유기적"이라는 것은 사람들이 동참할 수 있는 만남을 통하여 많은 것들이 서로 엮어져 있는 것을 의미하는 것으로, 예배 모임을 발표나 공연처럼 느끼도록 엄격하게 미리 짜 놓은 흐름과는 정반대의 것을 의미 한다. 유기적으로 흘러가는 모임은 찬양, 성경봉독, 간증, 침묵의 시간, 찬양, 설교, 영상, 그리고 침묵과 묵상의 시간으로 특징지을 수 있다. "유기적" 이라고 말할 때는 신중하게 계획되고 준비된 예배 모임을 말하는 것이다. "유기적이 된다"는 말은 부활하신 예수님을 예배하기 위해서 모인 교회 대신에 `발표'나 `연출'이 되어버리는 그런 엄격한 형태로 일들을 가두지 않는 방법을 의도적으로 깊이 생각하는 것을 의미하는 것으로, 보다 상호작용하고, 더욱 더 참여하기 위해서 창의적인 방법을 깊이 생각하는 방법을 깊이 생각하는 것을 뜻한다.

64 Dan Kimball, 『하나님께서 영광 받으시는 고귀한 예배』, 111-12.

65 예술적인 소품들이나 상징들, 그림들은 모임이 영적인 모임이며, 기독교는 현대적인 종교뿐만 아니라 고대의 종교라는 지각을 일깨워준다. 이머징 교회 예배는 예술적인 표현에 신학을 가미한 창의성을 통하여 하나님에 대한 사랑과 경배를 표현한다.

66 Dan Kimball, 『하나님께서 영광 받으시는 고귀한 예배』, 112-17.

67 위의 책, 119-20.

68 모래는 하나님을 향한 메마르고 상태를 묘사하는
    데 사용된다.

69 Dan Kimball, 『하나님께서 영광 받으시는 고귀한
    예배』, 117-24.

70 Steve Taylor, 『교회의 경계를 넘어 다시 교회로』,
    101-102.

71 위의 책, 116-25.

72 위의 책, 190-94.

73 Leonard Sweet, 『영성과 감성을 하나로 묶는 미
    래 교회』, 73.

74 위의 책, 116.

75 위의 책, 153

76 위의 책, 154

77 위의 책, 170.

78 Leonard Sweet, 『영성과 감성을 하나로 묶는 미
    래 교회』, 78-80.

79 위의 책, 115.

80 위의 책, 134.

81 위의 책.

82 위의 책, 218.

83 Eddie Gibbs, 『넥스트 처치』, 224.

84 위의 책, 226-27.

85 Leith Anderson, A Church for the Twenty-First
    Century (Minneapolis: Bethany House, 1992),
    21.

86 Dan Kimball, The Emerging Church: Vintage
    Christianity for New Generations, 윤인숙 역, 『
    시대를 리드하는 교회-새로운 세대를 위한 전통적
    기독교』 (서울: 이레서원, 2007), 77.

87 Dan Kimball, The Emerging Church: Vintage
    Christianity for New Generations, 윤인숙 역, 『
    시대를 리드하는 교회-새로운 세대를 위한 전통적
    기독교』 (서울: 이레서원, 2007), 77.

88 Stanley Granz, 『포스트모더니즘의 이해』, 291.

89 김도훈, "포스트모던 시대 교회의 창조적 커뮤니케
    이션", 『목회와 신학』, (2008, 06), 53.

90 Robert Webber ed, Listening Beliefs of Emerg-
    ing Churches: Five Perspectives (Grand Rapids:
    Zondervan, 2007), 10이하; 김도훈, "포스트모던
    시대 교회의 창조적 커뮤니케이션", 48에서 재인용.

제 2 장

뒤 돌 아 보 기

—

존재의 이유

쟝 칼뱅과
존 낙스의
예배

쟝 칼뱅*Jean Calvin, 1509-1564*은 신구약성경을 가르치는 사람이었고 성서에 근거한 교리를 체계있게 잘 전수한 것으로 알려져있다. 그는 『기독교 강요』초판을 1536년 스위스 바젤에서 출판했는데, 거기에 이미 예배에 대한 부분을 언급했고, 종교개혁가 입장에서 기독교 신앙을 확고하게 표명하였다.[91]

스위스 제네바에서 1차 개혁이 실패한 후 프랑스의 스트라스부르로 건너간 칼뱅은 피난온 위그노들을 대상으로 목회에 전념하게 된다. 그 결과 이 도시는 개혁교회의 시범학교와 같은 형태를 갖춰 나갔다.

이러한 칼뱅의 개혁은 교회를 위해 현장에서 실행 가능한 실천을 했다는 점에서 우리에게 시사하는 바가 크다.[92] 칼뱅은 성경봉독과 해설을 초대 교회의 전통을 따라 예배의 중심에 놓았고, 성찬에 대해서도 동일한 입장을 취했다. 이를 위해 전 생애 동안 심혈을 기울였으며, 그의 후계자들에게도 이것을 분명히 알도록 하였다.[93]

1 —— 존 칼뱅 *Jean Calvin*의 예배

1) 특징

칼뱅은 당시 여러 종교 개혁가들의 영향을 많이 받으면서도,[94] 자신만의 예배 신학을 형성해 가기 시작했다. 다른 종교 개혁가들의 예배개혁 내용과 확연하게 구분되는 특징은 네 가지이다. 첫째, 매 주일 예배에서 성찬이 초대 교회의 단순성과 조화를 되찾도록 하는 것, 둘째, 말씀 중심의 예배 *preaching service*를 강조하면서 성경말씀의 권위를 부여하는 것,[95] 셋째, 예전에 있어서 성령의 역사하심에 대한 강조이며, 넷째는 시편찬송의 사용이다.

2) 예식서 비교

『고대교회의 관습에 따라 성례전집례와 결혼의식방법과 함께 있는 교회 기도와 찬송의 형태』 *The Form of Church Prayers and Hymns of Administering the Sacraments and Consecrating Marriage According to the Custom of the Ancient Church*

(1) 말씀예전 비교

스트라스부르 예식순서 (1545)	제네바 예식순서(1542)
말씀 예전	**말씀 예전**
예배의 부름: 시124:8 (성구낭송)	예배의 부름 : 시124:8 (성구낭송)
죄의 고백	죄의 고백
성경구절 낭송	속죄를 위한 기도
(회중의 양심을 위로할 수 있는 구절로 선택)	
사죄의 선포	
십계명 (첫째 돌판)	
기도	
십계명 (둘째 돌판)	운율 시편송
성령의 조명(Illumination) 기도	성령의 임재를 위한 기도문
성경봉독	성경봉독
설교	설교

(2) 성만찬 예전 비교

스트라스부르 예식순서 (1545)	제네바 예식순서(1542)
성찬 예전 기도(중보 기도와 주기도) 사도신경과 떡과 포도주의 준비 주기도로 끝맺는 성찬을 위한 기도	**성찬 예전** 헌금 기도 (중보기도와 주기도) 성물준비(사도신경을 노래함)
성찬식 제정사 권면과 성찬상 정리	성찬 제정사 권면 성찬기도(성령의 조명을 위한기도) 성체분할
분병, 분잔의 말씀과 성찬참여 시편 낭송(시138편)	
감사의 기도	분병분잔 성찬참여 (시편이나 성경낭독) 성찬 후 기도
파송(시므온의 찬양 Nunc Dimittis)	
축도(아론의 형식)	축도 (아론의 형식)

3) 한국 교회에 나타난 칼뱅의 신학과 예전

여기에서는 『대한예수교장로회 예배·예식서 표준개정판』(2008)을 중심으로 하여, 현재 장로교회가 예배를 드리고 있는 예식서의 순서와 1545년 칼뱅의 스트라스부르그의 예전을 비교하고, 그에 따른 칼뱅의 영향을 살펴보게 될 것이다.

성찬예배의 예식순서	스트라스부르 예식순서 (1545)
전주 입례송 예배로 부름 응답송 기원 참회의 기도와 사죄의 확신 성시교독	예배의 부름: 시124:8 (성구낭송) 죄의 고백 성경구절 낭송 (회중의 양심을 위로할 수 있는 구절로 선택) 사죄의 선포 십계명 (첫째 돌판) 기도

경배찬송	십계명 (둘째 돌판)
목회기도	성령의 조명(Illumination) 기도
응답송	성경봉독
봉헌	설교
감사기도	
봉헌송	
성경봉독	
찬양	
설교	
성찬찬송	기도(중보 기도와 주기도)
권면	사도신경과 떡과 포도주의 준비
제정의 말씀 (고전11:23-29)	주기도로 끝맺는 성찬을 위한 기도
성령님의 임재를 위한 기도	성찬식 제정사
신앙고백	권면과 성찬상 정리
분병분잔과 성찬참여	분병, 분잔의 말씀과 성찬참여
감사찬송	시편 낭송(시138편)
축도	감사의 기도
후주	파송(Nonc Dimittis)
교회소식	아론의 축도(민 6:24-26)

(1) 공통점

❶ 자국어로 된 성찬집례와 예식서

『대한예수교장로회 예배·예식서』는 스트라스부르의 예식서와 마찬가지로 자국어로 기록
되었고, 자국어로 시행된다. 이는 한국 개신교회 역사상 최초의 개인 번역 예전서로 평가
받고 있는 감리교 예배 문서인 『미이미교회강례』(1890)와 한국인 최초 예식서인 장로교
『혼상예식서』(1924)[96]에서부터 오늘날까지 전해지는 칼뱅의 개혁정신을 반영하고 있는
부분이다. 다시 말해서, 칼뱅은 자국어의 사용으로 인한 회중의 참여에 대한 개혁 정신을 드
러내고자 했음을 알 수 있다.

❷ 성령임재기원

김태규는 칼뱅이 성찬예식에서 성령임재기도를 언급하지 않는다고 말한다.[97] 물론 칼뱅이

수찬자나 성물에 성령임재기원을 예식서에 포함하지는 않지만, 여기에 언급하지 않은 『제네바 예식서』(1542)에서는 성령을 위한 조명이라는 순서가 포함되어 있으며 성찬식에서 성령의 역할을 강조하고 있다. 이런 점에서 『대한예수교장로회 예배·예식서』에 나타난 성령임재기원에 대한 부분만큼은 스트라스부르의 예전보다는 제네바 예전과 연관이 있으며, 성찬에 대한 성령의 역할을 강조했다는 점에서 공통점을 발견할 수 있겠다.

❸ 헌금

『대한예수교장로회 예배·예식서』에서는 봉헌이 성찬과는 별도로 진행된다. 이 점은 칼뱅이 성찬과 봉헌을 연결시켜, 코이노니아를 강조한(행2:42) 초대 교회의 전통에 근거했던 그의 개혁정신과는 사뭇 달라 보인다. 그런데 이 점에서 한 가지 더 알아 보아야 할 것이 초기 한국 장로교예식서이다. 『혼상예식서』(1924)를 보면 헌금 순서[98]가 오늘날의 『대한예수교장로회 예배·예식서』와 비슷한 위치에 자리잡고 있다. 이에 대해 김태규는 장로교 예식서의 봉헌이 설교 전에 하는 것이므로 일반 주일헌금으로 보는 것이 타당할지도 모르나 원래 예식에서는 빈궁한 자를 위해 구제 연보하는 것이나 혹 신령한 일을 위하여 연보하는 것이 가하나 다 당회가 정해서 하라[99]고 했다고 설명한다. 그러므로 이러한 전통에서 비롯된 헌금의 의미는 칼뱅의 것과 거의 일치한다고 볼 수 있다.

(2) 차이점

❶ 시편찬송 사용 정도

한국 장로교 예배가 칼뱅의 영향을 많이 받았다고는 하지만 칼뱅의 개혁정신을 그대로 반영한 것은 아닌 것으로 보인다. 위에 나타난 예식서의 비교에서도 알 수 있듯이 칼뱅이 강조한 시편찬송의 사용이 사라진 것이 대표적인 예이다. 한국 장로교 예배에서는 시편찬송 외에 다른 찬송이 더 많이 삽입되어 있다.

❷ 아론의 축도와 십계명 사용 정도

칼뱅이 아론의 축도를 즐겨 사용했던 것과는 달리, 현재 한국 장로교 예배에서 아론의 축도를 사용하는 경우는 드물다. 오히려 고린도후서 13장 13절 말씀을 절대시 여기며 사용하는 실정이다. 또한 칼뱅은 십계명을 예배 순서에 반드시 넣었지만, 한국 장로교 예배에서는 찾아보기 힘든 것이 현실이다.[100]

2 —— 존 낙스_John Knox_의 예배: 스코틀랜드 장로교회를 중심으로

스코틀랜드 장로교는 미국, 캐나다, 호주, 뉴질랜드 등지와 특별히 1880년대 이후 한국선교에 이르기까지 적지 않은 영향을 끼쳤으며[101], 세계 장로교회의 원조로서 그 중요성과 가치를 지닌다. 이러한 역사적인 흐름 안에서 스코틀랜드 장로교는 세계 장로교회와 한국 장로교의 신학과 예전에 있어 형식적, 내용적으로 모태가 되었음에도 불구하고 아직까지 그에 대한 사료나 정보가 부족한 것이 사실이다. 따라서 여기에서는 존 낙스를 중심으로 하되, 개혁주의의 연속선상에서 장로교의 본산지로 일컬어지는 스코틀랜드 장로교의 신학과 예전의 특징을 알아보도록 하자.

1) 존 낙스의 생애

스코틀랜드 장로교의 창시자 존 낙스_John Knox, 1514-1572_[102]는 본래 로마 가톨릭교회의 사제였다. 1545년 그는 조지 위샤트_George Wishart_를 만나면서 인생의 큰 전환점을 맞이하게 된다.[103] 1554년에서 1559년까지는 스위스 제네바에서 칼뱅을 만나 가장 성경적인 신앙과 신학원리, 교회 정치형태를 보며 그의 개혁사상을 터득하였고, 마침내 목사, 장로, 집사를 세우는 장로정치를 실현하기에 이른다. 1555년에서 1556년 사이 스코틀랜드를 방문하였을 때에는 낙스에 의해 스코틀랜드에서 최초의 개혁 교회 방식의 성찬식이 거행된 일도 있다. 그러면서 그는 로마 가톨릭 교도인 영국 여왕 메리 튜더_Mary of Tudor_[104]와 투쟁하며 개혁주의를 도입하고자 했다. 1559년, 낙스는 고국의 수도 에딘버러에 있는 성 자일_St. Giles_ 교회의 목사로 부임하면서 예배의 개혁을 본격화 하였다. 그가 귀국하면서 예배의 진정한 개혁을 위해 가지고 온 『신조*Confession of Faith*』, 『교회행정지침서*Book of Descipline*』, 『예배서*Forme of Prayers*』는 웨스트민스터 회의에서 통과된 장로교의 기본 지침서 역할을 했던 근본 자료였다.

2) 특징

❶ 신명기 4장과 12장에 기초한 예배의 순수성을 강조

낙스는 하나님께서 말씀을 통해 제정하신 예배에 무엇을 더하거나 빼는 것은 불법적인 것이라고 가르친다. 결국 모든 종교 의식들과 관심들이 합당한 예배의 표현으로 받아들여지려면 반드시 성경적인 증거를 가지고 있어야 한다는 것이다. 이러한 개념은 예배를 규정짓는 원리로 받아들여졌다. 낙스가 주장한 내용의 핵심은 "인간은 하나님께 받아들여질 수 있는 종교를 만들거나 고안해 낼 수 없지만, 하나님께로부터 받은 종교를 바꾸거나 변형시키지 말고 지키고 준수해야 한다"는 것이었다.[105] 따라서 참된 예배와 거짓된 예배 사이의 투쟁에 대해 낙스는 과거에 부패된 것을 대체할 수 있는 본질적인 무엇이 있어야 된다는 점을 강조하면서, 로마 카톨릭의 죽은 우상을 섬기는 예배 의식은 하나님의 살아있는 말씀으로 대체되어야 한다고 주장했다.

❷ 기도, 하나님의 말씀봉독, 설교, 그리고 바른 성례의 집행

그는 이것을 성경에서 발견되는 예배의 요소로 꼽았다. 종교개혁을 위해 이들 주제들에 대한 성경적 원리를 제시하면서 교회에서 비성경적 요소들을 제거하고자 했다.[106]

❸ 모국어 예배, 시편 예배를 주장

다른 종교개혁자들과 동일한 입장을 표명한 부분이다.

❹ 한 달에 한 번 성찬 주장

그는 성찬의 중요성을 강조했으나 스코틀랜드 장로교회도 역시 1년에 4번만 드리는 것으로 결정하였다.

3) 칼뱅과 낙스의 예배 순서 비교

아래의 비교표를 보면, 낙스는 칼뱅의 『기독교 강요』를 통해서 칼뱅의 신학사상과 예배 형태를 거의 그대로 답습하였음을 알 수 있다.

칼뱅 예배 순서 (The Form of Church Prayers, 1542)	낙스 예배 순서 (The Form of Prayers, 1556)
예배로 부름	예배로 부름
참회기도	참회기도
운율 시편송	운율 시편송
성령임재기도	성령임재기도
성경봉독	성경봉독
설교	설교
봉헌	봉헌
교회의 기도	감사, 교회의 기도
주기도문	주기도문
성물준비	사도신경
사도신경송	봉헌(시편송)
성찬제정사	성찬제정사
권면	권면
성찬기도	성찬기도
떡을 뗌(성체분할)	떡을 뗌(성체분할)
분병분잔	분병분잔
성찬 참여	성찬 참여
	(수난사 낭독)
성찬 후 기도	성찬 후 기도
	시편송
아론의 축도(민 6:24-26)	아론의 축도

그럼에도 불구하고, 낙스의 예배로 인해 스코틀랜드 장로교회가 매우 큰 영향을 받았다는 것을 알 수 있는 것이 바로 스코틀랜드 교회의 예배회복운동이다. 그 운동을 통해 본격적으로 낙스 이후 장로교 예배의 현대적 동향을 관찰할 수 있게 되었기 때문이다.

4) 스코틀랜드 교회의 예배회복운동*The Liturgical Movement in Scotland*

❶ 과정

실제로 16세기의 종교 개혁자들은 로마 가톨릭이나 영국 국교회*Anglican Church*에 대하여 굉장한 적대감을 가지고 그들의 개혁을 추진하였다. 그 결과, 루터를 제외하고서는 예배형태에 대해 보다 더 자신들의 독자적이고 이전의 예전보다 축소된 방향의 예배개혁 방안을 찾으려 애썼다. 20세기에 접어들면서 스코틀랜드 교회는 어느 정도 신학적이고 역사적인 예전적 성찰을 하면서 당시 개혁교회의 예배와 예전, 초대 교회 예배들의 고유한 정신과 형태들의 중요한 부분들을 급진적인 개혁적 기치아래 상실하게 된 것을 인정하기에 이르렀다. 이러한 예배회복운동의 바람은 스코틀랜드 교회의 예전적 각성의 움직임과 함께 예전회복의 발전을 가져오게 된다.

❷ 결과

당시 예배회복의 움직임은 1890년대에 일어나게 되는데 이 시기가 바로 스코틀랜드의 교회가 강력한 개혁을 추진한 때이다. 1923년 스코틀랜드 교회의 총회는 『거룩한 예배를 위한 기도서*Prayers for Divine Service*』라는 예식서를 출간하도록 정식인가를 내고 그리고 몇 번의 과정을 거쳐 1940년에 개정된 『공동예배 규범서*The Book of Common Order*』를 출간하기에 이르렀다.[107] 잠시 이 예배서에 나타난 예배 내용들을 살펴보면, 좀 더 폭넓은 형태의 예전적 성향을 보게 된다. 예를 들어 성찬의 경우, 이전과는 달리 여기에서 성찬 집례를 위한 다섯 가지 규범을 제시하고 있다는 것을 발견하게 된다. 이를테면 첫째는 정규 성찬 예식*Regular Order*, 둘째는 약간 축소된 약식의 성찬 예식*Simple Order*, 셋째가 대안으로 만든 예식*Alternative Order*인데 내용상으로 볼 때 첫째 것과 유사하지만 전통적 예전에 비해 언어를 적게 사용한다. 넷째는 병든 자를 위한 간략한 예식, 그리고 마지막으로는 보존된 성물을 사용하는 규범 등으로 되어 있다. 이는 시대적 상황속에 놓였던 초기 개혁가들의 예전적 성향과는 확연히 다른 형태의 모습으로 보인다. 현재는 다음에 나오는 예배 순서를 새롭게 제정하여 사용하고 있다.

5) 존 낙스와 스코틀랜드 장로교회의 예배 순서 비교

❶ 말씀의 예전 *Liturgy of The Word*

The Forme of Prayers (1564)	The Book of Common Order (1940)
- 죄의 고백	- 입당송
	- 예배의 말씀
	- 정결을 위한 기도문
- 용서를 위한 기도	- 죄의 고백
	- 용서의 확신
	- 기도문
	- 찬송 혹은 시편 송
- 운율 시편송	- 예언서나 구약의 말씀 봉독
	- 시편송
	- 서신서봉독
	- 복음서 봉독
- 성령의 임재를 위한 기도	- 니케아 신조
	: 봉헌 순서에서 하지 않을 경우
	중보기도와 죽은 이를 추모(Commemoration)
	- 시편송이나 찬송
- 성경봉독	- 혼인 예고
	(Banns of Marriage and Intimations)
	- 설교전 기도
	- 설교
- 설교	- 하나님을 찬미(Ascription)함

❷ 성만찬 예전 *Liturgy of The Eucharist*

The Forme of Prayers (1564)	The Book of Common Order (1940)
헌금	봉헌: 봉헌기도
감사기도와 중보기도	말씀으로 초대
주기도문	성물을 성찬대로 가져다 놓는 동안 시편송
사도신경	니케아 신조
봉헌	: 앞 부분에서 하지 않았을 경우
: 시편이 불려지는 동안 성물을 준비하여 드림	성물 현시(Unveiling of Elements)
성찬제정사	인사와 확증(Warrant, 고전 11:23-26)
권면	성물을 취함(Taking of Moments)
봉헌기도(Prayer of Consecration)	인사와 수르숨 코다(Sursum corda)
경배(Adoration)	성찬기도
감사기도: 창조와 구속에 대한	예비기원
기념(Anamnesis)	: 창조와 섭리에 대한 감사와
송영(Doxology)	절기에 맞추어 상투스, 베네딕투스
성체분할	상투스(Vere Sanctus-구속에 대한 감사)
집례자 성찬	기념(Anamnesis), 성물 봉헌(oblation), 축성기도
분병분잔(Delivery)	헌신(Self-oblation, Oblation of Church),
회중의 성찬참여 : 집례자는 주님의 수난사를 봉독	산 이와 죽은 이를 위한 중보기도
영성체 후 감사기도	송영(Doxology)
시편송	주기도문
축복기도(아론의 축복 기도와 사도의 축복 기도)	성찬제정사
	하나님의 어린 양(Agnus Dei)찬미, 집례자의 성찬
	분병분잔과 회중의 성찬참여
	성만찬 후 감사기도, 죽은 이를 추모
	시편송이나 찬송
	강복선언

‖

미 국 장 로 교
예 배

1 ── 미 국 정 착 의 역 사

1588년 영국 함대가 스페인의 무적함대를 패퇴시킨 사건 이후로 영국의 신세계 정복은 시작 되었다. 1620년 메이플라워호를 탄 청교도들이 플리머스에 도착하기 이전에 1607년 제임스 타운에 이미 공동체가 있었다.[108] 그들은 버지니아, 뉴욕, 캐롤라이나, 메릴랜드 등지에도 공동 체를 세웠다. 프랑스에서 건너온 위그노들, 네덜란드 칼뱅주의자들, 독일 개혁파 교도들도 동 부해안에 정착하였고, 회중교회주의자들은 메사추세츠와 코네티컷에 정착하였다.

1620년부터 1640년 사이에 상당수의 장로교인들이 뉴잉글랜드지방에 정착하였다. 북부에 정착한 그들은 종교적 박해를 피해 신앙공동체를 건설하려고 대서양을 건너온 퓨리 탄이었다. 그들은 헨리 8세가 수장인 영국국교회가 충분히 개혁되지 않았다고 판단하고 끊 임없이 개혁을 요구하면서 영국 국교도로부터 탄압을 받게 되었다. 정착민의 목적, 성격, 과 정, 사회구조 모두 남부 체서피크만 식민지와는 차이가 있음을 알 수 있다.

그 중에서도 영국 국교회로부터의 분리를 주장한 분리파는 더 큰 탄압을 받았다. 이들 은 영국에서의 박해를 피해 일단 네덜란드 라이덴으로 이주하였다.[109] 신대륙에서 그들만의 공동체를 계획했기 때문에 일단 영국으로 귀국 후, 1620년 9월 101명이 메이플라워호를 타고 플리머스항을 출발하였다. 2달의 항해 후 도착한 곳은 오늘날의 메사추세츠주 보스턴 남쪽 케이프코드였는데 이는 버지니아 회사관할보다 북쪽이었다. 그러나 곧 겨울이 되었기에 그곳에 정착하였고, 그들은 처음 떠나온 플리머스의 이름을 따서 그곳을 플리머스라고 불렀다.

회중파에 속하는 퓨리턴도 영국을 떠나기로 한다. 제임스 1세의 뒤를 이은 찰스 1세도 청교도를 박해하였는데, 그들은 찰스 1세에게 식민지 건설에 필요한 특허장을 받아 메사추세츠로 향했다. 약 1천명의 회중주의적 성향을 가진 청교도들이 11척의 배에 나누어 타고 항해길에 올랐다.

이들을 이끈 지도자는 존 윈스럽*John Winthlop*이다. 그는 20여 년간 정착의 기틀을 마련했으며, '언덕위의 도시'[110]가 되어야 할 것을 강조하였다. 그들이 세운 교회 구성원들은 무엇보다도 회심의 경험을 진술한 다음에 선출되었다. 그들에게는 참정권을 비롯한 특권들이 주어졌으며 그들이 세운 거룩한 국가의 모든 정책들을 결정하였고 다스려나갔다. 그 곳은 양원제를 갖춘 자치정부로 구성되었고 주민 60명이 되면 그곳에 타운을 설립하도록 36평방킬로미터의 토지를 내어주는 체계를 가지고 있었다. 정착민이 늘어나면서 남부에 로드아일랜드, 코네티컷과 북부에 뉴 햄프셔가 생겨났고, 메사추세츠를 포함한 이 지역을 뉴잉글랜드 지역이라 부른다.

2 ── 장로교의 설립

미국 장로교회 운동은 '미국 장로교회의 아버지'라고 불리는 프랜시스 매케미*Francis Make-mie*에 의해 활발하게 전개되었다.[111] 그는 1683년 버지니아의 동쪽 해안에 정착하여 버지니아와 메릴랜드에 교회들을 세웠고, 1706년에는 미국 장로교 최초의 노회인 필라델피아 노회를 세우기도 하였다.[112] 노회의 구성과 함께 장로교회가 본격적으로 발전하게 되면서 한 노회에서 교회를 돌아볼 수 없게 되자, 필라델피아 노회는 노회를 나눌 것을 결의하여 4개의 노회로 분할하였다.[113] 1717년 9월 17일 필라델피아에서 메릴랜드의 스노우힐 노회를 제외한 3개 노회가 모여 미국 최초의 장로교 대회*the Synod of Philadelphia*를 조직하였는데 이 때 19명의 목사와 40여개의 교회, 그리고 3천명 이상의 교세를 가지고 있었음을 알 수 있다.[114]

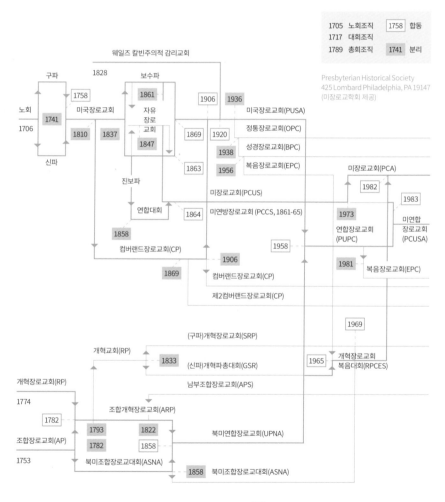

미국 장로교 계보도[115]

3 ── 미국 장로교 예배와 예식서의 형성 과정 [116]

미국 장로교회는 예배에 관한 두 가지의 중요한 내용이 있는데, 예배모범*Directory of Worship*과 예배서*Service Book*이다. 예배모범은 교회 헌법에 나오는 것으로 교회의 법적 권위를 가지며 장로교 예배 신학과 예배를 위한 적절한 지침들을 제시한다. 예배순서를 예시하는 것이 아니라, 예배순서를 위한 기준과 규범을 제시한다. 그러나 예배서는 예배모범과 조화를 이룰 수 있는 장로교 예배에 관한 순서와 예식문들을 제시한다. 개혁교회 전통에서는 예배서가 예배모범보다 훨씬 오랜 역사적 전통을 가지고 있다. 이제 미국장로교 예배가 어떻게 변해왔는지를 시대적으로 알아보도록 하겠다.[117]

1) 16-17세기

16세기의 개혁교회들은 예배서들을 사용하였다. 이 무렵 영국 내에서는 예배서로 말미암아 영국국교회와 정부측과 이에 대해 다른 견해를 가졌던 청교도 간에 갈등이 심각했고, 스코틀랜드와도 갈등 상황에 처해 있었다. 영국국교회와 정부는 자신들의 예전으로 영국 전체를 통일시키려고 한 반면, 대륙 종교개혁 사상에 영향을 받아 "하나님의 말씀"에 근거하여 예배를 개혁하려 했던 청교도들과 스코틀랜드 교회는 국교회의 예전에 대해 반대하는 입장이었다. 전쟁을 치룰 정도로 심각했던 상황은 마침내 청교도측의 승리로 웨스트민스터 회의가 열리게 되었고, 그 결과 1644년에 『웨스트민스터 예배모범*The Westminster Directory for the Publique Worship of God*』을 만들기에 이르렀다.

웨스트민스터 예배모범은 미국 장로교회가 예배 지침을 만드는데 결정적 역할을 하게 된다. 신대륙에 정착하게 될 때 청교도들과 스코틀랜드인들이 미국 장로교회를 형성하는 핵심적인 사람들이 되었다. 이들은 신대륙에 이주하여 예배서에 반대하는 입장이었고, 웨스트민스터 예배모범을 기초로 하여 예배 드릴 것을 주장했다. 식민시대의 미국 장로교회는 1644년도 웨스트민스터 예배모범을 그대로 사용하다가, 1788년 미국 장로교회를 위한 개정판이 나와 총회에서 채택하면서 이후로는 그것을 사용하게 된다.

2) 19세기

19세기 중반에 미국 장로교회와 다른 개혁교회들 사이에는 하나의 새로운 운동이 나타나게 되었다. 그것은 예전 전통을 회복하고 예배서 사용의 가치를 깨달은 것이다. 초기 미국 이민자들이 예배모범을 중시하고 예배서를 반대했던 분위기가 점차로 바뀌게 된 것이다.

이때 장로교에서는 개인적으로 만든 예배서들이 사용되기 시작하였다. 1855년 찰스베어드*Charles W. Baird*가 만든 『장로교 예배서*Presbyterian Liturgies*』가 그 대표적인 예이다.[118] 1894년에는 정식으로 남 장로교에서 예전서가 나왔고, 북 장로교는 9년 후 총회에서 예배서를 요청하는 긍정적 반응들이 나오게 됨을 알 수 있다.

3) 20세기

(1) 『공동예배서*The Book of Common Worship*』 1906, 1932, 1946

1903년 북 장로교 총회(PCUSA)는 예배서에 대한 요구가 차츰 커지자 1906년 『공동 예배서*The Book of Common Worship*』를 출간하였다. 이것은 미국 장로교회로 하여금 예배에 있어서 예전적인 순서*order*와 예식문*text*의 가치를 공식적으로 인정하는 계기가 되었다. 여기에는 주일 아침과 저녁 예배 순서가 제시되어있고, 성찬 예식, 교회력에 따른 절기, 세례와 입교문답에 대한 순서와 예문, 시편송과 찬송과 송가 등이 나온다.

1932년에 1906년 판이 다시 개정되는데, 절기에 대한 예문이 첨가되고, 기초적인 성서일과를 포함시켰다. 특이한 것은 남 장로교 총회가 이것을 사용하도록 승인했다는 사실이다. 이것은 1946년에 다시 개정되면서 에큐메니칼 예전 학자들과 종교개혁가들의 예배에 대한 보다 깊은 지식들이 반영되었다. 이것은 주일 낮 예배와 밤 예배, 그리고 성찬 예식에 관한 자료들을 더 추가하여 보완한 것이다.

(2) 『예배서*The Worshipbook*』 1970

1955년 북 장로교 총회는 예배서의 또 다른 개정판을 요구한 결과, 남 장로교와 컴버랜드 장로교회까지 참여하여, 1970년에 『The Worshipbook-Service』라는 이름으로, 2년 후에는 『The Worshipbook-Services and Hymn*s*』으로 이름을 바꾸어 출간한다. 이 예배서의 공헌점은 예배의 용어를 현대화시킨 것과 주일 예배를 말씀과 성찬 예배로 분명히 규정한 것이다. 그러나 이 예배서는 카톨릭의 제2차 바티칸 공의회가 있은 이후로, 각 교회들이 예배에 대한 대대적인 개혁의 필요성을 절대 공감함으로써 또 다시 개정해야 하는 상황을 맞이하게 된다.

(3) 『**공동예배서***The Book of Common Worship*』 *1993*

1983년에 남북 장로교가 연합하게 되는데, 하나가 된 미국 장로교회는 1989년에 예배모범을 다시 개정하고 그와 조화를 이루는 예배서를 만들게 되는데, 이것이 바로 1993년에 출간된 『The Book of Common Worship』이다. 참고로, 본 교단에서는 내용을 조금 축약시켜 2001년에 『공동 예배서』라는 번역서를 출간하였다.

4 —— 미국 장로교 예배서의 형성과 특징

미국 장로교는 여러 번의 예배모범과 예배서를 개정하는 과정을 거치면서 예배순서 역시 바뀌게 되었다. 미국장로교 예배 예식서는 1906년부터 시작하여 1932, 1946, 1970, 1993년 판이 있다. 그중에 1906, 1932, 1946년 판은 거의 차이가 없으며, 1970년과 1993년 판은 대폭 수정이 이루어졌으므로 여기에서는 1946년, 1970년, 1993년판에 나오는 예배순서를 차례대로 소개하고자 한다.

1) 1946년 『공동예배서 *The Book of Common Worship*』[119]

주일 낮 예배	성만찬 예배
예배의 부름	예배의 부름
경외의 기도(Adoration)	기원
죄의 고백	십계명
용서의 확인	죄의 고백
시편송	용서의 확인
제 1 성경봉독	영광송이나 송가 또는 찬송
찬송이나 교송	서신서 봉독
제 2 성경봉독	복음서 봉독
신앙고백	신앙고백
찬송이나 교송	찬송
감사기도	설교
간구	찬미(Ascription)
중보기도	봉헌
성도의 교제	초대사
봉헌	성물현시(uncovered)
찬송이나 교송	성찬 제정사
설교	예비기원
찬송	떡을 들어 쪼갬(성체분할)
축도(강복선언)	잔을 듦
	집례자-장로-회중 수찬
	감사기도
	찬송
	축도(강복선언)

2) 1970년 『예배서 *The Worshipbook*』[120]

이 예배서는 미국의 컴버랜드 장로교회와 남 장로교회, 그리고 북 장로교회가 함께 만든 것이다. 무엇보다도 미국 장로교회가 연합하여 만든 하나의 장로교 예배서라는데에 큰 의의가 있다. 이 예배서에서는 현대 영어를 예배에 이용하도록 채택하였으며 찬송도 현대적인 것들로 선택하였다.[121]

주일 낮 예배	성만찬 예배
예배의 부름	예배의 부름
찬양의 찬송	찬양의 찬송
죄의 고백	죄의 고백
용서의 확인	용서의 선언
응답송	응답송(영광송, 찬송, 시편송)
성령 임재기도	성령 임재기도
구약봉독	구약봉독
신약봉독	신약봉독
설교	설교
신앙고백	신앙고백
회중을 위한 기도	설교
평화의 인사	신앙고백
봉헌	회중을 위한 기도
감사의 기도	평화의 인사
주기도문	봉헌
찬송	초대사
위탁	감사기도
축도(강복선언)	주기도문
	성찬
	응답송
	찬송
	위탁
	축도(강복선언)

3) 1993년 『공동예배서 *The Book of Common Worship*』[122]

이 예배서의 특징은 다음과 같다.

(1) 예전적이면서 또한 자유로움을 인정한다. *form and freedom*

예배의 순서를 제시하되 어디까지나 다양한 선택을 할 수 있도록 한다.

(2) 에큐메니칼적이다. *ecumenical convergence*

WCC의 B.E.M과 함께 교회의 일치를 추구한다.[123]

(3) 개혁적이면서도 보편적이다. *reformed and catholic*

이 예배서는 종교 개혁가들의 정신을 따르는 동시에 기독교의 보편성을 지향한다.

(4) 지역적이면서도 우주적이다. *local and universal*

이 예배는 미국 회중들의 관심을 표현하면서, 시공을 초월한 기독교 예배의 보편성을 갖추고 있다.

(5) 안수나 취임, 기타 절기에 따른 예배를 포함시키지 않는다.

(6) 주일 예배 순서는 크게 개회, 말씀, 성찬, 폐회로 구성되어 있다.

이제는 예배 순서를 살펴보면서 그 특징을 정리한 내용을 살펴보도록 하자.

	주일 예배	
개회 예전	예배의 말씀 오늘의 찬송 또는 개회기도 찬송시편 또는 영가 죄의 고백과 용서 평화의 인사 송가, 시편, 찬송 또는 영가	
말씀 예전	설교 전 기도 구약성경 낭독 시편 사도서신 낭독 성가, 찬송, 시편, 영창 혹은 영가 복음서 낭독 설교 초청 찬송, 영창 시편 혹은 영가 신앙의 고백 (교회의 목회 예식) 회중의 기도	
	(평화의 인사)	성찬예전이 거행되지 않을 경우
성찬 예전	예물바침 성찬대로의 초대	예물바침
	성찬 감사기도 주기도	감사기도
	떡을 뗌 성찬에 참여	주기도문

파송	찬송, 영가, 송가 또는 시편송 위탁의 축도(강복선언)	찬송, 영가, 송가 또는 시편송 위탁의 축도(강복선언)

(1) 찬양의 형태를 다양하게 하여 찬송가나 시편송이나 영가나 송가 중 선택하여 부르도록 하여 예배인도자의 선택의 폭을 넓혀놓고 있다.

(2) 개혁교회 전통에 따라 죄의 고백과 용서가 예배의 시작 부분에 나온다. 평화의 인사가 앞부분과 뒷부분에 등장하고 있는데, 이는 회중과 교제한다는 면에서 의미가 있다.

(3) 칼뱅 전통에 따라 성경봉독 전 성령임재를 구하는 기도가 있으며, 성경은 성서일과를 따라 세 번 나누어서 봉독하도록 하고 있다.

(4) 특이한 것은 설교 후 초청 순서가 있는데, 이것은 대각성 부흥 운동의 영향을 받아 파생된 변방전통에 따른 것으로 보인다.

(5) 신앙고백이 설교 후에 나오는데, 하나님의 말씀을 듣고 하나님께 신앙을 바로 고백하는 형식이다. 이러한 형식은 일찍이 루터의 예배에 나오는데, 종교개혁의 전통을 수용했을 뿐 아니라 에큐메니칼 정신까지 염두에 둔 결과라 하겠다.[124]

5 ── 평가

1) 장점

(1) 말씀에 충실한 예배

그들은 개혁 교회 전통에 따라 말씀에 충실한 예배를 드리고 있다. 개혁교회는 무엇보다도 하나님의 말씀에 가장 중요한 권위를 둔다. 예배 자체도 하나님 말씀의 기준에 맞춰야 하며, 예배 중에도 하나님의 말씀을 선포하는 설교를 가장 중심적인 순서로 여겼다. 이러한 정신은 미국 장로교 예배모범에서도 말씀의 중요성을 강조하는데서 충분히 볼 수 있다. 아무리 모든 것이 변해도 하나님의 말씀이 예배의 핵심인 것만큼은 장로교 예배에서 변할 수 없는 원칙으로 이어지고 있음을 알 수 있다.

(2) 웨스트민스터 예배모범을 예배의 기초 지침으로 사용

그들이 웨스트민스터 예배모범을 가장 소중히 여기면서 그것을 모든 예배의 지침으로 사용했던 것이 큰 장점으로 나타난다. 조상들의 신앙 유산을 잘 간직하여 모든 예배의 근간이 되도록 함으로써 장로교 예배의 역사적 전통을 계승시켜 나갔기 때문이다.

(3) 예배서의 회복과 예배서 사용

미국 장로교회의 공헌은 예배모범과는 별도로 예배서를 개발하여 사용했다는 점이다. 청교도들은 예배서에 대하여 별 관심이 없었다. 오히려 중세 교회의 모순을 보면서 이들은 예배까지도 완전히 바뀌어야 할 것으로 생각하여, 기독교회가 전통적으로 사용해 오던 예배서를 없애버렸고 사용하지 않았다. 미국 장로교 초기에도 이런 영향이 없었던 것은 아니지만 그들은 곧바로 예배서를 개발함으로 예배의 원리와 본질적 정신을 제시해주는 예배 지침 혹은 예배모범과 함께 그 예배가 구체적으로 어떤 형식을 취해야 할 것인가에 대한 기준으로서의 예배서를 갖게 됨으로써 예배에 대한 균형을 유지할 수 있게 되었다.

사실 개혁교회가 예배서를 갖는 것은 중요한 전통이었다. 칼뱅이나 낙스도 예배서를 만들어 사용하였다. 따라서 미국 장로교회 역시 19세기 후반부터 예배서에 대한 관심을 가지고 이에 대한 연구를 거듭하면서 오늘까지 지속적으로 발전시켜 오고 있다. 한편으로 예배서와 예배 지침들 사이의 조화를 이루려는 노력도 항시 계속하고 있다. 또한 미국 장로교회가 예배서를 통해 서로 연합의 계기를 마련했다는 사실에 주목해야한다. 컴버랜드 장로교회와 남북 장로교회는 그들이 통합하기 전에 이미 예배서 개발에 하나되어 그 힘을 과시한 바 있다. 이것이 결국 분열된 미국 장로교회를 통합으로 이끄는 원동력이 되었음은 부인할 수 없는 사실이다.

2) 단점

(1) 개혁 교회 예배적 특성의 한계

미국 장로교 예배 역시 개혁 교회 예배의 한계를 뛰어넘지는 못하고 있다. 결국 말씀중심 예배라는 특징 때문에 그 외의 요소들이 소홀히 되고 있음을 본다. 입으로 전하고 귀로 듣는 것이 주를 이루는 예배의 특징 때문에 시각적 요소, 즉 미술이나 상징 등에 관해서는 별다른 발전이 있을 수가 없었던 것이다. 이제는 청각 중심적인 장로교 예배에서 벗어나 보다 다양한 예배의 요소와 다감각적인 범위로 확대시켜 나갈 필요가 있다.

(2) 교파 난립으로 인한 개 교회 예배의 통일성 결여

미국 교회를 보면 수많은 교파 난립과 분열이 심한 것을 알 수 있다. 유럽에서부터 교파 중심적으로 들어왔을 뿐 아니라, 그 후 대각성 운동을 거치면서 나타난 분열이 미국 교회를 교파 전시장 같은 상태로 전락시켜 버렸고 예배에서도 그러한 모습들이 나타난다.

　　　미국 장로교 예배는 유럽 청교도들의 이민과 함께 시작이 되었지만 청교도적이기보다는 오히려 종교개혁가들의 예배를 회복시켰다는 점에서 그 가치를 높이 평가할 수 있을 것이다. 예배 의식을 소홀히 한 청교도들에 비해 미국 장로교회가 예배 의식에 대한 관심을 가지고 그것을 회복하려는 노력들을 해왔기 때문이다. 특별히 자신들의 전통에 오늘의 현대적 감각을 접목시킨 최근의 다양한 현대적 예배 형태는 전통과 상황의 조화에 있어 좋은 본보기가 되고 있다.[125]

3) 미국 장로교 예배가 한국에 미친 영향

한국의 기독교는 처음에 미국을 통해 복음을 받아들이게 된다. 그런 의미에서 미국 장로교 예배는 한국 장로교에 있어서도 매우 중요할 수밖에 없다. 안타까운 점은 미국 교회가 자신들의 예배를 아직 체계화하지 못한 시기에 한국에 건너와 복음을 전했다는 것이다. 즉 미국 장로교회가 아직 자신들의 예배가 제대로 정립되지 못한 시기적 상황에 한국에 선교를 하였기 때문에 그 영향을 받은 한국 장로교회 역시 예배가 온전할 수는 없었던 것이다. 예를 들어, 미국 교회의 영향으로 철저히 말씀 중심적 예배를 지금도 한국이 드리고 있는 것과 예전에 대한 무관심이 바로 여기에 해당된다.

현재 미국 장로교회는 적극적으로 예배서와 예배모범을 사용하면서 개정해나가고 있다. 현대의 흐름에 발을 맞추고 있는 것인데, 한국 장로교회 또한 예전적인 부분, 현대의 흐름을 읽어내려는 노력, 초대 교회로의 회복과 같은 변화, 발전에 힘써 나가야 함이 마땅하다고 생각한다.

이상의 내용을 참고로 하면서 이제는 초기 한국 장로교 예배 형성과 그 특징이 어떠했는지를 알아보도록 하자.

III

초기
한국 장로교
예배

불확실한 혼돈의 포스트모던 시대를 온몸으로 헤쳐가면서, 그리고 그러한 위기의 상황에 다시금 한국 교회의 새로운 예배 형태에 대한 고민을 하면서 들었던 생각은 초기 한국 장로교회의 예배로 돌아가 보는 것은 어떨까였다.

'한국의 장로교회는 어떠한 예배의 전통을 이어받았을까?' '장로교 선교사들이 한국에 전하여준 예배의 신학과 형태는 과연 어떠한 것이었을까?' '무엇이 한국 장로교 예배에 결정적 영향을 주었을까?' 등의 질문이 그것이다.

따라서 이 장에서는 초기 한국 장로교회의 예배상황, 특별히 초기 한국인들이 예배를 드린 시점(1879)부터 한국 교회의 예배의 형태가 어느 정도 갖추어진 1934년까지의 기간동안에 발간된 예배의 자료들을 발굴하고 그 자료들을 근거로 초기 한국 장로교회 예배의 신학과 형태를 밝혀 보는데 목적을 둔다.[126] 이것은 '과거에 대한 단순한 정보' 이상의 가치가 있을 것이며, 미래의 한국 교회 예배갱신을 위한 매우 중요한 초석이 될 것이다. 철저한 '초기 한국 장로교회의 예배에 대한 역사적 연구'는 예배개혁에 대한 이유와 정당성을 제공해 줄 것이기 때문이다.

1 ── 초기 한국 장로교 예배의 시대적 구분

초기 한국 장로교 예배를 말하기 전에 한국 장로교의 시작부터 규정할 필요성이 있다. 지금까지 많은 학자들에 의해 한국 교회의 시작에 대한 여러 가지 다른 의견이 있어왔다. 예를 들어, 선교사의 관점에서 본다면 호레이스 알렌*Horace N. Allen* 선교사가 한국에 들어온 1884년이 한국 교회의 시작이 된다. 하지만 한국에 교회가 생겨난 것으로 따지자면 소래 교회의 형성(1883)이 한국 교회의 시작이 될 수 있을 것이다. 그렇다면 예배학적 관점에서 한국 장로교회의 시작은 어떻게 정리할 수 있을까?

1) 만주의 초기 신앙공동체

"교회는 어디에 있는가?" 이 물음에 대한 장로교의 창시자인 칼뱅의 대답은 "하나님의 말씀이 선포되고 성례전이 거행되는 곳"이다.[127] 이 말에 동의하게 된다면 한국 장로교회의 시작은 한국에 장로교 선교사가 처음 들어온 1884년 보다 훨씬 이전인 1879년으로 거슬러 올라가게 된다. 1879년 10월경에 이미 만주에서는 한국인들 30여명이 정규적으로 모여 한국어로 예배를 드리고 있었기 때문이었고(말씀이 선포되고) 그 해에 4명의 한국 사람들이 최초로 그곳에서 세례를 받았기 때문(성례전이 거행되는 곳)이다.[128]

만주에서 모였던 이 한국인들의 초기 신앙공동체를 한국 교회의 시작으로 보는데는 또 다른 이유가 있다. 그것은 바로 만주에서 신앙을 얻은 이들이 한국에 와서 초기 신앙공동체를 형성하였기 때문이다. 백홍준, 이응찬, 서상륜 등의 한국인들은 만주에서 만들어진 성경과 소책자들을 들고 평양과 의주를 비롯한 서북지방과 서울에 들어와 선교를 시작하였으며, 1884년에 미국 선교사들이 입국하기 전에 이미 한국 내에서 초기 신앙공동체를 형성하고 있었다. 즉 만주에서 경험된 예배는 미국 선교사들이 입국하기 전에 이미 원시 한국 교회가 드리는 예배의 틀을 제공한 것이다. 따라서 만주교회에서 최초로 한국인들이 세례를 받고 예배를 드린 1879년부터 미국의 선교사들이 들어온 1884년까지의 한국 교회의 예배는 만주에서 경험된 예배의 독점적인 시기라고 보아야 할 것이다.

2) 미국 선교사들의 영향

1884년 이후, 보다 정확히 1885년 미국의 장로교 목사인 언더우드*H.G Underwood*가 감리교 목사인 아펜젤러목사*H.G Apenzeller*와 함께 한국에 입국한 이후부터, 한국 교회는 미국장로 교회의 예배의 신학과 형태에 영향을 받게 되는데 "경험을 중시하는 신파*New School*"의 예 배신학과 "철저한 청교도적 예배관의 구파*Old School*"의 예배신학이 바로 그것이었다. 1885 년부터 미국의 선교사들은 한국에서 기도회*Prayer meeting*와 기도주간*Week of prayers*을 개 최하였는데 이때부터 한국 교회는 미국의 부흥운동*Revivalism*과 청교도주의*Puritanism*의 영향을 받으면서 나름의 예배신학과 형태를 발전시켜 나가게 된다.

3) 네비우스 선교정책

초기 한국 교회의 예배에 결정적인 영향을 미친 다른 요소로서 1891년 장로교 선교사들이 받아들인 네비우스 선교정책*Nevius Methods*이 있다. 네비우스의 선교방법은 선교사역과 교 회생활에 있어서 토착민(현지인)의 참여를 극대화하자는 것이었다. 그가 내세운 세 가지 중 점인 자립*Self-support*, 자전*Self-propagation*, 자치*Self-government*는 한 마디로 말해서 한국 교회가 스스로 자신의 교회를 책임지도록 하자는 데 있었다. 이러한 네비우스의 방법은 한 국 장로교 예배에 결정적인 영향을 미치게 되는데, 예배에 있어서도 "현지인들이 스스로 예 배를 드리려야한다"는 네비우스의 견해가 반영되었기 때문이었다. 네비우스 선교정책을 예 배에 적용하는 과정에서 많은 새로운 전통들이 만들어지기 시작하였는데, 사경회나 학습제 도, 그리고 연합예배 등이 대표적인 사례들이다.

4) 1907년 이후의 예배 흐름

1907년 최초로 한국인 목사가 배출되기 시작하면서 한국 교회의 예배는 또 다른 국면을 맞 게 되었다. 그것은 다음과 같이 크게 세 가지 방향에서 살펴보아야 한다.

(1) 예배의 토착화

한국인 목사들이 예배를 인도하기 시작하면서 초기 한국 교회의 저변에 흐르고 있었던 토착적인 예배형태가 한국 교회예배의 전면에 나오게 된다. 잘 아는 대로 새벽기도, 통성기도, 산상기도, 철야기도 등이 바로 그것이다. 이 외에도 추도예배(제사), 낙성식, 환갑연 등의 토속 제의*rite*들이 기독교 예배의 형태로 탈바꿈한 것도 이후의 일이다.

(2) 공식적인 예배문서들의 도입과 발간

1907년 독노회를 설립한 조선 장로교회는 1912년 총회를 구성하면서부터 예배와 관련한 공식적인 교회의 문서들인 예배모범과 예식서 등을 발간하기 시작하였다. 따라서 1907년 이후의 한국 교회의 예배는 예배와 관련한 공식적인 문서가 어떻게 받아들여졌고 발간되었는지를 정리하는 것이 중요한 과제가 된다.

(3) 초기 선교사들의 예배 전략 변화

1907년 이후에 눈여겨보아야 할 또 다른 예배의 흐름은 "초기 선교사들이 가지고 있었던 예배에 대한 전략이 한국인 목회자가 배출되면서부터 어떻게 바뀌었는가?" 하는 물음과 관련이 있다. 초기 선교사들이 임시로 채택하였던 네비우스 선교정책은 한국인 목회자의 배출과 더불어 새로운 국면을 맞았기 때문이다. 급속하게 성장하고 있는 한국의 장로교회를 향하여 선교사들이 제시한 1907년이후의 예배 형태가 어떠했는가를 알아볼 필요가 있다. 실제로 교회가 차츰 자리를 잡아가면서 곽안련*Allen Clark* 선교사 등은 『목사지법』(1919) 등의 저서를 통하여 이제 한국 장로교회가 칼뱅의 예배 전통을 회복할 필요가 있음을 역설하였지만,[129] 이러한 목소리는 간단하고, 부흥회스타일의 예배에 익숙한 한국 교회의 현실에서 큰 영향을 미치지 못하고 말았다. 토속적인 악기와 가락 등을 사용해야 한다는 제임스 게일 *James Gale* 등 일부 선교사들의 목소리도 역시 큰 힘을 발휘하지 못하였다.

1930년대로 넘어서면서 한국 교회는 10년이 넘도록 문제가 되어온, 신사참배문제와

씨름하기 시작하였는데 신사참배를 거부하는 과정에서 옛것을 추구하는 전통의 회귀현상
이 나타나게 되었다. 신사참배의 거부와 함께 새로운 예배 전통을 모두 거부하는 태도가 나
타난 것이다. 이것은 옛 전통을 지키려는 강박관념에서 나온 것이지만, 바로 이러한 이유로
한국 교회의 예배는 1930년대 이후에 별다른 발전이나 형태의 변화가 나타나지 않게 되었
다. 이렇게 고정된 한국 교회의 예배는 이후에 정장복, 박근원 교수 등에 의해서 예배회복운
동이 시작되던 1980년대까지 이어지게 된다.

　　이제는 본격적으로 앞에 언급했던 내용을 차례대로 살펴보도록 하자.

2 ── 만주교회와 한국 장로교 예배(1879-1884)

1) 존 로스와 맥캔타이어

벌써부터 한국사람들과 접촉하였던 알렉산더 윌리암슨*Alexander Willianson*과[130] 로버트 토
마스*Robert J. Thomas*등 스코틀랜드 선교사들의 노력이 있었지만 보다 구체적이고 본격적인
한국인들을 위한 선교는 존 로스*John Ross*와 존 맥캔타이어*John MacIntyre*에 의해 시작되었
다. 1872년 도착한 스코틀랜드 선교사 로스와 맥킨타이어는 1874년과 76년 두차례에 걸쳐
고려문*the Korea Gate*을 방문하였으며 그의 두 번째 방문에서 그의 한국어 선생이 된 이응찬
을 만나게 되었다.[131] 그 이후에 그들은 한국어 성서번역에 매진하게 되는데 이 과정에서 많
은 한국인들이 동참하게 되었다. 결국 1879년 최초로 사도행전과 로마서의 한국어 번역이
완성되었고 자연스럽게 만주교회에는 한국인들이 모이는 예배가 성장하게 되었다. 따라서
만주에서 형성된 한국 교회는 성경의 한국어번역과 밀접한 관련이 있었다. 성서를 번역하고
출판하는 과정에서 자연스럽게 한국인들이 기독교를 접하고 세례를 받게 되었던 것이다.[132]
바로 그 첫 열매가 1879년에 있었다.[133]

2) 만주에서의 예배와 특징

그렇다면 만주에서 한국인들이 경험한 예배는 어떠한 것이었을까? 만주에서 한국인들을 선교하였던 로스 선교사는 1903년에 자신의 선교를 회고하면서 『Mission Methods in Manchuria』라는 책을 서술하였는데 그 속에는 만주교회에서 행해졌던 다양한 집회의 종류들이 소개되고 있다.[134] 순회전도*Itinerancy*와 노상설교*Street Preaching*[135], 뒷방*back room*에서 매일저녁 모였던 저녁집회[136], 원입교인을 위한 교육[137], 세례교인들의 교육[138] 공적인 주일예배 등이 그것이다. 일단 여기에서는 만주교회에서 한국인들이 경험한 예배의 커다란 특징만을 정리했음을 참고하기 바란다.

첫째, 특별히 성경공부중심의 모임이었다.

성경을 연구하는 모임이 많았다는 점도 원인이 되지만 그보다 더 큰 이유는 대부분의 한국인들이 그 당시 로스의 한국어 성경번역에 참여하였다는 것이다. 따라서 만주로부터 배운 한국인들의 예배 전통은 성경을 읽고 성경을 연구하는데 중점을 두는 것이었다. 경전을 읽고 해석하는 전통에 익숙하였던 동양인들에게 성경을 읽고 해석하고, 또한 암송하는 것은 자연스러운 것이었다. 특별히 성경 암송은 세례교인들이 매일 같이 모였던 성경공부에서 자주 권장되었던 것으로 보인다.[139] 그래서 만주에서 성경을 열심히 읽고 연구하는 모임의 전통이 자연스럽게 한국의 초기 신앙공동체에 자리를 잡게 되었던 것이다.

둘째, 성숙한 교인을 유창한 기도로 구분하는 만주 선교사들의 기준이었다. 만주교회는 세례 받은 사람은 누구나 공적인 자리에서 기도를 인도하도록 훈련하였고, 그들은 그러한 무기를 가지고 한국에 들어갈 수 있었던 것이다.[140]

셋째, 평신도들에 의해서 인도되는 예배였다. 한국에 성경과 기독교 서적을 가지고 전도하러 들어온 사람들은 모두 평신도로써 한국의 초기 신앙공동체를 형성하였고 그곳에서 예배를 인도하였기 때문이었다. 사실상 한국은 선교사들에 의해서 복음이 전파되기 전에 자국의 평신도들에 의해서 복음이 전파되었다는 점에서 그 독특성을 가지고 있다. 결국, 한국교회 초기의 예배는 평신도들에 의해 드려진 예배라고 말할 수 있겠다.

넷째, 동양의 제의적 습관이 기독교적으로 해석되기 시작하였다. 특별히 스코틀랜드 선교사들은 그것을 가치있게 생각하였다. 실제로 로스는 만주지역의 최초의 현지인 목사였던 왕목사(일명 왕도사)가 새벽에 일어나 손자들과 함께 새벽기도를 드렸다는 것을 1903년에 발간된 그의 책에서 설명하고 있다.[141] 아마도 새벽기도는 동양권에 기독교가 전파되면서 자연스럽게 개인적으로 이루어졌던 토착화의 한 형태였던 것으로 보여지는데 만주에서 세례를 받은 백홍준이 서울의 새문안교회에서 일할 때에 매일 새벽에 일어나 중국어로 찬송을 부르고 기도를 하였다는 기록도 이와 무관하지 않을 것이다.[142] 만주교회는 결혼예식 또한 동양의 관습을 추가하여 진행하였으며 무엇보다 특이한 것은 새해의 첫날을 맞는 제사를 기독교적으로 변형하였다는 것이다.[143] 이러한 기독교 예배의 토착적 요소들은 후에 대다수 미국 선교사들의 거부감에도 불구하고 계속 이어지게 되었고 새벽기도와 추도 예배 등의 형태로 발전하게된 것으로 보인다.

3 ── 미국의 선교사들이 소개한 예배 전통

최초로 한국에 선교사가 들어온 것은 의사이자 선교사였던 알렌이 입국한 1884년이었다. 하지만, 알렌 선교사는 처음부터 공식적인 예배를 드리지 않았다. 개인적인 기도와 찬송의 시간을 드렸으며 무엇보다 황실을 통해 점진적으로 기독교를 전파하고자 노력하였다. 본격적으로 미국의 선교가 시작된 것은 1885년이었다. 미국 장로교 목사인 언더우드와 미국 감리교 목사인 아펜젤러가 입국한 후 선교사들은 공식적인 영어 예배를 드릴 수 있도록 황실에 요청하였다. 한국인들은 예배에 참여할 수 없었던 영어예배는 이처럼 1885년부터 시작되었다.[144]

1) 1884년 이후로 한국에 들어온 서구 선교사들은 대부분 미국의 청교도 전통과 부흥운동을 경험한 사람들이었다. 그들이 한국 교회에 남겨준 예배 전통은 크게 두 가지로 설명할 수

있는데, 그 중 하나는 부흥운동의 영향으로 발전한 기도주간을 우리에게 소개하였다는 것이다. 선교사들은 그들만이 영어로 예배를 드리던 1885년부터 이미 기도주간을 지켰던 것으로 알려지고 있다. 일주일동안 특별한 선교의 주제를 가지고 기도를 하였던 것으로 열정적인 기도의 주간을 보내곤 하였다. 1887년 처음 한국 교회가 세워진 후 바로 1888년 1월에 한국인들은 기도주간을 지켰다. 또한 그들은 가능한 자주 기도모임(집회)을 갖곤 하였다. 결국 이러한 전통은 한국 교회에 부흥운동의 씨앗이 되었고 지금까지 한국 교회가 기도를 중시하고 신앙의 부흥을 열망하는 교회가 되도록 하는데 크게 기여하였던 것이다.

2) 초기 장로교 선교사들이 우리 한국 교회에 전하여 준 두번째 예배 전통은 교단의 예배 전통에 연연하지 않는, 탈 교파적 예배 전통이다. 선교사들은 그들의 선교적 열정 때문에 교단적 정체감이 약하였던 것으로 보인다.[145]

　장로교회와 감리교회가 각기 한국어로 예배를 드리기 시작한 1887년을 보내면서 감리교 선교사인 아펜젤러는 장로교의 언더우드 선교사에게 감리교의 창시자인 존 웨슬리의 언약예배*the Covenant Worship* 전통인 야성회*the Watch Night Service*를 공동으로 드릴 것을 제안하게 되는데[146] 언더우드 목사가 이것을 받아들임으로써 최초의 연합예배가 드려지게 되었다.[147] 나중에 이 예배는 송구영신 예배라는 한국 교회의 전통적 예배가 되었는데, 한국 교회의 예배는 이와 같이 교파간 혹은 교회간 함께 드리는 연합예배가 하나의 특성이었다.[148] 이러한 전통은 후에 한국 장로교회 예배가 장로교회의 교파적 특성을 간직하지 못하게 하는 하나의 부정적 요인으로 작용하기도 하였다.[149]

4 —— 네비우스 선교정책과 초기 한국 장로교 예배

1) 선교사들과 네비우스의 만남

언더우드 선교사가 한국에 들어오던 1885년, 중국 산둥반도에서 일하던 미국 장로교 선교사 네비우스*John Nevius*는 그의 선교사역을 정리하면서 『Chinese Recorder』에 "*Planting and Development of Missionary Churches*"를 발표하였다. 다음해 이 글은 상하이의 장로교 출판사를 통해서 한 권의 책으로 발간되었는데 그 책의 이름은 『Method of Mission Work』이었다.[150] 1889년 이글을 읽은 언더우드는 네비우스 부부를 서울로 초청하여 두 주간의 강의를 듣게 되었다. 강의가 끝난 후 그곳에 모였던 장로교 선교사들은 깊은 기도와 함께 감격적으로 네비우스의 선교방법을 한국에 적용하기로 결정한다.[151] 그리고 이듬해인 1891년 네비우스 방법을 기초로 한 The Presbyteiran Northern Mission Rules and By-laws를 공식적으로 받아들이게 되었다.

2) 네비우스 선교정책

네비우스의 선교정책은 흔히 '삼자정책'三自政策으로 알려져 있는데 선교지 교회가 스스로 설 수 있도록 선교의 전략을 세우는 것을 말한다. 한 마디로 말해서 자립, 자전, 자치를 통해서 한국 교회가 스스로 자신의 교회를 책임지도록 하자는 데 있었다.

이러한 네비우스의 선교정책은 선교사역과 교회생활에 있어서 토착민의 참여를 극대화하는 쪽으로 나타났다. 한마디로 남자, 여자, 어린이 등 각각의 사람들이 지도자와 교사가 되어 스스로 선교하도록 하는 것이었다. 즉 네비우스는 토착민에 의한 선교가 훨씬 효과적임을 굳게 믿었기 때문에 모든 신자들이 자기의 역할을 감당하고 다른 사람에게 복음을 전하기를 원했다.

이를 위해 네비우스는 토착민을 대리자로 만들었다. 선교와 예배는 몇몇의 '장'長과 훈련 받은 '조사'助事를 통해 기본적으로 구성되어 진행된다. 조사들은 상당수의 교회를 책임지고 지도한다. 이와 함께 각 지역의 작은 교회들인 신앙공동체를 인도하는 지도자들이 있다. 여기서 말하는 지도자들이란 신앙적으로 잘 훈련된 사람들이 아니라 그 지방에서 평범한 토착민인 상인이나 농부들이다. 네비우스는 이러한 평범한 토착민들이 그들의 언어로 복음을 전파하고 예배를 드릴 때 가장 효과적이라고 생각하였다.

3) 네비우스 선교정책의 결과와 특징

결과적으로 네비우스 선교정책은 정규적인 신학수업을 받지 않은 평신도들이 예배의 인도자가 되도록 허락하였다. 그리하여 1907년에 정식으로 한국인 목사들이 배출되기 전까지 한국 교회는 이러한 평신도들이 예배를 인도할 수 있었던 것이다.

그러나 문제는 "평신도들이 어떻게 성공적으로 예배를 인도할 수 있는가?" 하는 것이었다. 이러한 토착민 평신도의 예배 주도권을 유지하기 위해 네비우스는 예배인도에 서투른 지도자를 돕는 여러 가지 프로그램을 개발하였다. 무엇보다 네비우스는 평신도 지도자들이 예배에서 조직적인 설교를 할 수 없다는 점을 인식하고 예배에서 설교 대신 성경을 읽고 해석하도록 하였다. 즉 설교가 아니라 성경공부를 하도록 권장한 것이다.[152] 둘째로 네비우스는 예배인도자들이 함께 모이는 연합예배Union Service를 개발하였다. 한 두달에 한번씩 모이는 연합예배를 통하여 평신도 인도자들은 선교사나 조사들의 도움을 받아 앞으로 드릴 예배의 내용을 익히고 가르칠 성경공부의 내용을 익히곤 하였다.[153] 배운 후에는 각 지교회(평신도 신앙 공동체)로 돌아가 예배를 인도하곤 하였다. 셋째로 네비우스는 성경공부반의 운영을 제안하였다. 농한기에 6주에서 두달 동안 계속되는 특별성경공부로서 이 기간에 신학교육 등이 이루어졌고,[154] 이후로 이 성경공부반은 사경회의 형태로 발전하게 되었다. 넷째로, 네비우스는 원입교인들이 사용할 수 있는 예배와 관련한 소책자를 발간할 것을 권장하였는데 그의 계획에 의하면 이 책에는 몇 가지의 간단한 찬송가와 기도문들, 1년동안 읽을 성서의 본문들, 그리고 간단한 예배순서 등이 들어가야 한다는 것이었다.[155] 이러한 네비우스의 권고를 따라서 사무엘 마펫Samuel Moffett 선교사는 『위원입교인 규죠』라는 책을 1895년에 발간하였다.[156] 다섯째로 네비우스는 평신도들이 긴 순서의 예배를 인도할 수 없다는 점을 인식하고 임시적이지만 가능한 간단한 예배순서를 만들어서 그 예배순서대로 예배를 드릴 것을 권장하였는데 이 순서를 따라 마펫이 『위원입교인 규죠』에서 설명하고있는 예배 순서는 다음과 같다.[157]

(1)찬미를 부를 것이요 (2) 기도를 할 것이요 (3)성서를 볼 것이요
(4)교우 중에서 한 사람이나 두사람이나 기도를 할 것이요
(5)찬미시를 부를 것이요 (6)성서뜻을 풀어 가르칠 것이요
(7)기도를 할것이요 (8)연보전을 드릴 것이요 (9)찬미시를 부를 것이요.

　　마지막으로 네비우스는 세례를 받고자 하는 사람들에게 유예기간을 둘 것을 권장하였는데 이것은 선교지의 상황을 고려한 결과였다.[158] 마펫 선교사는 이러한 네비우스의 주장을 실험적으로 즉시 실행하기 시작하였으며[159] 1894년 한국 장로교회는 유예기간으로 들어가는 사람들에게도 공적인 신앙고백을 하도록 함으로써 학습제도가 생겨나게 되었다.[160]

5 —— 1907년 이후의 한국 장로교 예배

1) 공적인 예배자료의 발간

1907년 최초의 한국인 목회자가 배출되면서 한국 교회는 새로운 국면을 맞게 된다. 지금까지 평신도 지도자에 의해서 주도되어온 예배를 목회자들이 맡게 된 것이다. 1907년 독노회의 시작과 더불어 배출되기 시작한 한국인 목회자들은 1912년 평양에서 최초로 총회가 개최될 즈음에는 상당한 수로 늘어나 있었다. 두 번째 총회였던 1913년에 전라 노회는 목회자가 쓸 『예식서*Book of Forms*』를 만들 것을 제안하였으며, 총회는 게일 선교사를 비롯한 다섯 사람에게 예식서의 초안을 만들 것을 주문하였다.

1917년 게일 선교사는 예식서의 초안을 총회에 제출하였으나 불행히도 이 책은 공식적인 문서로 채택되지 못하였다.**161** 총회는 다시 새로운 예식서를 만들 것을 다른 위원들에게 주문하였고, 새로운 예식서는 1924년에 발간되어 총회의 승인을 받게 되었다.**162**

또한 한국 장로교회는 헌법과 더불어 예배모범의 초안을 만들게 되는데 이것은 곽안련 선교사에 의해 주도되었다. 곽안련 목사는 1919년 미국 남장로교회의 예배모범(1894)을 거의 수정없이 받아들여 예배모범의 영문 초안을 완성하였다. 이는 헌법의 다른 부분인 정치와 권징등이 미국 북장로교회의 것을 받아들인 것에 대한 정치적 배려의 결과였다. 이 예배모범은 1921년 교회의 공식적인 문서로 출판되었으며, 1934년 한국어를 사용한 개정판이 발간되게 되었다.

한국 교회의 공적인 예배자료의 발간의 과정에 나타나는 한 가지 안타까운 점은 예배모범이나 예식서가 한국의 예배상황을 거의 고려하고 있지 않다는 점이다. 이후에 살펴보겠지만 한국 교회에는 다양한 토착화된 예배의 형태가 발전하고 있었음에도 불구하고 단지 구색을 맞추듯 남장로교회의 예배모범을 받아들인 것 등은 서구 선교사들에게 한국적 예배형태가 얼마나 무시되었는지를 반증해 주고 있는 듯하다.

2) 한국의 독특한 예배 형태들

1907년 한국인 목회자가 배출되면서부터 한국 교회에는 독특한 형태의 예배들이 발전하기 시작하였다. 아마도 이것은 선교의 초기부터 내려오던 예식들이 한국인 목사들의 배출과 더불어 예배의 표면위로 올라왔다고 하는 것이 옳을 것이다. 우선 다양하고 독특한 한국의 예전은 기도분야에서 두드러지게 나타났다.

1906년 타 지역에서 선교를 하고 있던 존스톤*H. A. Johnston*이라는 선교사가 한국에 들어와 기도의 실험적 형태로서의 통성기도의 사례를 발표하였다.**163** 이후에 1907년 대부흥운동의 시작과 함께 통성기도는 한국 교회의 전통적인 기도 형태로 발전되어 왔고 조용기 목사 등에 의해 세계 여러 곳에 알려지기도 하였다. 1993년 발간된 미 감리교회 예배서*Worship Book*에는 한국의 독특한 기도의 형태로 통성기도*tongsung kido*가 소개되기도 하였다.

이외에 새벽기도는 동양적 패턴이 만들어낸 기독교 예전의 새로운 형태라고 말할 수 있다.[164] 우리나라에서는 1907년 길선주 목사에 의해 공적으로 시작되었다고 알려져 있지만, 앞에서 살펴본 것처럼 중국과 한국에 기독교가 들어오면서 개인적으로 자연스럽게 시작되었던 새벽기도가 공적인 예전으로 발전한 것뿐이었다. 이외에도 산상기도와 철야기도 등 다양한 기도의 형태들이 등장하게 되었다.

또 한 가지 살펴볼 것은 추도식에 대한 것이다. 1915년 경충노회는 "선조가 죽은 날 사람들이 모여 음식을 나누며 기도하는 것이 옳은가?"에 대한 문의를 하였는데 이에 대한 총회의 답변은 "불가하다"는 것이었다.[165] 이후에 추도식에 대한 다른 결의가 없었음에도 불구하고 지금까지 추도예식이 계속되고 있는 것은 예배와 예식에 대한 총회의 이해가 한국 교회의 예배상황과 동떨어져 있었음을 보여주는 한 예에 불과하다.

3) 1920년대의 예배회복운동과 결과

평신도에 의해 주도되던 한국 교회의 예배는 1907년 7명의 한국인 목사가 최초로 배출되면서부터 새로운 국면을 맞이하게 되었다. 무엇보다도 예배에서의 평신도의 역할이 감소할 수밖에 없었다.

(1) 1910년 곽안련 선교사는 신학생과 목사를 위한 『강도요령』을 발간하였는데 그 내용은 지금까지 성경공부의 형식과는 전혀 다른 것이었다. 바야흐로 목사들에 의한 조직적인 설교의 시대가 열린 것이었다. 한국인 목사들의 역할은 예배의 분야에서도 마찬가지였다. 점차로 평신도를 위해 마련되었던 간단한 예배순서가 아닌 교파적 특성을 지닌 보다 길고 다양한 예배순서들이 소개되기 시작하였다.

(2) 1919년 곽안련 교수는 『목사지법 *The Pastoral Theology*』이라는 책을 발간하였는데 그 책에서 그는 목사들에 의해서 주도될 새로운 예배순서를 제안하였다. 그 예배순서에는 칼뱅과 장로교회의 전통적인 순서인 죄의 고백과 용서의 선언, 그리고 성서를 순서대로 읽어내려는 것*lectio continua*와 설교와 관련된 성서를 읽는 것*lectio selecta*이 포함되어 있었다.

결국 선교사들은 초기 한국인 목사들이 없는 상황에서 임시적으로 유지하여왔던 평신도가 인도하는 예배가 더 이상 필요하지 않다고 보았다. 이제는 한국목회자들에 의해서 보다 정규적인 예배를 회복할 필요가 있었던 것이다. 하지만 훈련된 목회자들이 배출되었음에도 불구하고 평신도들에 의해서 드려지던 단순한 예배를 고수하였다. 1932년 새문안교회에서 드려진 예배순서와 1895년 네비우스 정책을 토대로 임시로 평신도들에 의해서 드려질 예배 순서의 초안을 비교해 보아도 그 사실을 분명하게 알 수 있다.

『원입교인규조』(1895) 예배순서	1932년 새문안교회 예배순서	곽안련 선교사 예배순서(1919)
찬송가를 부르시오	예배사	총설-성경요절,기도,찬송
기도할거시오	찬송	자복-고백의 기도
	기도-장로 송순명	찬송
성경을 볼거시오	시편-1편	성경봉독-예정된 성경본문
한사람이나 두사람이 기도를	성경봉독-장로 송순명	신경,사도신경,십계명중 하나
할거시오		찬송
찬송가를 부르시오	찬송(찬양대)	성경봉독-강도와 관련된본문
성경뜻을 프러 가르칠 거시오	설교-목사 차재명	공기도
기도할거시오	기도-목사 차재명	찬송
연보전을 드릴거시오	연보와 기도	연보와 기도
	광고	광고
찬송가를 부를 거시오	찬송	찬송
	축복기도	강도
		강도후 기도
		찬송
		안수축복
		묵상

이상의 비교에서 볼 수 있듯이 한국 장로교회의 예배는 목회자들의 배출 이후에도 네비우스 정책으로 마련되었던 마펫의 순서가 그대로 유지되었음을 알 수 있다. 곽안련 선교사가 제안한 고백의 기도라든가, 사도신경의 낭독, 순서대로 읽어나가는 성경본문 등의 순서는 전혀 영향을 미치지 못하였던 것이다.

결국 평신도 인도자를 위한 임시적 예배의 형태였던 마펫의 예배순서가 한국 교회에 자리잡게 되었다. 1920년도에 있었던 선교사들의 예배회복운동에도 불구하고 한국 교회는 평신도들이 모이던 집회의 형식을 고수함으로써 참다운 예배의 회복을 이룩하지 못하고 말았으며, 이러한 예배순서가 1980년도에 새로운 예배회복운동이 한국에 소개되기까지 계속 유지되었던 것은 매우 안타까운 일이라 하겠다.

이상으로 과거로의 여행을 마치고 이제는 본격적으로 현재와 미래를 향한 여정을 앞두고 있다. 비록 현재를 들여다보았을 때 발견되는 불편한 진실이 있을지라도 하나님께서 허락하시고 열어주실 그 길을 기대하며 나아가고자 한다.

미주

91 일주일에 한번 성찬을 시행해야 한다는 유명한 구절이 바로 여기에 나온다. 칼뱅은 성찬의 시행에 있어서 그 차례와 방식을 자세히 언급해 놓고 있다. John Calvin, Institutes of the Christian Religion, 원광연 역, 『기독교 강요(최종판 하)』, (고양: 크리스챤 다이제스트, 2003), 4권, 17장, 43절.

92 위의 책, 444.

93 위의 책, 159.

94 오이코람파디우스는 쯔빙글리와 우정이 남달랐으며, 성만찬에 있어서 기념설을 주장한 쯔빙글리와 그 의견을 같이 했다. 그는 칼뱅 이전에 개혁의 바람을 몰고 왔는데 1525년 만성절(All Saints' Day)에 바젤에서 간추린 독일예전, 쯔빙글리 사상 등을 소개했다. 그의 성찬식 예배에서는 두 가지 주목할 만한 특징이 있다. 하나는 쯔빙글리 성만찬의 가장 중요한 부분인 그리스도의 수난의 깊은 묵상을 만들었다는 점이고 다른 하나는 칼뱅주의의 예식서에 기초가 된, 파렐의 자기반성과 파문을 강조하였다는 점이다. 이에 대해서는 Bard Thompson, Liturgies of the Western Church (Philadelphia: Fortress Press, 1982), 188을 참고하라. 그리고 파렐과 부처, 특히 부처가 칼뱅에게 긍정적인 큰 영향을 주었다고 평가하며, 제프리 웨인라이트(Geoffrey Wainwright)는 부처가 칼뱅의 스승이었다고 덧붙인다. 이상은 Geoffrey Wainwright and Karen B. Westerfield Tucker, The Oxford history of Christian Worship (New York: Oxford University Press, 2006), 441. 특히 쯔빙글리는 가톨릭 미사를 폐지하고 1525년 『말씀의 예전』(Liturgy of the Word)을 출판하면서 말씀선포예배와 성만찬 중심의 예배를 정착시킨다. Bard Thompson, Liturgies of the Western Church, 143.

95 William D. Maxwell, A History of Christian Worship: An Outline of Its Development and Forms. 정장복 역. 『예배의 발전과 그 형태-기독교예배의 역사개관』 (서울: 쿰란출판사, 1998), 154. 또한, 정장복은 동일한 맥락에서, 칼뱅의 예배의 두 중심점은 설교와 성례전을 두고 새로운 예배를 구상하기 시작했다고 말한다; 정장복, 『예배학 개론 수정증

보판』 (서울: 예배와설교아카데미, 2003), 138.

96 김태규, 『한국 교회 초기 문헌에 나타난 성찬 신학과 실제』 (서울: 예영커뮤니케이션, 2009), 50.

97 김태규가 말하는 성령임재기도는 고대 전통을 따라 성찬식에서 축성과 관련하여 성찬예물과 수찬자에게 성령이 임재하시기를 기도하는 것으로 '성별을 위한 성령임재기도(consecratory epiclesis)'이다. 당시 칼뱅은 로마 가톨릭교회의 전통에 대한 지식은 있었지만, 초대 교회의 전통을 전부 알고 있었던 것이 아니었기 때문에 예식서에서 성령임재기원(epiclesis)을 놓치고 있었다고 주장한다. 그러나 맥스웰의 지적처럼 칼뱅이 초대 교회의 지식을 더 알았더라면 개신교 예식서에 분명히 언급했을 것이다. William D. Maxwell, 『예배의 발전과 그 형태』, 102-103.

98 묵도-찬송-성경낭독-구제연보-광고-강도-기도-찬송-성찬제정사-축사-분병-문수찬-축사-분즙-문수배-찬송-축복감사기도. 김태규, 『한국 교회 초기 문헌에 나타난 성찬 신학과 실제』, 79.

99 『혼상예식서』, (1925), 30.

100 이것은 일반적인 관점에서 서술한 것이며, 점차적으로 아론의 축도와 십계명을 다양한 형태로 예배에 반영하는 교회가 늘어나고 있다는 점을 참고하라.

101 스코틀랜드 연합장로교회는 1871년부터 스코틀랜드 성서공회의 윌리암슨의 지도로 산동 반도를 선교지로 삼아 노력을 집중해 나갔다. 1872년 8월 말부터는 스코틀랜드 장로교 소속 선교사 존 로스가 한국에서 선교활동을 하는데 그는 한국 상인들을 중심으로 성경을 보급하며, 백홍준에게 한국 최초의 세례를 주게 된다. 이에 대해 더 자세히 알고 싶으면, 한국기독교역사연구소, 『한국 기독교의 역사(I)』 (서울: 기독교문사, 1989), 142-56을 참고하라.

102 영국 역사가 프루드(J. A. Froude)는 "이 섬나라의 종교개혁 역사 전체에 걸쳐서 낙스보다 더 위대한 인물은 찾을 수 없다."고 하였다: Quoted in H. Cowan's "Knox, Encyclopaedia of Religion and Ethics", T & T. Clak, 1940, Vol. 7, 754; James Anthony Froude, History of England, (Vols. 12), London, 1856-1870. Vol. X., 455.

103 조지 위샤트(George Wishart, 1512-1546)는 스코
틀랜드의 에버딘(Aberdeen) 왕립대학교에서 수학
을 하였으며, 그 후 독일과 스위스에서 다년간 연구
를 하였다가 스코틀랜드로 귀국하였다. 그는 1542
년 영국 캠브리지(Cambridge의 크리스티 대학
(Copus Christi Collage)에 재직하면서, 때때로 야
외의 광장에서 백성들에게 성경을 가르치는 것을 좋
아하였다. 그러나 1546년 3월 비튼(James Beaton)
추기경에 의해 순교하였으며, 그의 순교의 죄목은 개
혁사상의 고백과 전파 때문이었다. 그리고 화형에 처
했다. 그의 순교는 스코틀랜드의 많은 민중에게 영향
을 미쳤는데, 특히 존 낙스는 위샤트로부터 개혁사상
을 전해 듣고 회심하여 큰 감동을 받았다. 조지 위샤
트의 순교일은 1546년 3월 1일로 보고 있다; 최 선,
『존 낙스의 정치 사상』 (서울: 그리심, 2008), 68.

104 메리 여왕을 "피의 메리(Bloody Mary)"라고도 부
른다.

105 The Works of John Knox, Vol Ⅰ, 194. 황봉환, 『스
코틀랜드의 종교개혁과 존 낙스의 신학』 (서울: 예
영커뮤니케이션, 2001), 119에서 재인용.

106 위의 책, 148-9.

107 The Church of Scotland published revised
editions of the Book of Common Order in
1940, 1979 and 1994. There are considerable
differences between three editions. The 1994
edition (now known simply as Common Or-
der) attempts to use inclusive language and
has deliberately moved away from the use of
archaic language; there is even a prayer for
space research. In 1996 the Church of Scotland
published "Leabhar Sheirbheisean", a Gaelic
supplement to the Book of Common Order.

108 이 공동체의 성격은 이주민들은 상업적 목적으로 건
너간 사람들이고 국왕의 특허장을 받은 사람들이었
으므로 종교생활에 있어서는 영국에 속해있었다. 이
가운데 칼뱅주의적 신앙을 소유한 청교도가 있었
는데 화이테이커 목사이다. 홍치모,『영미장로교회
사』 (서울: 개혁주의신행협회, 1998), 13.

109 분리주의 청교도인들은 종교의 자유를 위하여
1608년 네덜란드의 라이덴으로 이주하여 10년간
살았으나 결국 미대륙으로 이주하였다. 그들이 이
주한 이유는 경제적인 이유와 자녀교육 때문이었
다. 이에 대해서는 홍 철, 『미국 장로교회의 역사
와 신학』 (서울: 기독교문서선교회, 2005), 18쪽을
참고하라.

110 언덕위의 도시란 그들 스스로가 부패한 세계에 대해
모범이 되는 거룩한 사회를 건설하겠다는 의지의 표
명이다. 순수함과 거룩함으로 다른 사회에 빛이 되겠
다는 거룩한 국가를 건설하고자 하는 이상의 표현이
다. 이 사상은 오늘날 미국의 정치 지도자들을 비롯
한 미국 국민이 가지고 있는 "명백한 운명"의 사상 속
에서 찾아볼 수 있는데 오늘날 미국이 세계 속에서
하는 역할을 보면 알 수 있다. 미국은 미국만을 위한
나라가 아니라 전 세계의 평화, 질서, 안전, 민주주의
의 발전, 번영과 문화, 문명의 발전을 위한 나라라고
하는 그들이 가진 사명의식을 말한다.

111 미국 교회사가인 제이콥 패튼(Jacob Patton)은 "프
랜시스 맥케미는 식민지 초기 버지니아와 메릴랜드
에서 장로교의 발흥에 가장 헌신적이고 영향력 있는
목사였다"라고 평가한다.

112 필라델피아 노회는 몇 가지 중요한 의미를 가진다. 첫
째는 서로 다른 전통 곧 영국 계통의 청교도적인 장
로교회와 스코틀랜드-아일랜드 계통의 신앙전통을
가진 장로교도들에 의하여 세워졌다는 것이다. 둘째
는, 모든 권위의 순서가 총회에서 지역 교회로 내려
오는 하향적 조직이 아니라 아래에서 위로 올라가는
상향식이었다. 마지막으로, "웨스트민스터 신앙고
백"을 성경 교리가 가장 잘 함축된 것으로 인정하고,
그들의 생활과 신앙의 규범으로 삼았다. 필라델피아
노회는 교회 조직만이 아니라 질적인 성장을 위하여
많은 노력을 하였다. 노회는 1707년 기독교 확장을
위하여 ❶ 목사는 매주일 회중에게 성경을 한 장씩
읽어주고, 봉독, 해석해 줄 것 ❷ 개개인의 교인을 방
문, 격려할 것 ❸ 적재적소에 목사를 공급하고, 선행
이 요청되는 곳에 선행을 장려할 것 등을 결의하였
다; 오덕교,『장로교회사』(수원: 합동신학대학원출
판부, 2002), 46.

113 펜실베니아의 필라델피아노회, 델라웨어의 뉴캐슬
노회, 메릴랜드의 스노우힐 노회, 뉴욕과 뉴저지의
롱아일랜드 노회

114 정성수, "미국장로교회의 분열에 관한 연구," (미간
행 목회학석사학위논문, 총회신학대학교, 1998), 12.

115 오덕교, 『장로교회사』, 350.

116 미국 내 장로교 예배는 그 역사적 흐름에 따라 다양
한 예배가 드려지고 있다. 심지어 같은 PCUSA 소속
교회들이라도 아직도 18세기의 변방예배(Frontier
Worship)을 드리는 교회가 있는가 하면, 블렌디드
워십(Blended Worship)이나 이머징 워십(Emerg-
ing Worship)의 방식을 도입한 교회들도 있다. 이
렇듯 다양한 예배의 스펙트럼을 모두 다 적용하

는 것은 지면상이나 범위에도 무리가 따르므로, 여기에서는 미국 장로교 예배신학을 미국장로교 헌법 2부 『규례서(Book of Order)』 중 『예배모범(Directory for Worship)』 및 『공동예배서(Book of Common Worship)』에서 제시되고 있는 예전적인 예배(Liturgical Worship)를 기준으로 한 내용임을 참고하라.

117 이현웅, "장로교 예배모범의 역사와 전망에 관한 연구," (미간행 박사학위논문, 장로회신학대학교, 2004), 156.

118 Charles W. Baird, The Presbyterian Liturgies: Historical Sketches (New York: M. W. Dodd Publisher, 1855)

119 PCUSA, The Book of Common Worship (Philadelphia: the Board of Christian Education of PCUSA, 1946) 참조

120 The Joint Committee on Worship, The Worshipbook (Philadelphia: The Westminster Press, 1970) 참조.

121 위의 책, 5-9, 서문 참조.

122 The Theology and Worship Ministry Unit, Book of Common Worship (Lousville: Westminster/John Knox Press, 1993)

123 세계 교회 협의회(W.C.C.)가 세계 교회의 일치를 위해서 만든 작품으로, 1982년 W.C.C. 산하 신앙과 직제 위원회의 페루 리마(Lima) 회의에서 만들어진 것이다. 일명 "리마문서"라고 하는데, 그 내용은 세계 교회의 "세례, 성만찬, 사역"(Baptism, Eucharist, and Ministry)에 관한 일치를 모색한 내용으로 되어 있다. 여기에 근거해서 그 유명한 "리마 예식서"(Lima Liturgy)가 나오게 되는데, 이것은 종교개혁 이후 나눠진 교회들이 하나의 공동 예식서를 만드는 위대한 성과이기도 하다.

124 리마 예식서에도 신앙고백이 설교 뒤에 위치한다.

125 "이 예배모범에는 장로교 내의 풍부한 전통적 유산들과 문화의 다양성이 반영되어 있다." P.C.(U.S.A.), The Constitution of the P.C.(U.S.A.), Part II: Book of Order (1997), 서문 참조.

126 여러 많은 자료 중에서 특별히 Kim, Kyeong Jin. "The Formation of Presbyterian Worship in Korea, 1879-1934". Unpublished Th. D. dissertation, Boston University School of Theology in Massachusetts, 1999를 주 자료로 삼았음을 미리 밝히는 바이다.

127 John Calvin, Institutes of Christian Religion 2, edited by John T. McNeil, tr., by ford Lewis Battles, Library of Christian Classics vol. XXI, (Philadelphia: The Westminster Press, 1960), IV, I, 9.

128 John Ross, "China-Manchuria Mission," The United Presbyterian Missionary Record, (Oct., 1, 1880), 333-34.

129 곽안련, 『목사지법』 (서울: 조선 야소교서회: 1919), 174-202.

130 A. Williamson, Journeys in North China, Manchuria, and Eastern Mongolia with Some Account of Corea, (London: Smith, Elder & co., 1870). 윌리암슨은 1867년 고려문을 방문하여 조선인들에게 중국어 소책자 등을 팔았다.

131 W. D. Reynolds, "Fifty Years of Bible Translation and Revision," Korea Mission Field, (June 1935), 116.

132 활자공이었던 김청송은 성서를 출판하는 과정에서 기독교를 접하고 성서출판 후에 세례를 받았다. John Ross, "The Christian Dawn in Korea," The Missionary Review of the World, vol. 3, no. 4., New Series, 243.

133 John Ross, "China-Manchuria Mission," 333-34.

134 John Ross, Mission Methods in Manchuria (New York: Fleming H. Revell Company, 1903)

135 노상설교는 선교지의 독특한 예배형태였는데, 장터에 가게를 열고 그곳에서 지나가는 사람들에게 선교하는 방식이었다. 주로 오후에 열렸던 이 노상설교는 간단한 기도와 찬송으로 시작되었으며 서양 문물이나 문명에 대해 궁금해하는 사람들에게 설명하는 방식으로 설교가 이어졌다. 로슨설교의 형태 중 가장 어려운 설교라고 자평하면서 이 설교의 방식은 사람들이 무엇을 물어오든지 언제나 마지막은 복음과 기독교로 끝나는 것이라고 말하였다; John Ross, 위의 책, 45-76.

136 노상설교를 하던 중에 기독교에 관심을 보이는 사람은 곧 뒷방으로 초대되며 선교사들은 보다 구체적인 방법으로 복음을 전하게 된다. 그들이 집회에 참석하겠다는 의사를 표명하면 매일 저녁 모이는 집회에 초대되었다. 주로 이 모임에서는 찬송이나 기도보다는 성경을 연구하는 일을 주로 하였으며 1880년 당시 30여명의 한국인들이 한국말로 예배를 드리고 있었다; J. MacIntyre, "North China," United Presbyterian Missionary Record, (July. 1, 1881): 270.

137 세례를 위한 교육은 1주일에 한번 시간을 정하여 9

달 동안 실시되었으며 한 번에 약 2-4시간동안 진행되었다.

138 이 모임은 적어도 한시간씩 성경을 읽고 공부하는 시간으로 진행되었으며 주로 오전에 노상설교를 나가기 전에 실시되었다. 후에 이 모임은 4년간의 공적인 신학교육으로 발전하게 된다.

139 John Ross, Mission Methods in Manchuria, 108-109

140 John Ross, 위의 책.

141 위의 책, 150.

142 새문안교회, 『새문안교회 70년사』 (서울: 새문안교회, 1958), 47.

143 한 해의 마지막날 가족들이 모이면 함께 찬송을 부르고 성경을 읽고 기도를 한다. 그리고 가장은 선조들의 이름과 그들의 행적 등을 설명하며 읽어 내려간다. 그리고 새해의 새벽이 되면 가장은 하나님께 가족 개인의 미래와 안전을 비는 기도를 하게 된다.

144 이 영어예배에서 한국 내에서 최초로 노도사가 세례를 받은 것으로 보아 영어예배는 비밀리에 한국인들에게도 열려 있었던 것으로 보인다; H. G. Underwood's letter to F. F. Ellinwood, Jul. 9, 1886, in Correspondence and Reports, 1884-1911.

145 감리교 선교사인 H. G. Appenzeller는 1890년 한국 최초의 개신교 예배문서로 추정되는 미이미교회 강례를 출판하였는데 이것은 미국 감리교회(Methodist Episcopal Church)가 1888년 발간한 『교리강령(The Doctrines and Discipline of the Methodist Episcopal Church)』 중에서 예배부분을 번역한 것이었다. 이와는 대조적으로 언더우드는 초교파적 예배의 성향을 강하게 가지고 있었다.

146 야성회는 1897년 겨울 마지막 주에 기도주간으로 시작되어 새해를 맞는 새벽까지 1주일간 계속되었으며, 성만찬으로 예배를 마치게 되었다; Annual Report of the Board of Foreign Missions of the Presbyterian Church in the United States of America, (New York: Mission House, 1888), 170.

147 William E. Griffis, A Modern Pioneer in Korea: The Life Story of H. G. Appenzeller (New York: Fleming H. Revell Co., 1912), 87.

148 이러한 경향은 1896년 부활주일과 성령강림주일, 그리고 황제탄생일에 연합으로 예배를 드린 경우에서도 확인이 된다. 『부활주일예배』 (서울: 1896.)를 참조하라.

149 교파간 예배의 특성을 확보하지 못하도록 하였던 또 다른 원인으로는 찬송가의 연합발간을 들 수 있다. 1908년에 발간된 찬송가에는 장로교회의 찬성시(1898)에 있었던 13편의 시편송이 대부분 삭제되었으며, 찬미가(1895)에 첨가되어 있던 감리교의 미이미교회 강례가 삭제되었다.

150 John Nevius, Method of Mission Work (Shanghai: Presbyterian Mission Press, 1886)

151 H. G. Underwood, The Call of Korea (New York: Fleming H. Revell Co., 1908), 109.

152 John Nevius, 위의 책, 36-37.

153 위의 책, 32-3.

154 기간은 점차 10일에서 5일 정도로 축소되었다.

155 John Nevius, 위의 책, 38-9.

156 사무엘 마펫, 『위원입교인 규죠』 (서울: 조선예수교서회, 1895), 이 책은 적어도 1913년까지 발간되었다.

157 사무엘 마펫, 위의 책, 13-4.

158 네비우스는 이러한 유예기간의 적당한 기간을 약 6개월에서 1년 혹은 2년으로 생각하였다; John Nevius, 위의 책, 37-8.

159 Samuel A. Moffett, "Evangelistic Work," in Quarto Centennial Papers read Before the Korea Mission of the Presbyterian Church in the U. S. A. at the Annual meeting in Pyengyang (1909), 24.

160 Annual Report of the Board of Foreign Missions of the Presbyterian Church in the United States of America (1895), 120.

161 총회는 다시 새로운 교열위원을 임명하여 검토하도록 하였으나, 다음총회에서 이 책이 분실되었다는 보고가 있었다.

162 조선 예수교 장로회, 『조선 예수교 장로회 혼상예식서』 (서울: 조선 예수교 문장사, 1924)

163 Charles Allen Clark, The Nevius Plan for Mission Work (Seoul: Christian Literature Society, 1937), 164.

164 혹은 이것을 기독교의 서구화를 통해 잃어버린 것에 대한 복구(recovery)라고 말 할 수도 있다.

165 대한 예수교 장로회 총회록(1915), 23.

2부

현재와 미래로의
여행

제 3 장

들 여 다 보 기

—

불편한 진실, 그러나...

여기에서 필자가 제기하고 싶은 질문은 바로 "현재 한국 교회의 예배 현황을 어떻게 분류할 수 있는가?"이다. 한국 교회 또한 여지없이 '예배 전쟁' 중이며 그러한 와중에서도 새롭고 현대적인 예배 형식에 관심을 가지고 시도하는 교회가 점차 늘어나고 있으나 교단별 특징을 거의 살펴보기 힘든 혼합적인 예배를 드리고 있기 때문이다.

그 이면에는 일단 담임목사와 당회에게 모든 권한이 집중되어 있는 한국 교회만의 특수한 구조적 문제가 자리잡고 있다. 다음으로는 예배 지도자들이 가장 기본적인 예배 신학의 내용에 대해서 잘 알지 못한 채 즉흥적으로 혹은 감정적으로 대처해 나가는 근본적 문제가 있다. 게다가 소위 유행하는 현대 예배의 유형에 대해서도 신학적 배경과 그 의미를 제대로 파악하지 못한 채 교회 성장의 도구로만 이용하려는 탓도 있다. 한 마디로 말해서, 한국 교회의 현재 예배 현황은 무질서하고 복잡한 예배 전쟁 상황에 몰려 있으면서도 실용적 복음주의가 주류를 형성하고 있다고 말할 수 있다.

이러한 현실을 감안하면서, 본 장에서는 한국 교회의 현대 예배에 있어서 계속 자체 진화를 하면서 끈질기게 생명력을 유지하고 있는 열린 예배에 대해 먼저 살펴보게 될 것이다.[166] 그런 다음에, 현재까지 상대적으로 언급되지 않았던 카리스마틱 예배 그리고, 본 교단의 기본 예배 구조인 사중 구조 형식을 제공한 통합적 예배에 대해 차례대로 정리한 다음 각각에 해당되는 평가와 제언의 순서로 구성해 나가고자 한다.

열린 예배

1 ── 왜 열린 예배인가?

사실 지금의 한국 교회는 총체적 난관에 봉착해 있다고 해도 과언이 아니다. 한국 교회 전체가 이 사회의 타 종교인과 불신자 그룹을 향해 상당한 담을 쌓고 있는 것이다. 만약 어떤 사람에게 복음을 전하려고 할 때 그들 사이에 막힌 담이 있다면 그것부터 해결하는 것이 급선무이다. 대학생들 90% 이상이 전도를 받아왔음에도 불구하고 교회에 나가지 않는 이유가 두 가지로 조사된바 있다. 첫째는 기독교인들의 행위가 마음에 들지 않아서이고, 둘째는 교회의 활동 모습이 마음에 들지 않아서이다. 그들이 종교를 선택할 경우 기독교는 거의 하위에 머물고 있다는 사실은 그 심각성을 보여주는 것이다. 한국 교회는 문화적 개방을 거의 외면했다. 예배 스타일은 백여년간 변해오지 않았고 대상에 관계없이 천편일률적인 사역을 추구해왔다. 교회가 문화를 수용하지 못하면 청년들의 교회이탈은 자연스러운 결과라 하겠다.[167] 그렇다면 이러한 열린 예배 혹은 구도자 예배가 필요한 이유는 무엇일까?

1) 청년들이 교회 적응을 빠르게 잘 할 수 있도록 도와준다

교회를 이탈하는 교인들의 대부분은 40대 이상이 아니라, 청소년과 청년그룹이다. 약 4배정도가 많다는 보고가 있다. 이러한 통계가 가리키는 것은 앞으로 10~20년 사이에 한국 교회가 청년들을 끌어안을 수 있는 어떤 계기를 마련하지 못하면 한국 교회의 앞날은 암울할 수밖에 없다는 것을 말해준다. 왜 청년의 교회 이탈자의 수가 장년에 비해 4배에 달한 것일까? 그것은 40대 이상의 장년 그룹은 비교적 전통에 쉽게 적응하는 편이지만, 청소년과 청년 그룹은 판이하게 다른 문화에 젖어있기 때문이다. 젊은 사람들의 문화는 하루가 다르게 변해가고 있는데, 일반적인 장년부 중심으로 똑같은 스타일의 예배를 고수하고 있기 때문이다. 그런 면에서 볼 때 데니스 레인*Denis Lane* 목사가 일찍이 『국민일보』와의 인터뷰에서 한국 교회를 위기의 상황으로 지적한 것과, "미래를 내다보고 젊은이들을 감동시킬 프로그램을 개발해야 한다.(1995.9.26)"는 것은 참으로 다가올 미래를 바라보며 했던 시기적절한 진단이었음을 알 수 있다.[168] 한국 교회가 청년들에게 거는 기대와 관심이 큰 만큼 청년들의 이탈을 막아야 한다. 그들이 공감할 수 있는 예배가 되어야 한다.

2) 복음은 문화의 옷을 입고 전달되어져야 한다

고린도전서 9장 19~22절 말씀은 사도바울이 그의 사역의 대상에 따라 철저히 그들의 문화에 맞춘 모습으로 접근했음을 보여주는 것이다.[169] 사실 우리가 믿고 있는 복음은 어느 시대, 어느 민족을 막론하고 목숨을 걸고 사수해야 하는 유일한 것이다. 그것은 시대를 따라 바꾸어질 수도 없고, 또 바꾸어져서도 안 되는 것이다. 그러나 그 복음을 전하는 방법은 그 시대, 그 민족의 옷을 입고 나타나야 한다. 다시 말해 복음은 불변하는 것이로되 그것을 실천하는 방법은 세대에 따라, 문화에 따라 계속 바뀌어야 한다는 것이다. 한국 교회는 그동안 이러한 문화적인 부분에서의 접근을 상대적으로 중요시 여기지 않아온 것이 사실이다. 전통 그 자체를 마치 성경의 가르침인양 고수해 왔고, 때로는 전통에 대한 변화를 복음의 타협과 동일한 것으로 간주해 온 것이다. 그러다 보니 예배 스타일이 변하지 않았고, 거의 천편일률적인 사역만 해오고 있는 것이다.[170]

구도자들을 주일에 데리고 나와서 예배에 공감대를 형성하는 데는 어려움이 있다. 그들에게는 낯선 용어가 주로 사용되며, 찬송 시간에도 그들은 소외되기 쉽다. 설교가 무슨 뜻인지, 그것이 또 나와 무슨 관계가 있는지 전혀 모를 수도 있다. 그렇기 때문에 열린 예배가 필요하다. 열린 예배는 기독교적인 용어들을 쉬운 말로 표현하고 있으며, 예배 중에 참석자들이 직접 참여하는 부분을 최소한으로 줄여서 그들이 눈치를 보지 않고도 자연스럽게 예배를 드릴 수 있게 배려한다. 예배 시간에 전달되는 설교의 주제나 내용도 불신자 입장에서도 충분히 공감할 수 있으며, 그와 동시에 예수 그리스도의 복음을 희석되지 않은 상태로 전한다.[171]

열린 예배는 우리를 구원하여 주신 하나님께 대한 찬양과 기쁨의 표현이며, 그 의식 속에 기타는 세상 것이고 오르간은 교회 것이며, 춤은 안 되고 찬송가는 되는 등의 구분이 있어서는 안 된다. 구도자들을 위해 예배 형식을 바꾸는 것이 세상과의 타협만을 뜻하는 것이 아니다. 예배의 본질과 어느 정도의 질서만 유지된다면 예배형식은 세상의 모든 양들이 들어올 때까지 변화되어야 한다는 주장이 타당성있게 들리는 것 또한 사실이다.[172]

3) 교회 성장의 원동력이다

서구 교회에서 구도자 집회를 교회 성장의 전략으로 사용하는 대부분의 교회들을 이른바 '차세대 교회'라고 부른다. 현재 차세대 교회들은 괄목할 만한 성장을 거듭하고 있다. 미국의 교회를 대략 40만 개 정도로 볼 때 이 중 약 10% 정도를 차세대 교회로 본다. 그러니까 미국 교회의 약 90%인 36만 교회는 전통교회로서 미국 기독교인의 50%가 전통교회에 출석하고 있다. 미국 전통교회의 경우 한 교회당 교인 수가 75명 이하이며, 이 전통 교회의 약 80%가 교회 당 교인수가 50명 이하이다. 따라서 미국 기독교인의 50%가 미국 전체 교회의 10% 정도 밖에 안 되는 차세대 교회에 출석하고 있다는 것이다. 이러한 차세대 교회의 역사가 30년 정도임을 고려할 때, 우리는 미국의 전통교회의 급작스러운 쇠퇴와는 반대로 차세대 교회의 경이적인 급성장을 동시에 알 수 있다. 차세대교회 목회자들은 "교회 성장을 위해 구도자 집회는 가장 효과적이면서도 전략적인 방법이며, 이 방법이야말로 가장 독특한, 차세대 교회가 발전할 수 있는 방법 중 하나이다."[173]라고 말한다.

2 ── 열린 예배의 특징

이 예배를 중시 여기며 시행하고 있는 교회들은 예배를 디자인할 때 사회학적 조사를 통해서 복음을 전하고자 하는 사람들에 대해 분명한 이해부터 먼저 한다. 그런 다음 조사를 통해 파악된 그들의 필요를 예배에 많이 반영시킨다. 또한, 열린 예배를 위해서 일반적으로 정확하고도 세밀하게 기획되고 있는 점이 특징이다.[174] 이에 대한 세부적인 사항은 다음과 같다.

1) 설교에 대한 다양한 접근을 한다

이 예배는 말씀을 나누는 설교시간에 상당한 비중을 두고 있으며 다양한 접근 방법을 모색한다. 대표적으로 사용하는 방법이 드라마와 비디오인데 둘 중 하나를 선택한다. 일반적으로는 주제제기를 위해 약 10분 정도 스킷 드라마를 보여주며, 그렇지 못할 때는 그 날 전할 메시지의 성격에 따라 비디오나 드라마를 자유롭게 선택해서 사용한다. 열린 예배를 실시하는 교회마다 복음 메시지가 강하다는 특징이 있다. 이것은 다른 말로 해서, 복음 즉 예수 그리스도의 십자가가 명료하게 전파되고 있다고 하겠다.[175] 설교 내용을 구성함에 있어서도, 구도자들의 삶에 밀접한 내용을 중심으로 설교를 작성해 나간다.[176]

2) 현대적이며 경쾌한 음악 사용

이 예배는 음악선택을 매우 신중히 한다. 현대음악을 많이 사용하면서 영적으로 고갈상태에 있는 사람들의 심정을 그대로 반영시켜 노래하는 것이 특징이라고 할 수 있다. 이를 위해 가사도 새롭게 쓰는 것이 보편적이다. 또한 음악 스타일이 고정되어 있는 것이 아니라 매우 자유롭다. 미리 음악 검토를 해보면서 예배 분위기를 어떻게 끌고 갈 것인가에 따라 음악을 선택한다. 처음에는 약간 느린 감성적인 곡으로 시작했다가 다음에는 빠른 템포의 곡을 부르는데, 찬양시간의 60%를 사용하면서 나머지 시간은 앞뒤로 약간 느린 곡들로 진행하는 것이 특징이다.[177]

3) 관람하듯 드림

구도자들이 어디 하나라도 교회나 집회에 소외감이나 불편함을 느끼지 않게 하는데에 집중한다. 그 결과 구도자의 시선으로 집회를 구성하고, 편안한 분위기를 추구하며, 기독교적 언어의 사용을 금한다. 구원, 구속, 십자가, 성화, 헌금, 설교, 기도 등의 기독교적 단어를 회피하며, 불가피한 경우에는 이러한 단어들을 불신자들이 알아들을 수 있는 언어로 바꾸어 사용한다. 또한 영화관이나 음악회에서 느낄 수 있는 편안함을 제공하려고 애쓴 결과, 찬양이나 설교에 돈을 주고 관람하러 온다 할지라도 표 값이 아깝지 않도록 최상의 질을 제공한다. 그리하여 다시 올 수 있도록 유도한다.[178]

4) 포근하고 따뜻한 분위기

열린 예배를 기획하면서 갖는 전략 중 하나는 문화매체를 최대한 활용하여 따뜻하고 재미있고 세련된 분위기를 형성하는 것이다. 모든 프로그램을 디자인할 때 흥미를 끌 수 있는 분위기를 낼 수 있도록 하고, 공간은 가능한 따뜻한 분위기를 낼 수 있는 조명과 실내 장식을 해서 아늑한 공간이 되도록 최선을 다한다.[179]

3 —— 평가

이상규는 다음과 같이 몇 가지의 질문을 제기하면서 열린 예배에 대한 평가를 내린다.

첫째, 선포가 아닌 토크쇼와 같은 식의 설교는 드리는 예배로서의 성경적인 예배가 아니며 보여주는 "쇼"와 같은 예배로 전락시킬 위험이 있다는 것이다.[180]

둘째, 이런 예배형식의 변화를 추구하는 동기가 무엇인가 하는 것이다. 최근의 양적 성장 둔화 현상을 극복하고 신세대들에게 신앙적 관심을 고양시키기 위해서 예배변화를 모색하는 것은 권장할만하다. 하지만 솔직히 말하면 어떻게 하면 '하나님'을 보다 참되게 섬기고 예배할 것인가에 대한 '바른 예배'에 대한 동기보다는 어떻게 하면 '회중'에게 더 흥미로운 예배를 보여줄 것인가에 대한 관심이 지대하다는 것이다.[181] 오늘날 설교에 있어서도 본문Text에 대한 관심보다는 상황에Context 더 관심을 갖고 있는데 이것이 결국 말씀의 본질적 의미를 가리고 있다. 마찬가지로 예배형식에 있어서도 이런 현상을 보는 것이다. 그래서 회중들은 예배를 드리기에 앞서 예배를 "본다"는 의식이 강하게 된다. 결국 예배형식의 변화라는 것이 자칫 즐거움을 더하는 "우리의 방식"의 예배로 변질될 수 있는 위험이 있다.[182]

셋째, 형식의 변화가 내용을 변질시킬 수 있다는 위험성이다. 물론 형식 그 자체가 중요하지 않고 기존의 예배형식 그 자체가 절대적일 수는 없다. 형식은 단지 내용을 담는 그릇에 지나지 않기 때문에 중요한 것은 형식이 아니라 내용이다. 내용의 변질만 없다면 형식을 고정화할 필요가 없다. 그러나 동시에 고려하지 않으면 안 되는 점은 형식 그 자체가 때로는 내용을 변질 시킬 수 있다는 것이다. 이미 해묵은 지적이지만 마샬 맥루한은 매체가 메시지를 대신할 수 있다고 지적하고 그 실제적 변형의 경우를 지적한 바 있는데, 예배에서도 형식이 내용을 대신 할 수 있는 위험이 있다. 그 변질이란 드리는 예배가 아니라 보는 예배, 그리고 보여주는 예배로 전락할 위험성이 있다는 것이다.[183]

이미 1998년 저명한 교회사가인 스탠포드 리드Standford Reid는 "우리의 예배는 우리의 즐거움을 위한 것인가 안면 하나님께 드리는 행위인가"라는 글을 쓴 바 있다.[184] 여기에서 그는 미국과 캐나다에서 일고 있는 이른바 예배형식의 변화라는 것이 사실은 예배라는 형식으로 우리의 여흥에 더 큰 관심을 가지고 있다는 점을 지적하면서 형식의 변화보다는 예배자의 태도가 변화되어야 한다고 주장한 바 있다. 특히 그는 우리시대의 예배형식의 파괴라는 것이 지나치게 대중을 의식한 것으로서 하나님께 대한 예배의 성격이 무시되거나 경시되고 있다고 개탄하였다.

예배행위는 하나님에 대한 이해와 깊은 관계가 있다. 다시 말해 예배행위는 하나님 이해를 기초로 한다. 우리가 염려해야 할 것은 이른바 예배형식의 파괴가 우리 하나님 이해마저도 변질시킬 수 있다는 위험성이다. 오늘 한국 교회에 여전히 필요한 것은 예배 형식이나 조직, 기술이나 프로그램이 아니라 교회지도자들, 특히 목회자들의 건실하고도 모범적인 생활과 이를 뒷받침해주는 영적 자질임을 기억하지 않으면 안된다.

4 ── 제언

정일웅은 "예배는 실제로 세상에 대해 열려 있는 예배이며 누구나 참여할 수 있도록 개방된 예배"라고 전제하였다.[185] 그런 측면에서 본다면 참된 예배란 모든 사람이 참여할 수 있는 예배이며 또 그렇게 되도록 할 필요가 있다. 다시 말해 기존의 신자만이 모여 예배하는 것이 아니라 새로운 신자들과 함께 어울려 예배하는 환경이 되도록 예배환경을 적극적으로 개선해야 한다는 주장이다.[186] 이것은 열린 예배가 진실로 새신자들에게 맞추어진 것이라면 예전 중심의 변화도 수용할 수도 있다는 것이다. 그렇다면 이러한 수용의 가능성은 실제로 존재할 수 있는가?

예배란 하나님에 대한 경배이고 예배 순서는 그 표현의 수단이라 할 수 있다. 이스라엘 족장시대와 광야 성막 시대의 예배에는 희생 제사를 드리는 의식이 있었고,[187] 솔로몬이 성전을 건축한 이후의 성전예배는 이 의식을 전승하였다. 그러나 이스라엘이 포로생활을 하는 동안에는 희생 제사 의식을 행할 수 없게 되자 성전 예배를 대신하여 회당 예배가 발전하게 된다. 회당 예배에는 율법서와 예언서 낭독, 강해, 기도, 시편, 영창, 축도 등 주로 말씀 중심에 그 특징이 있다. 기독교 예배는 이 회당 예배를 전승한 것이며, 거기에서 순수한 기독교적 요소는 '떡을 떼는'(행 2:42) 주의 성찬이다.[188] 예배가 하나님의 사랑에 대한 인간의 응답으로서 먼저 찾아오신 하나님께 마음의 문을 열고 감사와 경배를 드리려는 인간의 최상의 행동이라고 할 때,[189] 예배는 한편의 구속의 드라마로서 계시와 응답이 이루어 져야 한다. 예배가 참된 그리스도인의 바른 예배가 되기 위해서는 예배자들의 눈앞에 기독교 계시의 위대한 역사적 사실을 구체적으로 제시하여 예배자들이 참회와 감사와 헌신과 찬양으로 응답할 수 있도록 해야 한다.[190] 따라서 우리는 다음과 같은 기본을 염두에 두어야만 한다.

첫째, 신령과 진정으로 드리는 예배(요 4:24)

이 말씀에 따르면 신약의 예배는 의식과 형식의 예배가 아닌 영적인 예배임을 알 수 있다. 그러나 예배가 영적이라고 해서 예배의 형식이나 의식이 필요 없다는 의미가 아니라 예배적 형식 위에서 성령의 능력을 통하여 예배자들이 이미 자기 몸을 내어주신 그리스도와 연합하는 것을 의미한다.[191]

둘째, 코이노니아를 강조하는 예배

기독교 예배는 본질적으로 공동체적 행위이다. 즉, 예배는 개인의 행위가 아니라 하나님의 백성으로서의 교회 전체의 공동체적 행위라는 뜻이다.[192] 예배란 예수 그리스도 안에 나타난 하나님 자신의 인격적인 계시에 대한 인간의 인격적인 믿음 안에서의 응답이다. 그러므로 참된 예배란 은혜를 통해서 하나님의 사랑이 인간에게 제공되고 믿음을 통해서 인간의 사랑이 하나님께 응답되는, 그리스도 안에서 이루어지는 하나님과의 인격적인 교제요 참다운 만남이다.[193] 그리고 이 만남은 다시 공동체 사이의 코이노니아로 이어져야한다. 오늘날 우리의 예배 속에서 이 코이노니아가 약하기 때문에 열린 예배에 대하여 지나친 관심을 기울이게 되는 경향이 있음을 인지해야 한다.

셋째, 성령의 역사를 강조하는 예배

지금까지 예배의 진정성은 강조되었지만 성령의 역사에 대해 상대적으로 관심이 약했던 경향이 나타난다. 그러므로 예배를 드리는 순간에 얻는 감동과 변화가 성령의 역사를 통해서 이루어지도록 변화시켜 나가야 할 의무와 책임이 있음을 알아야 한다.[194]

||

카리스마틱
예배

2008년 1월 발간된 『국제선교연구*International Bulletin of Missionary*』 잡지에 선교통계학자인 데이비드 바렛*David Barrett*은 전 세계 기독교인 가운데 10명중 3명은 오순절 은사주의 성령운동에 속해 있다고 말한다.[195] 통계에 의하면 1800년도에는 오순절 은사주의계열에 속한 사람이 한 명도 없었다고 하는데 엄청난 변화가 있음을 알 수 있다. 현실적으로 한국 교회도 많은 장로교회 예배순서 안에서 카리스마틱 계열의 색체를 강하게 드러내고 있음을 부인할 수는 없을 것이다.

지금 한국 교회는 침체기에 처한 것이 사실이다. 이런 때에, 많은 목회자들이 셀 목회, G-12, 한국형 셀인 두 날개, 치유목회[196]등에 관심을 두는 특별한 이유는 무엇이라 생각하는가? 이러한 모든 것이 실제로는 카리스마틱 예배에 존재하는 뜨거운 성령의 역사와 일맥상통하는 것이 분명히 있기 때문이라 생각한다.

1 ── 카리스마틱 예배의 개념

1) 일반적 개념[197]

19세기 미국 웨슬리안의 거룩한 전통에 깊이 영향을 받았으며 그 전통은 성도들로 하여금 은혜스러운 성화를 이루게 하는 '두 번째 축복(성령세례)'에 초점을 맞추고 있다. 거룩함을 추구하는 오순절 주의의 기원과 문화적 분리로 인해, 20세기의 오순절 주의와 은사주의 예배는 대부분 자유주의와 복음주의를 형성케 한 근본주의와 근대주의의 대립에 있어서 큰 영향을 받지 않는다.[198] 'charismatic'이라는 단어는 "개인적 자질로 사람들에게 매력이나 영향력, 영감 등을 주는 것"을 의미하며 이에 해당하는 적절한 우리말은 '은사주의'라고 할 수 있다. 기독교의 은사주의는 성령과의 생명력 있는 교제와 영적 은사의 회복을 강조하는 것을 그 특징으로 삼는다. 이러한 은사주의적인 특징은 예배 안에서 강력한 성령의 임재와 다양한 은사의 체험으로 나타나는데 우리는 이러한 특징이 강조되는 예배를 '은사주의 예배' 또는 '카리스마틱 예배'라고 부른다.[199] 종전의 예배가 하나님을 경배하고 하나님께 최상의 가치를 드리는 것에 집중하였다면 카리스마틱 예배는 이와 더불어 예배하는 사람들과 교제하시며 영적인 은사를 채워주시는 성령의 역사에도 관심을 기울인다. 하나님을 경배하는 진정한 예배를 드릴 때에 성령과의 보다 직접적인 교제와 영적인 은사들은 자연스럽게 주어진다는 것이 카리스마틱 예배를 지지하는 사람들의 생각이다.[200]

2) 성서적 개념

(1) 은사적 요소[201]

❶ 신약에서의 성령세례

은사주의 예배의 기초가 되는 요소는 성령의 세례에서 찾아볼 수 있다. 비록 예언과 방언함과 방언찬양이 예배의 일반적인 요소는 아니지만, 예배에 대한 기대와 축제와 같은 생동감은 성령 세례의 이해에서 많은 영향을 받고 있다.

　　신약 성경을 보면 이러한 성령세례를 주를 경배하는 자들에게 주어지는 피할 수 없는 결과로 묘사하고 있다. 사도행전 2장 1절-5절에서 오순절에 약속된 성령을 받는 사람들은 성령의 세례를 경험하게 된다. 베드로는 요엘 2장 28절-32절을 인용하며 성령을 부어주심에 대한 설교를 하고(행 2:14-30) 이는 많은 유대인들이 회심하는 계기를 마련한다.(행 2:44~47, 행 3:8~9) 그리고 베드로는 이방인 고넬료에게 하나님의 비전을 발견하고 그들에게서도 성령의 임재를 느끼게 된다. 이는 바울에게서도 동일하게 나타난다.(행 19:1~4; 19:5~7)

❷ 예배와 관련된 은사의 사용

신약 성경에서는 영적인 은사와 성령 세례에 의한 선물들의 목록이 여러 곳에서 나온다. 그것은 카리스마타*charismata*, 은사*gifts, grace*로 나오고(롬 12:6; 고전 12:4), 또 프뉴마티카 *pneumatika* 신령한 것*spiritual gifts*으로 표현된다(고전 12:1; 14:1). 이런 은사의 종류로는 예언, 방언과 방언 통역함, 새로운 노래(고전 14:15), 지식과 지혜의 말, 가르침과 훈계 등이 있다. 바울은 예배자들이 신령한 것을 구할 것과, 특별히 예언하기를 권했다.(고전 14:1) 그는 방언은 영으로 하나님께 비밀스런 일을 말하는 것으로(고전 14:2) 믿지 않는 사람들에 대한 표적이며, 예배자들을 북돋우고, 세우는 역할을 한다고 했다.(고전 14:4)

❸ 예배와 관련된 다른 은사들

비록 예배의 행위는 아니더라도, 예배와 관련된 상황 속에서 다른 영적인 은사들, 치료와 기적 행함 등의 은사들이 일어난다. 예배는 또한 크리스천의 삶에서 성령의 열매를 맺도록 돕는 역할을 한다.

❹ 안수

기독교는 사도들의 시대부터 예배의 정황 속에서 안수를 행해왔다. 신약성경에서는 안수의 세 가지 목적이 나타난다. 치료(눅 4:40; 막 1:31; 5:41; 9:27; 행 9:40~41; 19:12), 성령의 전달(행 8:17; 9:17; 19:6), 섬김을 위한 위임(행 6:5~5; 13:1~3; 14:23; 딤전 4:14; 딤후 1:6)이 바로 그것이다.

❺ 기름 바름(도유)

신약시대의 교회에서 기름바름은 성령을 통해 신자들에게 주어지는 특별한 은혜로 여겨졌다. 감람유를 사람에게 바르는 것은 영적인 기름부음을 상징한다. 이는 또 세례 시 성령을 통해 주어진 예수님의 병고침의 능력을 묘사하기도 한다.(행 4:26-27; 눅 4:18; 고후1:21; 요일 2:20)

⑥ 성령의 임재안의 넘어짐

"성령의 임재안의 넘어짐"은 오순절과 은사주의 교회의 예배에서 자주 나타나는 현상이다. (요 18:1-6; 행 9:4~) 그러나 이를 나타낸 지지하는 성경 구절들을 어떻게 해석하느냐의 문제는 여전히 남아있다.

⑦ 귀신으로부터의 자유

모든 은사주의와 오순절 예배에서 일반적으로 축귀가 행해지는 것은 아니다. 그러나 이들 중 특정 그룹에서는 예배 중의 축귀가 매우 강조된다. 그들은 예배 중의 축귀를 예수님과 사도가 행한 사역의 연장선 상에서 나름의 가치를 부여한다. (마 10:1, 7-8; 막 16:17)

⑧ 영적 전쟁으로의 예배

성경은 죄에 대해 거부하는 영적인 본능과 복음에 대항하는 악의 힘에 대해 분명히 밝히고 있다. 카리스마틱 예배를 지지하는 사람들은 주님의 통치와 승리의 축제를 위해서 예배가 영적 전투를 위한 무기고의 가장 중요한 무기라고 주장한다. (마 4:10; 눅 22:3; 눅 22:31; 행 5:3; 요 12:31; 14:30; 16:11; 엡 2:2; 행 26:18; 벧전 5:8; 엡 6:11; 고후 2:11; 11:14)**202**

2) 다윗과 미갈**203**

카리스마틱 예배에서 강조하는 또 다른 성경의 이야기가 있는데 바로 다윗과 미갈이다. 다윗에게는 예배에 대한 열정이 있었고, 그는 자신의 삶 가운데 하나님의 임재를 열망했다. 그래서 그는 법궤를 옮겨오기 원했고 그것을 시행했다. 하지만 베레스 웃사의 사건이 일어난다. 어깨로 메고 옮겨야하는 법궤를 수레에 옮겼기 때문이다.**204** 그것을 알게 된 다윗은 법궤를 제사장들의 어깨에 메어 예루살렘으로 옮겨오고, 그 때 하나님께 찬양하고, 춤추며, 기쁨으로 예배한다. 그런데 그러한 뜨거운 예배에는 언제나 미갈처럼 기쁨을 거부하는 사람이 있기 마련이다.

　　이처럼 다윗과 미갈을 통해 우리는 카리스마틱 예배에 대한 또 다른 성경적 통찰을 얻을 수 있다. 첫째, 올바른 예배는 예배에 열정도 필요하지만 하나님의 명령에 순종하는 것이 더 중요하다는 것이며 둘째, 어린아이 같은 순수함과 예배의 기쁨을 거부하는 행동은 예배 가운데 참여하는 회중들로 하여금 영적인 요소를 결여시키게 만들 수 있다는 사실이다.

3) 신학적 개념[205]

(1) 제사장적 활동

과거 제사장은 하나님을 섬기고 높여드리는 사람이었다. 그들은 일정기간의 시간이 지나야 제사장의 자격을 받았다. 신약시대에는 제사장이 아닌 성도가 예수를 믿음으로써 과거 제사장이 갖춰야 할 자격을 부여받았다. 그들의 목적은 하나님을 찬양하는 것이며 예배란 예수그리스도의 보혈로 인해 구별된 제사장같은 성도들이 모여 하나님을 인격적으로 만나고 찬양하는 의미였다. 따라서, 카리스마틱 예배에서는 이러한 제사장으로 부름받은 성도들이 성령에 의해 다양한 표현을 하며 예배드리는 것을 인정한다.

(2) 영, 혼, 육

인간은 영, 혼, 육으로 되어있으며, 하나님께서는 우리가 전인격적인 존재로 나아가 찬양하기를 원하신다. 그러므로 우리는 예배 가운데 전인격적으로 하나님을 높여드려야 한다. 카리스마틱 예배는 보다 적극적으로 마음을 다해 찬양하며, 손을 들고, 엎드리고, 박수치고, 춤추고, 목소리를 높여 외치는 것을 추구하는 경향이 크다.[206] 예배자들이 이 모든 것을 통해 하나님을 향한 사랑을 표현한다고 믿기 때문이다.

(3) 하나님의 임재를 경험

하나님은 어디에나 계시는 분이시며 성경 어디에도 그것을 부정하는 내용은 없다. 그러나 하나님은 야곱과 다윗을 일정한 장소와 시간에 만나주셨다. 하나님은 무소부재하시지만*omnipresence* 일정한 장소와 시간 안에서도 만나주신다는 것이다*manifest presence* 따라서 카리스마틱 예배에서는 비록 제한적 공간과 시간이라 할지라도 하나님의 임재를 최대한 경험하는 것을 추구한다.

(4) 찬양과 능력

카리스마틱 예배에서 음악은 예배자가 하나님의 임재 가운데로 들어갈 수 있도록 돕는 중요한 도구이다. 그래서 찬양과 영적 능력들이 직접적인 관계가 있다고 본다. 카리스마틱 예배에서 음악은 예배자들이 하나님의 임재 가운데 성령님이 주시는 다양한 은사들을 경험하도록 돕는 도구로 인식되고 있다.

(5) 찬양 그 이상의 것

카리스마틱 예배를 제대로 이해하기 위해서는 단순히 일정한 시간과 장소에서 행해지는 예배의 과정만을 집중해서는 안 된다. 이상적인 경우이기는 하지만 카리스마틱 예배는 나아가 하나님을 향해 생명을 바치는 깊은 헌신과 함께 가난하고 불우한 이웃들을 향해 나아가는 것까지 진정한 예배로 본다.

2 —— 카리스마틱 예배의 형태와 신학: 한국의 오순절 교회를 중심으로

오순절 교회의 예배를 총괄적으로 말하는 것은 어려운 일이다. 왜냐하면 많은 공통점을 가지고 있으면서도 각각의 특징들을 갖고 있는 수많은 다양한 교회들이 오순절 교단 안에 속해 있기 때문이다. 현재 한국에는 대한예수교 오순절총회와 기독교대한하나님의 성회가 대표적인 오순절 교단이다.

1) 오순절 예배의 순서

오순절 전통의 주요 특징은 예배에 대해 체계적이거나 조직적이지 않다는 점이다. 이러한 접근에서는 성령이 예배의 내용뿐만 아니라 순서와 결과까지도 가르쳐 주는 것으로 믿고 있기 때문이다. 본래 오순절 전통은 예배에 있어서 A에서 시작하여 Z에 이르러야 한다는 순서에 있어서는 매우 자유롭다. 오순절 전통에서 순서[207]는 중요하지 않으며 그것은 오직 성령의 영역이다.[208] 그럼에도 불구하고 한국의 몇몇 오순절 교회의 예배순서를 비교해보면 다음과 같다.

(1) 부산제일오순절교회(대한예수교연합오순절교회)

주일 오전 대 예배	주일 저녁 부흥 예배	수요일 저녁 예배
찬양과 경배	통성기도-회개와 간구의 기도	새노래
특별찬양	간증-감동받는 분	성경교독
성경교독	대표기도	청원기도-제목은 강단으로
통성기도-회개와 간구의 기도	헌금	성경공부-교리공부 진리탐구
대표기도	설교	축복기도
헌금	축복기도	
설교		
축복기도		

위 표에 나타난 간단한 예배 순서에서 가장 눈에 띄는 것은 헌금이 설교 앞에 있다는 것이며, 모두 다 축복기도로 끝난다는 공통점이 있다. 먼저 주일 오전과 저녁 예배를 비교해보면, 일단 주일 저녁에는 찬양 시간과 성경교독 순서가 없는 대신 간증이 통성기도 후에 들어가 있다. 한편, 수요 예배는 새노래로 시작하여 성경교독과 당일에 기도제목을 받아서 드리는 청원기도 순서와 설교 대신 성경공부를 한 다음에 축복기도로 마친다. 또한, 저녁 예배를 '부흥 예배'라고 하는 것과 통성기도 바로 뒤에 '감동받는 분'의 간증 순서가 있는 것을 보면 왜 오순절 교회에서 예배 순서를 성령의 영역이라고 하는 지를 짐작할 수 있다. 사도신경과 같은 신앙고백이라든지 찬양대 찬양 순서 등은 나타나지 않는다.

(2) 여의도순복음교회(기독교대한하나님의 성회) 2016. 10. 30. 주보

주일예배 *Sunday Worship Service*	수요말씀강해순 *Wednesday Bible Exposition Service*	금요성령대망회순 *Friday Night Holy Spirit Prayer Meeting*
예배로 부르심	예배로 부르심-사도신경	기도
찬송	찬송	성경봉독
신앙고백-사도신경	기도	찬양
찬송	성경봉독	설교
기도	찬양	
성경봉독	설교	토요성찬예배순 *Saturday Communion Worship Service*
찬양	헌금기도	
설교		예배로 부르심
기도와 결신		찬송
헌금기도		기도
광고		성경봉독
찬송-주기도문		찬양
축도		설교
		헌금기도

앞의 내용과는 달리, 여기에 나온 예배 순서는 일반적인 장로교회와 거의 일치함을 알 수 있다. 사도신경으로 신앙을 고백하며, 설교 다음에 헌금과 축도 순서가 있다. 오히려, 오순절교회에 토요성찬예배순이 있는 것만 보면 더 예전적인 경향을 중시 여긴다고 말해도 무방할 정도이다. '예배'로 부르는 것은 주일예배만이 유일하며, 나머지는 모든 '순'으로 부른다(수요말씀강해순, 금요성령대망회순, 토요성찬예배순). 주일예배에서 오순절 전통의 특징이 잘 나타난 곳은 설교 후 순서인 '기도와 결신'에서 결신 곧 초청하는 altar-call 부분이다. 사실상 altar-call은 탈예전적 예배가 본격화되는 변방전통의 중요한 특징 중의 하나이기 때문이다. 한편, 수요순와 토요순 모두 사도신경으로 예배로 부르심을 시작하여 헌금기도로 끝나는 특징이 있으며, 금요순은 네 개의 순서로만 되어 있는 것을 보면 주일예배의 예전적 경향에도 불구하고, 탈예전적인 예배를 드리고 있음을 알 수 있다.

2) 오순절 예배의 특징

(1) 설교

오순절 예배에서 설교를 말하기는 어렵다. 왜냐하면 신중한 주석 설교부터 매우 감정적이고 찬송가처럼 되풀이하는 설교에 이르기까지 수많은 형태를 취할 수 있기 때문이다. 특별히 미국의 African-American 교회들의 설교자들은 회중과의 대화 관계 가운데 그들의 응답을 빈번히 이끌어 낸다. 회중들은 설교자가 말씀을 전할 때 "아멘" "할렐루야" 로 응답하며 설교자는 이것이 훼방이 아니라 응답이라고 생각한다. 심지어 오순절 교인들은 설교가 진행되는 동안 고함이나 박수, 찬송, 방언들로 개입 할 수 있다. 이런 설교에서는 죽음과 같은 고요는 골똘한 집중으로 간주되는 것이 아니라 생명이 없는 설교로 간주된다. 제임스 화이트*James White*는 이러한 오순절 예배 특징은 변방 전통의 영향을 받은 것으로 분석한다.

(2) 기도

오순절 예배에 있어 중요한 부분은 기도이다. 성령 충만한 오순절 예배는 본질상 기도로 풍성한 법이며 이 기도는 대부분의 경우 방언 기도를 뜻한다. 그러므로 방언은 오순절 예배에서 특별히 강조되는 특징이다. 기도는 목사가 드릴 수도 있고 일반 성도들도 드릴 수 도 있는데 종종 성도들은 이 기도 가운데 개인의 근심사를 표현하기도 한다. 그럴 때에는 전체 공동체 또는 지명된 사람들이 그를 위해 기도한다. 오순절 교회의 기도는 활발한 신체 활동을 수반한다. 기도하는 사람들은 대개 한 팔 또는 양팔을 하늘을 향해 높이 올려놓는다. 오순절 교인들은 이러한 행동을 통해 기도란 언어를 능가하는 언어 이상의 것이며, 인간 존재 전체를 수반하는 활동이라는 사실을 강력하게 표현하고 있음을 알 수 있다.

(3) 음악

오순절 예배에는 무엇보다도 음악이 많이 사용된다. 이 때 예배 음악은 활기에 넘치고 강한 리듬의 것이 대부분이며 음악과 함께 종종 교인들의 박수소리가 동반된다. 음악에 사용되는 악기는 매우 다양하며, 타악기나 탬버린까지 사용하면서 사람들의 감정을 고조시킨다. 색소

폰, 아코디언 등의 모든 종류의 악기들이 사용 가능하다.

(4) 치유

예배 중 병든 사람을 치유하는 일이 일어나기도 한다. 종종 병자들을 교인 앞에 나와 무릎 꿇게 하고 목사와 치유의 은사를 소유한 사람들이 안수기도를 행한다. 어떤 경우에는 기름을 바르는 행위가(약 5:14) 따르기도 한다. 대다수의 오순절 교회에서 치유는 특별 행사가 아니라 주일 예배의 순서로 넣고 있다. 심지어 설교 중에도 즉흥적으로 할 때가 있다.

(5) 간증

오순절 예배에서는 종종 개인의 삶이나 친지의 삶에 나타난 하나님의 구원의 활동들에 대해 간증할 수 있는 순서가 자주 나온다. 이러한 간증들은 하나님의 구원역사를 이야기함으로 하나님께서 행하신 일에 대해 감사드리고 더 많은 도우심을 구하는 기도로 표현된다.

(6) 신체 표현

오순절 예배에서 잘 나타나는 신체 표현은 박수이다. 어떠한 오순절교회를 가 보아도 교인들은 박수에 익숙해 있다. 또한 손을 올리는 활동(시63:4;134:2)도 오순절 신자들에게 보편화되어 있다. 무릎을 꿇는 것(시95:61)도 표현의 하나이다. 또한 영적인 춤(삼하6:16)도 오순절 예배에서 나타난다. 실제로 칠레에서 영적 춤은 오순절교회들의 영성과 의식의 필수적인 부분이다. 남미의 오순절 교회에서는 영적 춤을 예배의 한 동작으로 도입하고 있으며 찬송할 때 은혜 받은 사람들이 춤추기 시작한다. 이것은 정적인 춤이 아니라 때로는 과격할 정도로 열정적인 춤을 말한다.

(7) 성찬과 침례

오순절 교회들의 성찬 빈도는 연 1회 내지 4회에서 매월 또는 매주 거행까지 다양하다. 영국 하나님의 성회에서는 매주 성찬식을 거행하기도 하지만 많은 오순절 교회들은 성찬식을 자주 거행하지 않고 있다. 일부 교단에서는 요한복음 13장에 나오는 예수님의 모범을 순종한다는 의미로 성찬식을 세족의식과 연결시키기도 한다. 대부분의 오순절 교단들은 침례를 행하며, 일부 교단은 유아 세례의 경우에는 물을 뿌려 행하기도 한다. 그리고 오순절 성결교회는 세례의 연령과 방법에 있어 자유롭게 선택하도록 한다. 결론적으로 오순절 교회에게 있어 더 중요한 것은 사실상 물 세례보다 성령 세례라고 하겠다.

3 ── 평가

1) 장점[211]

(1) 회중 참여적인 예배

❶ 루터의 만인제사장설이 실현된 예배

오순절 예배는 모든 신자들의 제사장직 활동에 기초를 두고 있다. 은사주의에 있어서, 성령님은 우리로 하여금 예배에서의 다양한 표현들을 자연스럽게 시도하도록 하시는 주도자이다. 따라서 이러한 예배에서는 예배자 한 사람 한 사람이 만인제사장으로 하나님 앞에 서서 감사의 희생 제사를 드릴 수 있다.

❷ 전인격적으로 드리는 예배 강조

우리가 하나님을 영, 혼, 육의 전인적 존재로 사랑한다면, 또한 예배드릴 때 역시 영과 혼의 전 존재(영과 육을 포함)로 예배드려야 한다.(막12:30) 오순절 예배는 신체적이고 감정적인 표현들을 중시하여 개인을 향한 성령의 역사를 드러내고 예배의 영적인 차원을 증대시켜준다.

(2) 하나님의 은혜가 드러난 예배

❶ 하나님의 임재를 경험하는 예배

"그리스도의 임재, 하나님의 임재 안으로 들어가자"는 말은 오순절 예배에서 흔히 들을 수 있는 말이다. 여기에서 하나님의 임재에 대한 이해는 무소부재하심과 동시에 지금, 여기에 계심을 구별한다.

❷ 하나님의 권능을 체험하는 예배

오순절 예배는 예배 가운데 하나님의 권능을 경험하게 된다. 실제로 은사주의 예배를 통한 놀라운 기적적인 역사들이 일어나는 것을 알 수 있다. 또한 기적과 치유, 사단으로부터의 자유함에 대한 믿음은 예배를 더욱 열정적이고 뜨겁게 드릴 수 있게 한다.

(3) 예배의 예술성[212]

❶ 예배의 음악적 효과의 극대화

예배 가운데 다양한 악기들을 사용하고, 시편 찬양과 곡이 달린 찬양에 대해 강조한다. 교회나 컨퍼런스, 축제들과 소그룹 모임 또는 개인적인 찬양과 예배에 있어 풍부한 음악 사용을 통해 경험을 끌어올린다.

❷ 시각적 효과가 극대화된 예배

예배 중에 자발적이거나 미리 준비되어진 춤과 공연이 사용되기도 하며 드라마나 판토마임 등이 사용된다.[213] 이를 바라보는 예배자들이 더욱 몰입하도록 돕는다.

(4) 성화로서의 예배

오순절 예배는 예배 현장을 넘어 삶에 이르기까지 확장되어진다. 예배에서의 감사의 찬양과 결단의 노래는 하나님에 대한 희생제사의 의미를 넘어서 이웃과 세상에 대한 섬김과 열정적인 삶을 의미하기 때문이다.

2) 단점

(1) 삼위일체 하나님의 사역의 불균형

"참된 예배란 그리스도 중심의 예배일 뿐 아니라, 또한 성령 안에서, 그리고 그의 안에서 드려지는 예배이다"라는 말처럼 예배는 그 대상과 내용이 삼위일체 하나님과 그 사역이 되어야 한다. 그러나 오순절 예배는 성령의 권능에만 집중하여 개별적인 하나님의 위격을 강조하는 불균형을 초래했다.

(2) 하나님에 대한 응답의 약화

예배학자 폴 훈*Paul Hoon*은 예배를 "계시와 응답이 만나는 지점"**214**이라고 정의 했다. 기독교 예배는 예수 그리스도를 통해서 보여주신 하나님의 은혜와 사랑에 대한 감각적인 응답이며, 만남이다. 그러므로 하나님의 은혜만을 강조하거나 인간의 응답적인 행위만을 강조할 때 예배는 균형을 잃고 도식화된다. 실제로 오순절 예배는 비예전적인 예배이다. '하나님의 은혜'를 강조하여 자유롭고 열정적인 분위기 가운데서 하나님의 임재하심과 신비적 체험에만 초점을 둔 결과, 재연과 극화를 통한 인간의 예식적인 노력의 약화를 초래했다.

(3) 예배의 주도권이 바뀔 위험성

예배의 주체가 하나님인 것처럼 보여도 예배에서 성령의 역할과 인간 스스로의 생각을 구분하기 어려운 위험에 빠질 수 있다. 성령의 경험을 지나치게 강조함으로, 회중의 주관적이고 자발적인 표현이 성령의 역사와 동일시되거나 오히려 자기 초월의 경험과 동일시하는 오류를 낳을 수 있기 때문이다. 이처럼 주관적인 체험이 더 지배하므로 하나님의 말씀과의 깊은 대화나 영적 성장을 기대하기 어려울 수 있다.**215** 나아가 교회의 공동체성을 해치는 영적 교만이 우려된다고 하겠다.

4 ── 제언

오늘날의 한국 교회는 여의도 순복음 교회를 중심으로 한 오순절 교회들 뿐 아니라 보수적인 장로교회 가운데서도 오순절 교회의 전통 속에 있는 성령 중심의 예배, 통성 기도, 방언, 병 고침, 교인들의 화답 등의 예배 형태가 흔히 발견되고 있다.**216** 특별히 한국교인들은 세계에서 유래를 찾기 힘들 정도로 종교심과 열정이 뛰어난 것으로 알려져 있다. 그렇기 때문에 미국의 오순절 교회와 비교해 봐도 훨씬 더 은사에 대한 열망과 몰입이 크고 뜨겁다는 것을 쉽게 알 수 있다. 이런 점을 감안하여 소위 카리스마틱 예배, 즉 오순절 예배에 대해 다음과 같이 주의해야 할 필요가 있어야 한다.

첫째, 삼위일체 하나님에 대한 균형 있는 이해가 필요하다. 어느 한 위격에 치우친 것이 아닌 각 위격이 따로 또 같이 하는 사역을 온전히 이해할 때 오순절 예배에서 주장하는 전인격적인 예배가 가능할 것이라 본다.

둘째, 예배 순서의 신학적 구조 확립이 필요하다. 무분별한 은사의 나열이 아니라 초대 교회때부터 예배의 두 기름인 말씀과 성찬을 중심으로, 도입에서부터 파송[217]까지의 통일성과 일관성을 지닐 수 있는 사중구조를 기본으로 하는 순서가 만들어져야 한다.

셋째, 설교가 성경적이어야 한다. 전통적으로 한국 교회의 설교는 부흥회 형태가 아니라 진리를 심어주는 사경회 성격이 강하였다. 하지만 1970년대의 민족 복음화 운동과 함께 부흥집회가 등장하면서부터 소위 성령의 역사라는 이름으로 설교자들을 통하여 하나님의 말씀보다는 개인의 경험이나 보편적인 예화로 채우는 개인 중심의 메시지가 남발하게 되었던 것이 사실이다. 다시 하나님의 말씀을 기반으로 하되 개인의 성령 임재에 대한 체험이 가능하도록 이끄는 성경적인 설교가 선포되어야 한다.

넷째, 포스트모던 시대 안에서의 성령 사역의 다양한 가능성을 열어두어야 한다. 한국 교회는 일반적으로 새벽기도, 수요예배, 금요철야, 주일예배 등 수많은 예배들이 드려지고 있다. 이 예배들을 특성화시켜서 다양한 성령의 임재를 경험해보는 것은 어떨까? 예를 들어, 주일예배는 전통 예배의 예전적 성격을 강화하고, 수요예배는 성경공부를 통한 깊이 있는 성찰을 하며, 금요철야는 뜨거운 기도와 찬양이 있는 집회로, 새벽기도는 큐티를 통한 묵상으로 만들어간다[218]면 회중은 다양한 성령의 역사 안에서 스스로의 은사를 개발할 수 있을 것이라 본다. 냉철한 머리만 있거나 뜨거운 가슴만이 있는 영적 기형에서 벗어나 냉철한 머리와 뜨거운 가슴의 조화를 통해 하나님 앞으로 나아간다면 오순절 예배의 전망은 더욱 밝을 것이라 생각하며 다음 장으로 넘어가고자 한다.

‖

통 합 예 배

1 —— 통 합 예 배 의 시 작

예배 개혁에 대한 움직임 가운데 '예배회복운동'*Liturgical Renew Movement*이 있다. 이 운동은 신, 구교를 막론하고 초대 교회의 예배로 돌아간다는 표어를 전면에 내세우고 있다.[219] 설교 중심의 지성적 예배를 드렸던 개신교회들에게는 그간 지나치게 경시되어 온 성찬의 비중을 강화하는 일을 비롯해서 예배의 상징적 영역을 복원하려는 운동이다. 예배 개혁에 대한 이와 다른 움직임은 형식적 자유와 역동성을 강조하는 오순절 교회의 예배와 오순절 교회와 신학적 바탕은 다르지만 자유로운 형식과 경험적 성격을 특징으로 하는 침례교회, 미국 성결파 교회들의 예배가 있다.[220] 여기에 구도자 집회와 경배와 찬양과 같은 현대적 삶의 양태에 적응하고자 하는 예배가 포함된다.

　　1990년대 이후 예배 개혁에 대한 이 두 움직임이 하나로 수렴되는 현상이 일어났다.[221] 로버트 웨버는 전통적 예배(예전적 예배)와 현대적 예배의 통합을 현대 교회의 경이로운 현상이라고 말한다.[222] 통합적 예배*Blended Worship*는 20세기 예배회복운동의 연장선상에서 일어난 전통적 예배와 현대적 예배의 통합이며, 예전적 예배의 장점인 전통표현과 찬송가에 찬양예배의 장점인 CCM과 말씀 선포를 통합시킨 예배이다.[223] 다음에 나오는 예배 스타일과 영역 그리고 기본 패턴을 살펴보도록 하자.

2 ── 예배 스타일의 통합 현상

예배를 새롭게 하려는 교회들은 다른 교단에서 형식을 자유롭게 빌려오는데 이런 현상을 '예배 전통의 통합현상convergence of worship tradition'이라고 부른다.[224] 그리스도의 몸된 교회는 여러 예배 전통에서 자유롭게 빌려온 새로운 예배에서 나타나고 있으며 교단주의의 벽을 허물고 있다. 예배의 통합 현상은 다음의 네 가지 전통으로 분류할 수 있다.[225]

1) 예전적 예배

예전적 예배의 특징은 고정된 순서, 기도문, 고전적 음악, 짧은 설교, 매주일 성찬, 교회력이다. 예전적 예배가 비판을 받는 이유는 의식주의, 껍데기뿐인 정통, 기도서의 무의미한 반복 등이다. 그러나 의식주의에 대한 비판이 모든 예전적 교회에 해당되는 것은 아니다. [226]

　　　웨버는 자신이 경험했던 예배를 통해서 예전적 예배의 의식주의를 극복한 예를 말한다. 동방교회 예배에서는 회중이 떡과 잔을 받고 있는 동안 회중 전체가 경배와 찬양 예배에서 부르는 것과 같은 합창을 하기도 한다. 회중은 손을 높이 들고 찬양하며 하나님의 신비로 빠져든다. 회중은 성만찬에서 하나님의 임재로 치유의 신비에 깊이 있게 참여하기도 한다.[227] 성공회에서는 예전적 춤liturgical dance을 사용하기도 한다. 떡과 잔을 성찬대로 가져오는 봉헌의 시간에 한 무용수가 봉헌 행렬을 인도한다. 무용수는 그의 춤을 통해서 부활을 기념하는 성찬상 차림의 드라마를 살아있게 만든다.[228]

　　　이러한 교회에서 표현하고자 하는 것은 매우 단순하다. 회중은 예전이 회중의 자발성을 허용하지 않는 폐쇄적인 순서가 아니라는 것을 깨닫기 시작한 것이다. 예전은 실제로 회중을 예배로 인도한다. 예배자의 손을 붙잡고 기쁨의 예배문으로 인도하고, 하나님의 말씀을 듣게 하고, 성찬을 경험하게 하고, 세상으로 파송하게 한다. 이러한 열린 예전에서 회중은 예배순서에 적극적으로 참여하게 함으로 그들의 신앙적 경험을 새롭게 한다. 또한, 회중의 이런 참여를 통하여 그리스도 안에 나타난 하나님의 구속 사역에 대한 경축은 실제적이고 개인적인 것이 되며 기쁨이 된다.[229]

2) 전통적 개신교 예배

예배를 갱신하려는 교회들은 전통적 개신교 예배에 교회력을 수용하고 있다. 웨버는 오버랜드 파크 나사렛 교회의 예배를 예로 든다. 이 교회는 예배 선언 후에 회중들이 교회력의의 성구집에서 선정한 '그 날의 시편'을 부른다. 입례송을 오르간과 트럼펫 세대에 맞춰 회중이 부를 때 찬양대원이 들어온다. 죄의 고백과 용서의 선언, 찬양대의 찬양에 회중이 응답 찬양을 한다. 말씀의 예전은 구약성경 봉독, 찬송, 서신서 봉독, 찬송으로 이루어진다. 말씀의 예전 후 나사렛 교회 전통인 '간증자의 기도 의자' 순서가 있다. 이 기도는 회중의 기도로서 회중이 고민하고 있던 문제들을 확인하고, 하나님의 사랑과 돌보심을 회복하기를 바라는 시간이다. 어떤 초청의 말도 없이 성도들이 기도 의자 앞에 나와서 무릎을 꿇고 기도한다.

예전적 전통과 경배와 찬양 전통에서 얻은 자료들을 나사렛 전통과 조화롭게 엮은 예배는 온 회중을 역동적으로 예배에 참여하게 한다.[230] 이러한 예배를 통해 회중은 의미있는 예배를 경험하게 된다. 전통적 개신교회들 가운데 자주 거행하는 교회들이 늘고 있다. 전통적 개신교회들이 예배의 고전적 자원을 복원시키고 있다. 이들은 춤과 깃발 같은 현대적 예술도 사용하고 경배와 찬양도 포함시키고 있다.

3) 창조적·현대적 예배 모델

웨버는 창조적 교회의 모델로 윌로우 크릭 교회 예배를 소개한다.[231] 예배 인도자가 예배의 시작을 선언하면 다 일어나서 기쁘고 열정적인 찬양을 한다. 인사와 광고, 장로의 보고, 성경봉독, 드라마가 끝난 후 예배인도자는 회중들이 삶 속에 직면한 자신의 문제를 묵상하게 인도한다. 5분정도 침묵하면서 삶의 문제를 묵상한다. 묵상이 끝난 후 회중은 일어나서 하나님의 치유 능력을 찬양한다. 회중은 찬양을 하면서 자신의 모든 문제를 하나님께 가지고 나아간다.

이런 창조적 예배는 회중에게 자신들의 문제를 느끼게 해줄뿐만 아니라 하나님 안에서 그리고 희망 안에서 새로운 자세로 살게 해준다. 이러한 예배를 통해 교회는 회중이 그들의 삶에서 하나님의 음성을 듣고 하나님의 손길에 마음을 열도록 도와준다.[232] 이와 같은 예배를 드리는 교회들도 다른 예배 전통을 수용하는 방향으로 가고 있다. 성찬을 통해 그리스도의 임재의식을 회복하는 것, 성찬을 통해 치유와 위로를 경험하게 하는 것을 강조하기도 한다.

4) 경배와 찬양이 있는 전통적·카리스마적 예배

경배와 찬양 전통이 있는 교회들이 점점 역사적 예배를 수용해가고 있다.[233] 경배와 찬양예배의 장점은 성령에 대한 개방성이다. 예배에서 성령의 역사를 체험하고자 하는 분위기는 오늘날 모든 교회의 예배갱신에 긍정적인 영향을 주고 있다. 예를 들어 성령에 대한 이런 개방성은 몸동작의 회복(손을 드는 것, 춤을 추는 것), 예배에서 평신도 사역의 회복(안수기도), 예배 중의 치유 시간을 보면 알 수 있다. 이러한 예배는 초대 교회에서도 발견할 수 있고, 그 흔적은 교회사의 여러 예전서에도 나온다. 오늘날 많은 예배 회복 운동에서도 이러한 요소들을 공통적으로 강조하고 있다. 반면에 오순절 교회에서는 좀 더 형식을 갖추고 내용도 더 충실하게 그리고 과거의 예전과도 더 깊은 관계를 유지할 필요성을 느끼게 된다. 성찬의 횟수를 늘리고, 전통적인 찬송가 회복을 통해 전통적인 예배의 풍부한 유산을 수용하고 있고, 다른 예배 전통들의 장점에도 관심을 키우고 있다.

3 ── 통합 예배의 영역

로버트 웨버의 간략한 정의에 의하면 통합적 예배는 20세기의 예배회복운동의 연장선상에서 일어난 '예전적 예배와 현대적 예배의 통합'이다. 따라서 이 예배는 예배회복운동의 여섯 가지 이슈인 예배의 신학 회복, 역사적으로 내려온 사중구조의 예배에 대한 새로운 관심, 성찬에 대한 관심, 교회력의 회복, 예배에 사용되는 음악과 예술에 대한 새로운 관심, 회중의 참여를 극대화하는 방법에 대한 관심을 전제로 한다.[234] 여기에서는 예배 통합의 영역으로 교회력, 성찬, 예술에 대해 보다 구체적으로 살펴보려고 한다.

1) 교회력

예배를 새롭게 하려는 교회는 교회력의 복음적 성격을 인식하고 대림절, 성탄절, 주현절, 사순절, 고난주간, 부활절, 오순절을 통해서 효과적으로 그리스도를 선포한다. 교회력이란 예수 그리스도의 탄생, 사역, 수난, 죽으심, 부활, 영으로 임하심, 그리고 재림 안에서 완성되어진 우리의 구원역사를 매년 재현하는 것이다.**235** 그런데 예수 그리스도의 성육신, 사역, 고난, 죽음과 부활, 영으로 임하심, 그리고 재림에 대한 메시지는 어느 시대를 막론하고 모든 회중들에게 계속적으로 주지되어야 할 신앙의 핵심이다. 교회력은 이 신앙의 핵심을 우리에게 극적으로 계속해서 가르쳐주고 보여준다.**236** 교회력은 초대 교회 교인들의 신앙과 삶의 내용이 그대로 반영되어 있는 은총의 수단이다.

교회력을 따르는 예배는 회중이 매년 구속 사건을 경험할 수 있게 해 준다. 여기에 교회력의 복음적 성격이 있다.**237** 교회력의 복음적 성격의 재발견은 오늘날 예배회복의 핵심에 해당한다. 복음 사건-시간과 공간과 역사 안에서 일어난 사건은 오늘 여기서 재현된다. 그리고 매년 구속 사건을 재현하는 것을 통해 우리의 깊은 영성을 형성한다. 구속사는 예수 그리스도의 출생, 삶, 죽음, 부활, 능력의 이야기이다. 교회력을 따르는 예배에서 우리는 삶의 방식을 경축하는데, 이것은 우리 자신의 출생, 삶, 죽음(넘어짐과 실패), 부활(새로운 삶으로 나아감), 오순절(성령 충만으로 사는 삶)로 연결된다. 그리스도의 삶, 죽음, 부활을 경축함으로 우리는 그의 죽으심과 부활하심을 본받는 삶으로 계속 나아가게 되는 것이다.**238**

우리가 지킬 수 있는 교회력은 다음과 같다. 대림절*Advent*은 메시아의 오심을 기다리는 절기인데, 그리스도께서 우리 자신의 삶에 영적으로 임재하시기를 기다린다. 구세주의 나심을 경축하는 성탄절*Christmas*은 우리 안에 그리스도가 태어나심을 경축한다. 주현절 *Epiphany*은 이방 세계에 그리스도를 통한 하나님의 구원을 선포함을 기뻐하는 절기로 그리스도의 사역을 인식하는 경험이 된다. 사순절*Lent*은 예수님에 대한 반대가 심해지고 그의 백성이 예수님을 거절하는 아픔을 나타내는 절기인데, 그리스도에 거역하는 우리 자신의 죄를 깊이 통감하는 갱신을 구하는 계기가 된다. 고난주간*Holy Week*은 종려주일의 승리의 입성부터 십자가에 달려 죽으시고 장사 지내기까지 마지막 날들을 상기하는 절기인데, 죄에 대해 우리가 죽는 것을 나타낸다. 다시 사신 주님을 경축하는 부활절*Easter*은 우리 자신의 부활과 거듭남의 시간이 된다. 성령의 오심을 경축하는 오순절*Pentecost*은 우리 삶에 성령님이 새로운 은사를 부어주시는 기회가 된다.**239**

이처럼 교회력의 회복은 예배회복에서 매우 중요한 주제이다. 교회력을 적절하게 적용하여 실천한다면 그리스도와 더 깊은 관계를 맺는 영적 순례의 길로 이끌어 줄 것이다. 교회력을 따르는 예배는 계속해서 하나님의 구속 행위를 상기하게 하고, 우리가 하나님의 변화시켜 주시는 능력을 경험하도록 도와준다. 기독교 예배에 다양성과 적절한 흥미를 갖게 하려면 교회력을 회복하여 충실히 실행하는 것이 바람직하다고 본다.**240**

2) 성찬

현대 교회들의 개혁적 움직임 가운데 성례전의 비중을 한층 강화하는, 소위 예배회복운동의 경향이 두드러지게 나타나고 있다. 오늘날 성찬의 가치가 강조되어야 하는 중요한 이유가 있다면 그 하나는 성찬이 상징을 통한 진리와 은혜의 효과적인 전달을 가능하게 한다는 점이다. 예배 중에 드러나는 상징적 행위나 분위기는 때로 언어보다도 더 깊고 직접적인 힘을 지니며, 성찬을 통해 예식의 상징적 중요성이 잘 드러난다. 성찬은 은혜의 수단이다. 역사적으로 성찬은 실행과 더불어 거기에 수반되는 전통적인 형식문을 통해서 기독교 신앙의 원형적 교리들을 전달해 주는 가교 역할을 해주고있다.**241** 그 중요성은 다음과 같이 말할 수 있다.

(1) 종말론적 식사

신약에 나오는 성찬의 배경은 매우 종말론적이다. "이 떡을 먹으며 이 잔을 마실 때마다 주의 죽으심을 그가 오실 때까지 전하는 것이니라"*(고전11:26)* 바울은 주의 만찬을 기다림의 사건으로 기록하고 있다. 성찬은 모든 그리스도인으로 하여금 부분적이기는 하지만 구원의 완성 단계를 맛볼 수 있도록 도와준다. 성찬은 천국에서의 축제를 기대하게 한다. 종교개혁 기간에 혹독한 핍박에 직면한 재세례파와 19세기에 들어 몇몇 운동에서 이를 반영하다가 최근에는 주류 교회들이 이런 주제를 많이 채택하고 있는 경향을 보인다. BEM은 이 주제를 "천국의 식사로서의 성찬"*The Eucharist as a Meal of the Kingdom*이라는 표현으로 나타내고 있다.**242**

(2) 감사로서의 성찬

영어로 성찬을 지칭하는 Eucharist는 그리스어 유카리스테오 *eujcaristevw* 감사하다에서 나온 말이다. 예수님은 만찬 상에서 감사를 드렸다. 초기부터 '감사한다'는 말은 곧 성찬을 의미했다. '떡을 떼다'와 '주의 만찬'도 비슷한 표현이었다. 사도행전 2장 46-47절에 "떡을 떼며 기쁨과 순전한 마음으로 음식을 먹고 하나님을 찬미하며"라고 나온다. 함께 즐거워하는 기쁨에 찬 행위이다. 그러나 이런 주제는 중세의 미사에서 약화되어 참회적 분위기가 연출되기 시작했고, 종교개혁자들에게도 중세적 분위기와 크게 다르지 않았다. 감사와 감격의 분위기보다는 무겁고 엄숙한 분위기였다. 오늘날 교회들은 이 주제에 대해 주님의 고난 그 이후로 일어난 부활과 기쁨을 더욱 강조해 나가는 추세이다.

(3) 기념으로서의 성찬

오늘날 성찬신학에서 널리 이해되고 있는 바는, 누가나 바울이 기록한 성찬 제정사에서 나오는 기념이라는 말 아남네시스*Anamnesis*가 단순히 정신적 기억이라기 보다 훨씬 강한 의미를 지닌다는 것이다. 아남네시스는 그리스도의 사건을 실제로 새롭게 경험하는 것이요, 과거의 사건을 오늘에 실재적으로 되살리는 기념이라는 의미를 지닌다.**243** 성찬은 죽었다가 부활한 그리스도에 대한 기념이다. 더 나아가서 창조로부터 그리스도의 재림에 이르는 하나님의 전체적인 구속사를 경험하게 하는 거룩한 수단이다. 매번 단순한 기억이 아니라 온몸으로 실천하고 경험함으로써 기념해야 하는 성찬을 귀히 여겨야 마땅하다.

(4) 교제로서의 성찬

성찬은 신약에서 교제 코이노니아 *koinonia*로 묘사되고 있다. 바울은 그리스도의 피에 참여함과 그리스도 몸에 참여함에 대하여 말하면서 "우리가 축복하는 바 축복의 잔은 그리스도의 피에 참여함이 아니며 우리가 떼는 떡은 그리스도의 몸에 참여함이 아니냐 떡은 하나요 많은 우리가 한 몸이니 이는 우리가 다 한 떡에 참여함이라.”라고 계속하여 말한다. 이러한 것은 식사를 하면서 교제를 하였던 유대인들의 의식과 관련되어 있다.[244] 예배에서 종교개혁자들의 주요한 공헌은 개인적인 경건행위 대신 사람들이 함께 참여하여 드리는 예배의 공동체성을 회복하였다는 점이다.

(5) 성령의 역사가 일어나는 성찬

신약의 성찬 배경에 성령이 명시적으로 언급된 적은 없다. 그러나 성찬과 성령의 관련성은 초대 교회 여러 지역에서 나타났다. 4세기 예루살렘의 시릴은 교회에 명하기를 성찬을 할 때 성물(떡과 포도주) 위에 성령을 보내시기를 구하라고 말한다.[245] 칼뱅은 천국에 있는 그리스도의 실체에 참여케 하는데 성령이 중요한 역할을 한다고 말한다. 우리가 그리스도의 몸과 피에 참여하게 되는 것은 성령의 이해할 수 없는 권능을 통해서라는 것이다. 요즘들어 많은 예식서에서 성령의 임재와 그의 역할을 강조하고 있는 것을 알 수 있다.

오늘날 많은 개신교회 가운데 예배에서 성찬 예식의 중요성을 인식하고 그 실행에 대해 관심을 증대시켜 가는 것은 매우 큰 의미를 지니고 있다. 그동안 개신교회들은 설교만이 예배의 중심인 양 간주하고 초대 교회로부터 통합적 일부가 되어 왔던 성찬에 대한 비중을 경시하여 왔던 것이 사실이다. 성찬에 대한 새로운 관심은 예배의 역동성을 약화시키고 너무 지적 경향에만 치우쳐 있던 과거의 예배에 대한 비판적 성찰의 결과이다. 예배에서 성찬 예식의 회복은 오랜 전통과의 단절을 피하고 예배의 풍부한 가치를 전인적이면서 깊이 있게 경험케 하는 좋은 방안이 될 것이다.[246] 아울러, 여기에서 언급하지는 않았지만 세례 예식에 대한 깊은 고찰 또한 필요하리라 본다.

3) 예술 요소

하나님께서 예술을 통해 말씀하신다는 것을 인정하는 교회는 예술, 음악, 드라마, 춤에 관심을 두며, 나아가 그리스도를 경험하는 수단으로 삼는다.[247] 예술이 중요한 것은 강한 전달성 때문이다. 예술은 직관의 언어이며, 예배의 중심인 복음을 강화하는 시적이고 상상을 지닌 방법이다. 지금까지 개신교 예배를 살펴보면 거의 언어 중심으로 이루어진다고 해도 과언이 아니다. '말'로만 모든 것을 해결하려는 경향이 다분함을 알 수 있기 때문이다. 그러나 예술은 적극적으로 상징을 전달하는 가시적 언어이며 시각적인 웅변이다. 예술 그 자체가 신적 언어이자 훌륭한 말이 된다. 성령의 도움으로 예술은 쌍방 커뮤니케이션을 훌륭하게 수행한다.[248] 예술이 하나님의 구속 사역을 나타낼 때 회중은 예술을 통해서 하나님을 만나게 된다.[249] 이렇게 중요한 예술 요소는 다음의 네 가지로 분류할 수 있다.

(1) 드라마
웨버는 "예배는 우리 자신과 하나님 사이에 존재하는 관계, 곧 역사적인 사건들 속에 그 뿌리를 두고 있는 관계를 극화하여 표현하는 것으로 여겨져야 한다"고 말한다.[250] 예배에 있어서 우리는 하나의 이야기를 '재' 진술하고 극화한다. 그 이야기는 하나님께서 우리에게 무엇을 행하셨으며 거기에 대한 우리의 응답은 무엇인가와 관련이 있다. 그것은 우리의 삶에 의미와 목적을 부여하는 사건을 극화한다. 예배순서는 예배자가 원래의 성경 사건에 간접적으로 참여할 수 있도록 만들어진다. 과거에 대한 극화는 낭송과 드라마라는 두 가지 방식으로 이루어진다. 낭송(신앙고백, 찬송, 설교)과 드라마(또는 예식)는 구약과 신약, 특히 유월절과 성찬식에 근거를 두고 있다.

　　낭송은 언어를 매개로 하여 역사적인 사건을 압축하고 개괄하지만 드라마는 가시적이고 유형적이며 구체적인 상징들을 통하여 역사적인 사건을 개괄한다. 이처럼 드라마는 역사적인 사건을 재창조하고 그 의미를 예배자에게 선포하기 위하여 그 사건을 극화한다.[251] 예배는 전문적인 관점에서는 당연히 드라마가 아니다. 그럼에도 불구하고 예배는 극적인 요소들에 의해 특징 지워지며 드라마와 유사한 점들을 많이 가지고 있다. 예배는 드라마의 모든 외적인 요소들, 곧 각본, 감독과 배우들, 대사와 음악과 행동들, 만나는 시간, 공간의 활용 등을 포함한다.[252]

　　예배가 그리스도의 사건을 극화하는 것을 뜻하므로 분명히 각본이 필요하다. 매주 새롭고 창의적인 예배가 있어야 한다는 생각은 잘못이다. 예배의 각본은 예수의 역사적인 사건에서 분리될 수 없기 때문에 예배에는 기본적인 동일성이 존재한다. 예배는 감독(목사)과 배우들(예배자들)이라는 극적인 요소를 포함하기 때문에 회중의 극적인 행동으로 이해되어야 한다. 이러한 예배에서는 모두 연극의 한 부분을 담당한다. 예배 자들은 당연히 그 연극을 구성하는 대사와 음악과 행동들의 의미를 이해하고 있어야만 하며, 드라마의 각 부분이 갖는 의미까지 이해하지 않으면 안 된다.

예배는 드라마의 내적인 요소들(속도, 감정, 감각 등과 같은)도 모두 포함한다.[253] 또한 드라마에서 속도는 항상 중요하다. 복음주의 교회에서 예배 속도를 무너뜨리는 심각한 요소는 그 흐름을 끊임없이 중단하는 인도자의 말이다. 예배자들은 또한 감정 사용 문제에 세심한 주의를 기울이지 않으면 안 된다. 정적과 침착함, 슬픔뿐만 아니라 기쁨과 흥분까지 필요하다. 중요한 것은 감정이 대사와 행동에 부합되어야 한다는 점이다. 감각의 요소 역시 예배 안에 포함되어야 한다. 드라마에서 우리는 보고, 듣고, 냄새 맡고, 맛보기까지 할 수 있기 때문이다.

이러한 예배의 외적이고 내적인 요소들은 예배의 활동성과 역동성을 위하여 적절하게 결합되지 않으면 안 된다. 전체 회중은 예배라는 드라마에서 배우가 되어야 하기 때문에 각자 자신의 역할을 알아야 하고 그 안에서 이루어지는 것의 의미를 이해해야 하며 뚜렷한 목적의식을 가지고 참여해야 한다. 다시 말해서 예전적 교회의 회중은 예배에 대해서 더 연구하고 예배의 내용들을 숙지해야 하고, 비예전적인 교회의 회중은 예배의 중요한 각본과 동작들에 대해서 최소한의 의식은 하고 있어야 한다는 뜻이다.[254]

(2) 춤-몸동작

음악이나 드라마 등 다른 예술 분야처럼 춤이 공연이 되어서는 안 되며, 다만 예배 내용을 시각적이고 육체적으로 나타내는 동작이어야 한다. 즉, 춤과 몸동작은 언제나 예배의 내용에 충실해야 한다. 웨버는 성찬식에서 떡과 잔이 봉헌될 때에 추는 춤을 예로 든다.[255] 찬송을 부르는 동안 손과 몸동작으로 떡을 들어서 떼는 모습을 훌륭하게 표현할 수 있다. 이러한 몸동작은 말씀을 시각화하고 느끼게 해 준다. 몸동작이라는 매개체를 통해 성찬의 의미에 참여할 수 있게 해주는데, 이는 언어 표현의 한계를 뛰어넘는 것이다. 춤은 몸으로 표현하는 모든 몸짓, 동작을 포함하는 것이다. 기립, 기도의 다양한 형태 - 손을 들고, 무릎꿇어, 눈을 들어, 부복 등, 행진, 평화의 입맞춤 등을 통해 회중들은 예배에 적극적으로 참여할 수 있다.[256] 그 예로, 오순절 교회에서 온 회중이 함께 참여하는 기쁨의 춤을 들 수 있다. 춤은 예배에서 기쁨을 표현하고 느끼는 방법이다. 바로 그것이 예배가 추구하는 바, 곧 예수 그리스도를 통해 우리를 구속하시고 자유하게 하신 하나님께 대한 기쁨의 응답을 나타내는 것이다.[257]

(3) 공간 및 장식

여기에서 예술은 예배드리는 공간 그리고 그 공간을 꾸미는 가구, 거는 물건, 상징물에 이르기까지 다양하게 적용된다. 예배공간을 결정짓는 다른 요소로 빛, 색, 소리가 있는데, 이에 따라서도 예배의 의미와 효과는 달라진다.[258] 이러한 환경은 예배자의 경험을 강화하고 생동감을 더해 준다. 이처럼 예배 공간은 매우 중요하며 무의식적으로 우리에게 전달되어지는 보이는 말씀이라고 해도 과언이 아니다.[259] 그것은 따뜻함, 경외, 존경, 역사 속에서 일어난 하나님의 행동에 대한 기억을 전달할 수 있다. 또한 예배 공간은 찬양, 예배, 침묵, 소망을 이끌어 낼 수 있다. 예배 갱신을 추구하는 교회는 하나님께서 어떠한 예배 공간에서 회중을 만나시는지에 관심을 두고 공간을 사용하는 계획과 아울러 참여적 시대에 적합한 예배 공간, 회중이 자유롭게 함께 예배드리는 공간을 진지하게 만들어 나갈 필요가 있다.[260]

(4) 음악

예배에 사용하는 음악에 대해서 항상 두 가지 문제가 제기되어왔다. 하나는 예배에서 음악 스타일의 혼합되는 것이 가능한가이고, 다른 하나는 음악이 예배의 보조도구라는 인식이다.[261] 음악 스타일을 혼합하는 경향은 전 세계적인 현상이다. 새롭게 발전하는 다른 전통과 문화의 음악 스타일을 인식하고 그것을 수용하는 것이 예배를 얼마나 풍요롭게 하는지 경험하고 있다. 예를 들면 보통 예전적 교회는 엄숙한 찬송만 부르는 것으로 생각하지만 경배와 찬양 전통의 교회에서 부르는 CCM이 예전적 교회에서도 불려지고 있다.

반면에 오순절 교회와 경배와 찬양 전통의 교회 회중도 새로운 복음송과 함께 전통적인 찬송을 강조하고 있다. 음악 스타일을 혼합하는 경향에서 주의해야 할 것은 음악이 예배의 내용과 맞아야 한다는 것이다. 전통적 찬송가와 복음성가나 CCM을 균형있게 사용하기 위해서는 가장 중요시 여겨야 할 것이 예배의 내용과 음악이 조화를 이루어야 한다는 점이다.

입례 예전의 음악은 그 시작하는 입례의 의미를 더욱 명확히 해야 한다. 말씀의 예전에서 음악은 학구적인 분위기를 내면서 조용하고 집중할 수 있게 해야 한다. 성찬의 예전에서 모든 순서의 내용과 음악은 그리스도의 죽음과 부활의 기쁨을 표현해야 한다. 마지막으로 파송의 예전에서 음악은 회중을 일상의 삶과 직장으로 보내는 것이어야 하기 때문이다.[262] 최근 들어 교회 음악을 전공한 학생들이 신학을 공부하여 목회가로 세워지고 있는 숫자가 늘어나고 있는데, 개인적으로 매우 바람직한 현상이라 본다. 특별히 교회음악만이 아니라 다양한 예술을 전공하는 신학생들도 늘어나고 있는 추세이다. 이는 더욱 풍성한 예배, 창의적인 예배를 위해 나아가 전문적인 예배 기획과 양산에 있어서 큰 도움이 될 것이라 생각하는 바이다.

4 —— 통합 예배의 기본 패턴: 사중구조 [263]

1)

나아감의 시간 *Acts of Entrance*

모임 *The Gathering* [264]
  비공식적 찬양
  오르간 서곡
  독주 악기
  비공식적인 인사
  광고
  환영의 말
  회중음악 리허설
  조용한 묵상기도
예배 여는 시간 *Opening Acts of Worship* [265]
입례송 *Entrance Hymn or Song* [266]
인사 *Greeting* [267]
임재의 기도 *Invocation*
찬양 *Acts of Praise* [268]
죄의 고백과 용서
Confession and Acts of Pardon [269]
조명의 기도 *Opening Prayer* [270]

2)

말씀 예전 *Service of the Word* [271]

성경봉독 *Scripture Redings* [272]
  구약 봉독
  응답의 시편송
  서신서 봉독
  영창 또는 찬양
설교 *Sermon*
말씀에 대한 응답 *Responce to Word* [273]
회중의 기도 *Prayer of the People* [274]
평화의 인사 교환 *Passing of the Peace* [275]
헌금 *Offering* [276]

3)

감사 예전 *The Service of Thanksgiving* [277]

성찬에서 감사
Thanks at the Table of the Lord
서문기도 *Preface Prayer*
삼성송 *Sanctus*
감사
제정사 낭독
성령님께 간구
성찬식
마침기도
감사
제정사 낭독
성령님께 간구
성찬식
마침기도

4)

파송의 예전 *The Acts of Dimissa* [279]

광고 *Announcements*
축도 *Benediction*
파송 찬양이나 노래
Dismissal Hymn or Song
파송의 말씀 *Words of Dismissal*

5 —— 평 가 및 제 언

1) 장점

이 예배의 장점은 예배회복운동의 긍정적인 영향을 받아 전통적 예배관을 견지하면서도 새롭게 대두된 현대적 예배에 대한 관심과 동향을 주목한 새로운 예배형식이라는 점이다.[280] 성경에 나타난 초대 교회의 전통적인 예배 원형인 말씀 예전과 성만찬 예전을 중심에 두고 입례와 파송의 순서를 고려한 이 예배는 전통적인 예배를 중시하는 쪽이나 현대적인 예배를 선호하는 쪽 모두에게 설득력 있게 다가갈 수 있다는 장점이 있다.

웨버가 제시하는 예배 통합의 기본적 패턴에는 여러 다양한 예배공동체에서 행해지는 예배 순서의 내용들이 포함되어 있다. 또한 음악의 내용과 형식에 있어 다양한 폭으로 수용한다. 특정 음악만 사용하는 것이 아니고 예배 순서의 의미를 드러낼 수 있다면 다양한 음악의 형식을 받아들인다.[281] 사중 구조의 예배 순서를 통해 다양한 예배 공동체 간에 일치를 추구하는 것도 통합적 예배의 공헌이라고 할 수 있다. 예배의 잔치적 특성을 드러내고 예배에 있어 예술적 측면을 회복하고 있다.[282]

2) 한계점

통합적 예배는 전통적 예배(예전적 예배)와 현대적 예배의 연합을 말하는 것으로, 예배 구조와 형식은 전통적인 것으로 세부적인 표현은 현대적인 것을 수용하는 것으로 보여진다. 그런데 이것을 통합이라고 말할 수 있는 것인지, 전통적 예배의 입장에서 통합적 예배는 현대적 예배로, 반면에 현대적 예배의 입장에서는 통합적 예배는 전통적 예배로 받아들여질 수 있다는 것이다.

예배의 구조와 형식의 틀에서 현대적인 것을 수용하는 것에는 한계가 있을 수밖에 없다. 현대적인 것을 수용하는 기준, 어디까지 수용할 수 있는지를 정하는 것이 어려워 보인다. 통합적 예배에서 현대적인 것을 수용하는 기준으로 예배 순서의 의미에 맞아야 한다고 주장하는데 이런 기준으로 현대적인 것을 수용한다면 활용할 수 있는 것이 제한적일 수밖에 없을 것이다.

한국 교회의 문제 가운데 하나는 젊은 세대와 기성세대의 단절이고, 다른 하나는 대형교회와 소형교회(100명 이하)의 양극화라고 할 수 있다. 소형교회에서 젊은이들을 위한 현대적 예배와 기성세대를 위한 전통적 예배를 나누어 드리는 것은 현실적으로 어렵다. 소형교회가 80%가 넘는 한국 교회의 상황에서 통합적 예배는 하나의 대안이 될 수 있을 것이다. 전통적 스타일과 현대적 스타일이 균형 있게 디자인 된 통합적 예배는 다양한 예배를 경험하고자 하는 회중들에게 풍성한 예배 경험을 제공할 수 있을 것이다. 본 교단의 경우, 이미 표준 예식서에 기본 구조로 소개할 정도로 적용하고 있는 현실을 감안하여 여기에서는 더 이상의 논의는 하지 않기로 하겠다.

미주

166 여기에서는 열린 예배와 동일한 의미로 구도자 예배라는 용어를 사용하고 있다.

167 손종태, "한국 교회는 왜 구도자 예배가 필요한가?," 『목회와 신학』 (1997. 4), 47-48.

168 손종태, 위의 책, 48.

169 고전 9:19-22 "내가 모든 사람에게 자유하였으나 스스로 모든 사람에게 종이 된 것은 더 많은 사람을 얻고자 함이라 유대인들에게는 내가 유대인과 같이 된 것은 유대인들을 얻고자 함이요 율법 아래 있는 자들에게는 내가 율법 아래 있지 아니하나 율법 아래 있는 자같이 된 것은 율법 아래 있는 자들을 얻고 자함이요 율법 없는 자에게는 내가 하나님께는 율법 없는 자가 아니요 도리어 그리스도의 율법 아래 있는 자나 율법 없는 자와 같이 된 것은 율법 없는 자들을 얻고자 함이라 약한 자들에게는 내가 약한 자와 같이 된 것은 약한 자들을 얻고자 함이요 여러 사람에게 내가 여러 모양이 된 것은 아무쪼록 몇몇 사람들을 구원코자 함이니"

170 손종태, "한국 교회는 왜 구도자 예배가 필요한가?," 49.

171 하용조, "나는 왜 구도자 예배를 시작하는가?" 『목회와 신학』 (1997. 4), 68.

172 하용조, 위의 책, 71.

173 김기영, "미국 교회의 구도자 예배의 현황과 흐름," 『목회와 신학』 (1997. 4), 65.

174 김만형, "구도자 예배란 무엇인가," 43-44.

175 위의 책, 45.

176 이영호, "구도자 예배의 현장을 가다," 『목회와 신학』 (1997. 4), 89.

177 김만형, "구도자 예배란 무엇인가," 44-45.

178 이영호, "구도자 예배의 현장을 가다," 88-89.

179 김만형, "전도의 꽃을 피우기 위한 구도자 예배," 『목회와 신학』 (1997. 4), 94.

180 위의 책.

181 위의 책.

182 위의 책, 57.

183 위의 책.

184 Standford Reid, "The Church Service, Entertainment or Worship?" The Presbyterian Record, 캐나다 장로교회 기관지, Jan, 1998.

185 정일웅, "예전 중심 열린 예배로 전환하자" 『기독신문』 1999년 1월 27일자, 17면.

186 위의 책.

187 Raymond Abba, Principles of Christian Worship with Special Reference to the Free Churches, 허경삼 역, 『기독교 예배의 원리와 실제』 (서울: 대한기독교서회, 1981), 11.

188 위의 책, 25.

189 박은규, 『예배의 재발견』 (서울: 대한기독교출판사, 1988), 301.

190 Raymond Abba, 『기독교 예배의 원리와 실제』, 15.

191 김소영, 『현대예배학개론』 (서울: 장로교출판사, 2002), 45.

192 김소영, 위의 책, 49.

193 Franklin M. Segler, (A) Theology of Church and Ministry, 이창희 역, 『목회학 개론』 (서울: 요단출판사, 1977), 225-26.

194 정장복, 『예배학 개론 수정증보판』, 14.

195 David Barrett, "Missiometrics 2008: Reality Checks for Christian World Communions" in International Bulletin of Missionary Research, Vol.32, No.1(January 2008), 27-30

196 한국 교회에서 대표적인 인물로는 손기철 장로를 말할 수 있으며, 주요 저서로는 『치유와 권능』 (서울: 두란노, 2006)가 있다.

197 Frederick Dale Bruner, (A) Theology of the Holy Spirit, 김명용 역, 『성령신학』 (서울: 나눔사, 1993), 32-33에서 브룬너는 오순절운동의 근원을 추적하며, 열광적인 고린도교인들(고전12-14장), 구약의 신이 임하여 황홀경에 빠졌던 자(민11장, 삼상10장)들로부터 시작하여 아주 다양한 영지주의자들, 몬타누스주의자들, 중세시대와 종교개혁이전의 신령주의자들, 소위 말하는 종교개혁시대의 급진적 좌익계통이나 재세례파 운동, 종교개혁시대의 신비주의자들, 종교개혁 이후의 퀘이커교도들을 거치면서, 17,18세기 독일, 영국, 미국에서 일어난 경건주의, 웨슬레 운동, 대각성운동으로 추적해 간다. 브룬너는

기독교역사에서 열광적 운동 혹은 영적 운동의 원천으로서 몬타니즘(AD156-)을 언급한다. 몬타니즘의 교리와 체험강조가 오늘날 오순절주의와 거의 모든 점에서 놀랄 정도로 유사성을 가지고 있다고 말한다.

198 Geoffrey Wainwright and Karen B. Westerfield Tucker, The Oxford History of Christian Worship, 574.

199 Robert E. Webber ed., Twenty Centuries of Christian Worship, The Complete Library of Christian Worship vol.2 (Nashville: Star Song Publishing Group, 1994.), 309

200 Michael D. Warden, ed., Experience God in Worship: Perspectives on the Future of Worship in the Church from Today's Most Prominent Leaders (Loveland: Group Publishing, 2000), 35-137.

201 Robert E. Webber ed., Twenty Centuries of Christian Worship, 271-87.

202 '영적전쟁으로서의 예배'라는 개념은 빈야드 운동에서 '영적 대결'이라는 개념으로 구체화 된다.

203 Michael D. Warden, Experience God in Worship, 139-43.

204 이러한 사건은 우리에게 하나님께 순종하는 것이 하나님을 향한 열정보다 더 중요하다는 것을 교훈한다. 이러한 영적 교훈은 카리스마틱 예배에도 그대로 적용된다.

205 Robert E. Webber ed., Twenty Centuries of Christian Worship, 310-12.

206 카리스마틱 예배에서는 이러한 육체적 표현을 "charismatic gesture" 라고 한다.

207 Geoffrey Wainwright and Karen B. Westerfield Tucker, 위의 책, 580-581. 예배의 3단계 중심축은 있다. 첫 번째 단계는 예배 인도자는 찬양곡을 소개하고, 응답에 초대하며, 자발적인 기도를 인도하는 시간을 갖는다. 두 번째 단계는 찬양과 기도시간 후에 길고 역동적인 설교시간이다. 세 번째 단계는 개인적이며, 회중적인 회개와 부흥의 목적을 두는 단계이다. 바로 결신의 시간(alter call)으로 이 시간에 성령세례, 자유함, 치유, 중보기도의 자리로 나간다.

208 James F. White, Protestant Worship, 김석한 역, 『개신교 예배』 (서울: 기독교문서선교회, 1997), 331.

209 http://upcpusan.org/

210 http://yfgc.fgtv.com/

211 정장복, 『예배의 신학』, 503-11 참고.

212 미학이라는 단어는 "지각하다","수용하다"의 의미를 지닌 아이스타노마이(aisthanomai)와 "느낌" 혹은 "감성적 자각"을 의미하는 아이스테시스(aisthesis)라는 헬라어로부터 나온 말이다; 김도훈, "창조와 하나님의 아름다움:신학적 미학의 시도"『장신논단』제 15권(1999.12), 308. 전통적으로 미학은 미적인 것, 혹은 아름다움에 대한 학문으로 정의되어왔지만 오늘날에는 미적인 개념이 다양해지면서 주관적인 예술과 감정 역시 이에 포함되게 되었다.

213 Robert Webber, Rediscovering the Missing Jewel (Peabody: Handrickson Publisher, 1996), 97-98.

214 주승중, "21세기 교회의 예배 갱신을 위한 방향과 과제", 『현대사회와 예배·설교사역』 (서울: 예배와 설교아카데미, 2002), 468.

215 정이호, "21세기 한국 교회에 있어서 예배 본질의 회복에 관한 연구," (미간행 석사학위논문, 안양대학교 신학대학원, 1998), 32-33.

216 김경진, "미국장로교 예배," 『교육목회』 (2001, 여름호), 136.

217 The Presbyterian Church, Book of Common Worship, 44.

218 이진형, "예배갱신의 흐름과 방향에 관한 고찰", (미간행 석사학위논문, 장로회신학대학교 대학원, 2004), 117-18.

219 김순환, 『21세기 예배론』 (서울: 대한기독교서회, 2003), 5.

220 위의 책.

221 이유정, "미래교회의 대안, 블렌디드 예배", 『목회와 신학』 (2008, 12), 178.

222 Robert E. Webber, Blended Worship: Achieving Substance and Relevance in Worship, 김세광 역, 『예배가 보인다 감동을 누린다』 (서울: 예영, 2004), 7.

223 유재원, 『이머징 예배 따라잡기』, 44.

224 Robert E. Webber, 『예배가 보인다 감동을 누린다』, 70.

225 위의 책, 71.

226 위의 책.

227 위의 책.

228 위의 책, 72.

229 위의 책, 73-4.

230 위의 책, 75.

231 위의 책, 80-82.

232 위의 책, 82.

233 위의 책, 83쪽.

234 유재원, 『이머징 예배 따라잡기』, 55.

235 주승중, 『은총의 교회력과 설교 개정판』 (서울: 장로회신학대학교 출판부, 2014), 47-48.

236 위의 책, 82-83.

237 Robert E. Webber, 『예배가 보인다 감동을 누린다』, 146.

238 위의 책.

239 위의 책, 147.

240 주승중, 『은총의 교회력과 설교 개정판』, 49.

241 김순환, 『21세기 예배론』, 42.

242 위의 책, 61.

243 위의 책, 63.

244 위의 책, 64.

245 위의 책, 65.

246 위의 책, 65.

247 Robert E. Webber, 『예배가 보인다 감동을 누린다』, 121.

248 위의 책, 128.

249 위의 책, 142.

250 Robert E. Webber, 『예배의 역사와 신학』, 117.

251 위의 책, 124.

252 위의 책, 129.

253 위의 책, 130.

254 Robert E. Webber, 『예배가 보인다 감동을 누린다』, 138.

255 위의 책, 140.

256 김세광, 『예배와 현대문화』 (서울: 대한기독교서회, 2005), 232.

257 Robert E. Webber, 『예배가 보인다 감동을 누린다』, 141.

258 김세광, 『예배와 현대문화』, 110.

259 Robert E. Webber, 『예배가 보인다 감동을 누린다』, 129.

260 위의 책, 131.

261 위의 책, 132.

262 위의 책, 136.

263 Robert E. Webber, 『예배가 보인다 감동을 누린다』, 205-14.

264 이 시간 하나님의 모든 백성이 함께 예배로 나아간다. 이 순서는 예배 시작 10-15분 전부터 사용할 수 있는데 다음과 같은 순서로 진행한다.

265 이 시간은 기쁨의 시간인데, 회중을 하나님의 임재로 이끌며 하나님 말씀을 들을 준비를 하게 한다. 하나님 말씀에 이르는 도중이므로, 아직 교육적 요소들

은 어울리지 않는다.

266 예배로 나아가는 것은 기쁨의 행위이므로 입례송은 오르간, 피아노, 신디사이저, 밴드, 트럼펫, 플루트와 같은 악기도 반주할 수 있고, 또는 배너와 춤과 함께 성가대의 행렬도 가능하다.

267 인사는 성경처럼 '우리 주 예수 그리스도의 은혜가 여러분과 함께 하시기를 빕니다'는 짧은 인사말이다. 카리스마적 교회들은 이 때 주를 향해 크게 외치기도 한다.

268 이 시간에 다양한 찬양을 부를 수 있는데, '영광을 높이 계신 주께'와 같은 고대 찬송, '데 데움'같은 영창, 찬송가, 시편송, 회중을 바깥 뜰에서 성전 안을 거쳐 지성소로 인도하는 경배찬송들이다. 성령을 따라 부르는 신령한 노래나 개인적 고백을 담은 찬송들을 함께 부를 수 있다.

269 이 시간은 예배를 여는 시간에 넣을 수도 있고, 말씀의 예전 순서에 넣을 수도 있다. 죄의 고백과 용서는 기도문을 읽을 수도 있고, 즉흥적인 기도나 침묵의 기도로 행할 수도 있다. 어떤 교회에서는 이 시간을 찬양의 시간에 넣기도 한다.

270 이 기도는 입례의 시간을 마감하고 말씀의 예전으로 들어가는 통로에 있다. 설교의 주제는 항상 이 기도에서 표현한다. 어떤 교회에서는 이 기도가 성령을 따라 부르는 신령한 노래에 속하기도 한다.

271 말씀의 예전은 예배의 중심이다. 이 시간은 교육적이며 기본 구조는 선포와 응답이다. 하나님께서 말씀하시고 회중은 응답한다.

272 말씀의 예전의 핵심은 성경봉독과 선포이다. 두 군데 또는 세군데(구약, 서신, 복음서)를 읽을 수 있는데 이 때는 사이사이에 시편, 영창, 합창을 부른다. 성경내용은 봉독 자가 연극, 드라마, 이야기로 전달할 수 있다.

273 말씀의 예전 구조는 선포와 응답이다. 회중은 지금 가능한 다양한 방법으로 말씀에 대해 응답한다. 예를 들면 다음과 같다. ①니케아 신조나 성경에서 비롯된 다른 신앙의 신조를 선포한다 ②설교 후에 가까이 앉아 있는 사람들이 그룹을 만들어 설교에 대해 토의하고 적용방법을 생각한다 ③찬송으로 응답한다

274 회중은 하나님의 말씀에 응답한 후에 하나님께 기도드릴 준비를 한다. 어떤 교회에서는 특별한 기도 제목이 있는 회중이 앞으로 나와서 무릎을 꿇는다. 기도를 드리는 방법은 그룹기도, 간구기도, 연도, 목회기도가 있다.

275 회중은 서로 주의 평화를 나누는데 악수를 하든지

포옹하면서 '주의 평안이 함께 하시기를 바랍니다'
고 말한다.

276 하나님과 이웃과 화해한 회중은 이제 감사의 예물
을 가져온다. 헌금을 드리는 동안 찬양대가 찬양하
든지 혹은 회중이 다함께 찬송을 부른다. 성찬의 순
서가 있다면 이 때 떡과 잔을 앞으로 가지고 나온다.

277 성찬의 예전은 본래 예배의 중심인 말씀의 예전에 대
한 응답이다. 갱신하는 교회들은 매주 성찬을 지향하
고 있다. 매주 성찬을 하지 않는 교회에서는 찬양과
감사의 노래를 부르고 주기도문을 드린다. 감사의 분
위기는 진지하기보다는 경축적이다.

278 예전적 교회에서는 고대 교회의 삼성송을 부를 수 있
겠고 비예전적 교회에서는 현대교회음악이나 '거룩
거룩 거룩'이라는 찬송을 부를 수 있다.

279 집례자는 회중이 책임있는 봉사를 위해 기뻐하며 세
상으로 나아갈 수 있도록 한다. 이 때는 기뻐하는 분
위기이고 앞을 향해 나아가는 느낌이 드는 시간이다.

280 유재원,『이머징 예배 따라잡기』, 68.

281 주교돈, "예배개혁의 새로운 방향성 연구-통합적 예
배(Blended Worship)을 중심으로"(미간행 신학석
사학위논문, 장로신학대학교, 2005), 64.

282 위의 책.

제 4 장

올 려 다 보 기

—

아무도, 아무 것도

한국형 예배,
그 이상과 현실 사이

1 —— 한국 교회의 현대 예배 현황

1) 예전적 예배

대부분의 한국 교회의 예배는 예전적 예배의 변종*variation*인 '설교 예배'*Preaching Service*'의 범주에 속한다. 전통적 개신교 예배로 이해되고 있는 '말씀의 예배'는 말씀과 성찬 예배의 저교회적 변종'*a low church variation of the Word and Table*이다.[283] 이러한 개신교 예배는 19세기 후반 미국에서 설교 예배가 뒤따르는 성공회의 아침 기도회의 예배 형식을 모방하면서 시작되었다.[284] 설교 전에 감사 기도를 넣는 형식의 예배로, 미국의 여러 개신교회들이 주일 예배의 형식으로 받아들이면서 시작된 것이다.[285] 성경봉독, 기도, 헌금, 목회 소식을 포함한 준비 시간으로 시작되며, 피아노나 오르간의 연주로 복음성가와 찬송가를 부른다. 이런 '준비 단계'가 지나면 예배의 정점인 설교가 시작되며, 설교가 끝나고 폐회 찬송과 함께 예배가 끝난다. 이러한 설교 중심의 개신교 예배는 19세기 말에 선교사에 의해서 한국 교회에 도입되었고, 오늘날 대부분의 한국 교회에서 드려지고 있는 예배이다.

참고로, 1980년대에 와서 긍정적인 변화가 나타나기 시작했는데, 위와 같이 예전적 예배를 드리던 교회들이 예배회복운동의 영향을 받아 초대 교회 예배의 회복에 관심을 기울게 되면서 '도입의 예전', '말씀의 예전', '성만찬 예전', '파송의 예전'이라는 사중 구조의 예배를 드리게 되었다는 사실이다. 이러한 영향을 많이 받은 대표적인 교파가 바로 대한 예수교 장로회 통합측과 감리교단이며 한국 교회의 예전에 많은 영향을 끼치게 되었다.

2) 경배와 찬양 예배

이 예배 유형은 주로 대학 청년부의 젊은이들을 중심으로 드려지고 있으며, 특별히 우리 나라에서는 열린 예배 안에 흡수된 것으로 본다. 원래의 찬양 예배는 크게 찬양*praise*과 말씀*teaching*의 두 부분으로 이루어진다.[286] 대부분 현대 음악을 중심으로 한 찬양과 함께 그 사이사이에 즉흥적 기도를 했으며, 가르치는 일은 대개 성경의 긴 구절을 해설 형식으로 설명을 하는 것으로 이루어졌다. 이러한 관점에서 볼 때, 현재 한국 교회의 경배와 찬양 예배는 독립적 위치를 차지한다기보다는 소위 열린 예배의 도입부로서 자리를 잡게 되었다는 표현이 보다 적절한 것 같다.

3) 구도자에 민감한 집회와 열린 예배

현재 한국 교회에는 교파를 초월하여 대형 교회들을 중심으로 구도자 집회와 열린 예배의 형식이라는 흐름이 있다. 이러한 흐름은 주로 미국의 비예전적 교회와 독립 교회를 중심으로 일어난 집회 형식의 예배이다.[287] 이와 같이 집회 형식의 예배 아닌 예배가 1990년대에 서울의 한 대형 교회를 통해서 본격적으로 소개되었고 이후 큰 영향력을 끼치기 시작하면서 지금은 모든 교파를 초월하여 영향력을 넓혀 가고 있는 실정이다.[288]

현재 한국 교회에서 유행하고 있는 열린 예배들은 주로 젊은이를 대상으로 하여 기존의 형식적이고 딱딱한 전통적 예배를 벗어나서, 잔치적이고, 시각적이며, 회중의 능동적인 참여를 많이 격려하는 생동감 넘치는 예배 형식으로 진행되고 있다. 기존의 주일 예배를 획기적으로 수정해서 생동감 넘치는 잔치와도 같은 예배를 목표로 한다. 음악도 기존의 찬송가를 부르지 않고, 현대 기독교 음악*Contemporary Christian Music*을 부르며, 온몸으로 하나님을 경배하고 찬양한다. 설교 또한 전통적인 설교보다는 드라마 설교, 간증 설교 등을 하며, 예전적 춤까지 도입해서 시도하고 있는 것을 보게 된다.

　한 가지 흥미 있는 사실은 그 동안 구도자 중심의 집회가 처음 한국 교회에 소개되었을 때는 곧 열린 예배로 인식되었다가 1990년대 후반 이후부터는 '열린 예배'라는 용어가 더 이상 구도자의 집회와 같은 의미로 사용되고 있지 않다는 사실이다. 본래 '열린 예배'라는 용어는 '구도자의 집회*Seeker's Service*'라는 부자연스러운 번역 대신 1990년대 당시 유행하던 '열린'이라는 단어로 의역을 하면서 시작되었다.[289] 1990년대 이후에 한국 사회는 조지 소로스*George Soros*[290]의 '열린 사회 재단*Open Society Funds*' 설립과 칼 포퍼*Karl Raimund Popper*[291]의 '열린 사회 철학'의 영향을 받으며 세계화를 통한 열린 사회를 지향하게 되었고, 자연스럽게 열린 교육, 열린 음악회 등의 용어들이 등장하게 된다. 이런 시대적인 흐름을 반영하여 교회의 구도자 중심 집회가 '열린 예배'라는 용어로 자연스럽게 들어오게 된 것이다.[292]

　요즘 들어서는 교파를 초월하여 불신자를 대상으로 하는 구도자 중심의 전도 집회로서의 열린 예배 개념보다는 기존 신자들에게 새로운 생동감을 주는 예배로서의 열린 예배가 성행하고 있다. 예배에 있어서 보수적 입장을 견지하는 대부분의 한국 교회는 이러한 새로운 형태의 열린 예배에 대해 아직까지도 부정적이면서도 방어적 자세로 대하고 있음을 알 수 있다.

2 ── 한국 교회의 새로운 형태의 예배 현황

포스트모던 문화와 세대에 대해 관심을 두고 있었던 목회자들이 다양한 접근을 통해 이머징 예배의 요소를 차례대로 접목해 가고 있는 양상이 두드러지고 있다. 또한 기존의 서구 교회 중심의 예배 형식에서 벗어나 한국의 문화를 수용하거나 한국 고유의 문화를 재해석하고 적극적으로 포용하려는 움직임이 계속해서 일어나고 있다.

이와 같이 새로운 한국형 예배의 가능성을 보여주고 있는 곳으로는 시심, 행복을그리는교회, 비전북카페 사하라, 모새골 등이 있으며, 한국적 예배를 드리는 감리교단의 성실교회가 있다. 또한, 개척한 교회의 상황에 대한 철저한 분석을 바탕으로 기획되고 차별화시킨 예배를 통해 새로운 세대와의 적극적인 소통을 추구해 나가는 곳으로는 미와십자가교회, Blue Light Church, Way Churh홍대앞교회, New Sound Church 등이다.[293]

각각에 대해 살펴보면 다음과 같다.

1) 미와십자가교회[294]

2011년 9월 첫째주일에 창립했고 개척 교회라는 여러 한계에도 불구하고, 매우 안정적이면서도 도시 선교와 지역 연계성 그리고 문화 창조라는 뚜렷한 목회 철학과 목적을 가지고 있는 교회이다. 오동섭 담임목사는 개척 전에 교회와 예배 형태에 대한 고민을 하면서 영국 옥스포드 유학할 당시 정반대 유형인 소위 온누리교회 스타일의 St. Aldate교회와 소망교회 스타일의 St. Ebbe's 교회를 리서치했다. 또한, 이전에 미국의 대표적인 교회들과 이머징 교회들을 탐방하며 자연스럽게 이머징 예배의 유형과 특징을 접하게 되었고, 이런 모든 경험들을 밑바탕으로 하여 자신만의 목회철학과 예배를 기획, 실천하기에 이르렀다. 특히 대표적인 이머징 교회 중의 하나인 Mars Hill Bible Church(*Grand Rapids소재*)를 보고 큰 충격과 도전을 받았으며 앞으로 미와십자가교회의 예배당 디자인과 예배 기획의 모델로 삼았다고 말한다. 이 예배에서 이머징 예배의 특징이 잘 나타나고 있는 부분은 다음과 같다.

첫째, 침묵의 고백과 사죄의 선언사이의 순서이다. 일단 침묵의 고백을 드린 다음 회중이 한 명씩 강대상 앞의 테이블로 나아가 초를 하나씩 가지고 붙인 다음 약속된 장소에 놓고 들어가서 고백의 기도를 하고 있는 중에 목회자에 의한 사죄의 선언이 행해졌다. 이것은 예배가 마칠 때까지 강대상 앞에서 계속 타오름으로 교인들은 자신의 죄가 사해지는 것을 시각적, 후각적, 촉각적으로 온전하게 느끼게 하는 중요한 역할을 담당하고 있었다.

둘째, 성경중심적이되 현대적인 언어와 문화로 재창조하여 예배 전반에 반영하는 부분이다. 이제는 보다 적극적으로 나아가 교회 자체적으로 연극 '루키'를 제작하여 공연하고 있으며, 같은 지역의 성공회 교회와 연합하여 찬양 집회와 기도 모임을 이끌고 있다.

셋째, 과거 전통적인 기독교 예술의 다양한 부분을 알기 쉽게 오늘의 언어와 관점으로 재해석해서 교인들에게 제공하고 있다. 교회 로고나 기본 마크와 같은 다양한 상징과 엽서 등을 세련되게 자체 제작하여 예술적인 분위기를 더욱 풍성하게 만들어나가고 있기 때문이다. 이를 잘 나타내는 다른 예가 바로 주보가 실린 리플렛에 있는 주간묵상 코너이다.

넷째, 예배 중 회중의 참여와 이동을 자연스럽게 유도하고 있다는 점이다. 이것은 비단 전술한 침묵의 고백과 사죄의 선언 사이의 순서만을 의미하는 것이 아니라 설교에서도 과감하게 교인의 참여를 유도하고 있는 점에서 더욱 그러하다.

다섯째, 다양한 설교 형태를 시도하고 있다는 점이다. 그림과 함께 드리는 예배(담임목사), 음악과 함께 드리는 예배(쟝르불문), 드라마와 함께 드리는 예배(교인들이 출연), 시와 함께 드리는 예배로 순환되며, 마지막 주일에 성찬식을 거행한다. 그리고, 특별 간증이 있는 경우를 제외하고는 음악, 드라마, 시는 설교 도입부로 사용되며, 그림은 설교와 함께 시작되어 마침과 동시에 완성된다.

아울러, 공식적인 예배팀이 있는 것은 아니지만 담임목사를 중심으로 활발한 자원 봉사자들의 도움과 함께 예배 전반이 기획되고 실행되고 있다. 교회 특성상 교인 숫자는 적어도 연극, 영화, 영상 등을 직업으로 하거나 거의 전문가 수준인 교인들이 있기에 상당한 수준의 예배 예술이 제작되고 실행되고 있다.

처음에는 서울여대 대학로 캠퍼스에서 예배를 드리다가 그 다음에는 성균관대 앞에 'Rachel's Tea Room'을 열어서 주중에는 뜨개질과 상담 사역을 차*tea* 판매와 병행하고 주일에만 같은 장소에서 예배만을 드렸다. 2012년에는 소극장 SPACE I를 인수해서 주일에는 예배당으로, 평소에는 다양한 목적과 용도에 따라 대여하면서 지역 문화적인 사역을 잘 감당하고 있다. 또한, 2013년 부터는 대학로에 있는 성공회와 연합하여 찬양집회 등을 비롯하여 진정성있는 에큐메니칼 사역을 예배를 통해 실천하고 있는 중이다.

2) Blue Light Church[295]

2009년 안산동산교회에서 창립30주년 교회개척분립의 네 번째 일환으로 당시 청년목회 사역자였던 송창근 목사가 대학가가 밀집해 있는 홍대입구에 개척한 교회이다. 교회가 청년들과 문화적 접촉점을 찾기 위해서는 교회 문턱을 낮춰야 한다고 하면서 홍대 거리에서 다양한 공연을 개최하고 있으며 라이브 공연장에서 예배를 드리다가 지금은 오히려 외부에 공연장으로 예배당을 대여해주고 있다.

새신자의 90%이상이 셀로 연결되고 소그룹 성경 모임 등을 통해 청년들이 교회에 친밀감을 느끼게 하는데 주력하고 있다. 필자가 2012년 4월에 탐방했을 당시에 청년들도 많았지만 아이와 함께 예배드리는 30대 젊은 부부들도 상당수가 있었으며, 전체적인 예배 분위기는 준비가 잘 된 찬양 인도자를 따라 함께 대화하고 기도하며 찬양하는 콘서트와 같았다. 주일오후 2시의 대학부 예배는 락(Rock) 음악 중심으로 진행된다고 직접 송목사로부터 들었다.

그 이후로, 2013년도에는 홍대예배(주일 오전11시, 오후2시)와 이대예배(주일 오후12시30분)로 드리다가 2014년 현재에는 '홍대 블루라이트'와 '신촌 랜드마크'로 분리하여 특성화된 예배를 드리고 있다.

3) Way Church 홍대앞교회[296]

Way Church는 요한복음 14장 6절 말씀을 기반으로 하여 송준기 목사가 2012년 1월에 개척한 합동측 교회이다. 교회 홈페이지 내용에 따르면 "홍대 근방을 거점으로 지속적 교회개척을 통한 아시아 전역의 예수운동의 비전을 품고 예수님의 말씀을 따르는 것을 최우선의 사역으로 삼는 젊은이들의 재미있는 모임"으로 교회를 정의한다. 여기에도 언급된 것처럼 '젊은이들의 재미있는 모임'을 중요시 여김을 볼 수 있다. '관자놀이'라고 하는 게 있는데 그 뜻은 관계중심적이고 자연발생적이며 놀이처럼 재미있는-모임을 만들어낸다는 것이다. 그 이유로는 예수님을 모르는 사람들에게 효과적으로 복음을 전하기 위해서 그리고, 교회의 전통이나 관습보다 말씀 자체를 더 중요시하여 문화를 수단으로 세상과 소통하는 교회가 이 시대에 필요하기 때문이라고 주장한다. 그러기 위해서 교인들에게 강조하는 3개의 길이 바로 "Love the Way,

Live the Way, Lead the Way"이다. 이러한 3가지 방법으로 Way Church는 예수님을 사랑하며 예수님의 제자로 살아감을 통해 예수님의 제자를 만드는 데 주력하고 있다.

4) New Sound Church[297]

이 교회를 개척한 천광웅 목사는 한국 컨티넨탈싱어즈에서 싱어와 지휘자로 사역을 시작했고, 1999년에 창단된 디사이플스 찬양팀(1999.5-2008.2)을 이끌면서 현대적인 모던음악을 접목하여 한국적인 모던워십*Modern Worship*의 발전을 이루어 나간 장본인이다. '모던워십'은 '모던'이라는 이름과는 달리 포스트모더니즘이라는 시대적 배경 가운데서 자연스럽게 탄생된 예배형태이다. 1980년대와 1990년대 초반 돈 모엔*Don Moen*으로 대표되던 '경배와 찬양'형태의 음악들은 어느 새 장년층의 음악으로 변모하였고 더 이상 젊은이들의 음악이 아닌 것이 되었다. 실제로 '인테그리티', '빈야드', '마라나타'에서는 '경배와 찬양' 형태의 음악을 '컨템포러리 앤 클래식*Contemporary & Classic*'으로 분류하고 있다. 급변하는 시대 속에서 젊은이들과 십대들은 자신들의 문화에 맞는 새로운 형태의 예배음악을 필요로 하면서 1990년대 중반에 와서 또 하나의 새로운 예배음악이 등장하기 시작한 것이 바로 '모던워십'이다. 이전의 CCM과 비슷한 팝 스타일의 음악이지만, 비트와 사운드가 더 강해졌고, 그 표현방식도 더 직접적이고 자유로운 이 모던워십은 마치 한편의 설교와 같이 그 인도자의 청중을 향한 메시지가 매우 분명하고 뚜렷하다. 단순하면서도 힘이 있는 멜로디는 젊은이들의 예배를 향한 열정을 잘 표현해 준다.[298]

이후 2008년 3월에 강서구 지역에 합동측 소속의 New Sound Church를 개척하게 되는데 이처럼 특별한 교회 이름을 갖게 된 이유를 이렇게 설명한다. 복음 즉 복된 소식*Good News*이 바로 복된 소리*Good Sound*이기 때문이며, 그 다음으로는 교회와 세상 모두에 새로운 예배 형식과 새로운 패러다임이 필요하기 때문에 새로운 예배와 찬양의 사운드를 전하기 위해서라는 것이다. 다음은 이 교회에서 드려지고 있는 다양한 예배이다.

첫째, 켈틱*Celtic* 예배이다. 중·장년층을 중심으로 주일 오전 11시에 드려지며, 아일랜드풍 캘틱음악 스타일의 찬양을 중심으로 하는 목가적이고 내츄럴한 편안한 찬양 예배이다.

둘째, 레디컬*Radical* 예배이다. 주일 오후 2시 30분에 드려지는 청년중심의 젊은 예배로써 Radical이라는 단어에 걸맞게 역동적이며 힘 있게 주님을 향해 소리치며 마음껏 경배하는 예배이다.

셋째, New Sound Worship이다. 이것은 이 교회만의 차별화된 대표적 예배이며, 본 교회 성도들뿐만 아니라 예배를 찾는 모든 이들과 함께 드리는 열정적인 주중집회이다. 교회의 가장 중요한 비전 중의 하나인 non christian 전도의 사명을 품고 대한민국 젊음의 문화 중심지에서 그리스도의 복음을 '음악'이라는 도구에 실어 마음껏 선포하기 위한 예배이다.

이 외에도 수요찬양부흥예배와 기도 중심의 금요치유집회가 드려지고 있으며 교회학교 또한 이러한 교회의 비전과 사명에 걸맞게 유스예배, 키즈예배, 주니어예배로 따로 드리고 있다.

5) 숭실대 앞의 club & church 시심[299]

이 교회는 감신대 선교학 교수인 장성배가 운영했던 미자립교회 극복 프로젝트의 한 교회로 알려져 있다. '시심'은 "시냇가에 심은 나무 교회"의 애칭이며 지역사회에서 교회라는 이름보다는 애칭 그대로 불린다. 이 교회 설립 목적은 하나님께서 참으로 기뻐하시는 교회, 거룩함*Holiness*과 행복함*Happiness*이 있는 교회를 세우는 것이며, 추구하는 문화사역은 특별히 클럽이라는 문화적 특성을 살린 교회를 세우는 것이다. 카페 분위기의 거북하지 않는 교회 안에서 불신자와의 만남이 자연스럽게 이뤄지는 가운데 공연과 예배를 통해 그리스도의 복음이 전해지기를 원하고 있다. 시심은 CCM을 비롯, 재즈, 펑키, 보사노바, 국악, 클래식에 이르기까지 음악의 다양한 공연과 갤러리 역할까지 기꺼이 제공하려고 한다. 시심의 장점은 열린 문화 공간이라는 것, 재즈 예배와 아침에 드리는 예배이다. 이외에도 시심의 공간을 사용하는 사람들이 드릴 수 있는 정기 예배, 소그룹 모임, 제자훈련과 선교 프로그램을 운영하고 있다.

6) 인천 만수동의 행복을그리는교회[300]

이 교회는 원래 한빛교회였으며 연립주택가의 작은 상가 2층에서 시작되었다. 이 교회의 담임인 이미경 목사가 치유상담 전문가라는 특성을 최대한 발휘하여 어린이 미술치료 사역을 시도하게 되면서 교회 이름을 행복을그리는교회로 바꾸게 되었다. 그리하여 이러한 치유 사역을 본격화하게 되면서 교회 내부와 외부까지 새롭게 단장하였고 담임목사가 관계하고 있는 목회상담연구소, 목회상담센터, 영성·심리치료센터, 한국가족건강연구소, 물댄동산학습클리닉, 구로알콜상담센터, 기쁨과삶 상담센터 등을 자문기관으로 세웠다. 현재는 초등학교 미술치료 프로그램과 부모교육 프로그램, 청소년 자아정체성 프로그램을 시작했다. 이 교회는 비록 작은 소교회이지만 전 교인이 지역사회의 힘든 가정이 행복을 그려나갈 수 있도록 돕겠다는 비전을 세워 그 일을 실행해 나가고 있다.

7) 모새골[301]

경기도 양평에 위치한 모새골은 '모두가 새로워지는 골짜기'의 줄임말로, 임영수 목사가 2002년 4월에 설립을 위한 모임을 가진 이후, 2003년 1월 첫주부터 아세아연합신학대학교에서 주일예배를 드리면서 시작되었다. 그 해 8월에 '모새골 아카데미'를 개원, 2004년 2월에 사단법인 모새골공동체 창립총회와 같은 해 4월에 기공예배를 드린 이후 마침내 2005년 3월 31일에 모새골 입당예배를 드리게 되었다. 그 기간 동안에도 평신도 영성강좌인 '소그룹 영성훈련'을 시작으로, 청년영성캠프, 목회자영성캠프, 영적 성장의 길, 목회와 영성, 영성과 삶, 신앙고전여행, 모새골 개인 피정 시작, 생명의 영, 영성의 스펙트럼, 깨달음의 기도, 평신도 묵상학교, 평신도치유학교, 성서와 치유, 목회와 치유, 신학생영성캠프, 신앙기초강좌, 믿음의 길 등 활발한 활동을 하고 있다. 이중에서도 청년영성캠프와 목회자영성캠프, 하계가족캠프는 처음 시작한 이래 해마다 계속 이어져오고 있으며, 나머지는 거의 다 평신도를 위한 영성강좌인 것이 특징이다. 모새골은 하나님이 창조하신 세상을 정원에 비유하며, 현재 시대의 변화에 발맞춰 살아가기 힘든 현대인의 자기자신의 상실, 인생의 의미와 목적 상실, 자기 소외와 같은 정신적 문제와 혼란에 초점을 맞추고 시작되었다.

8) 성실교회의 한국적 예배[302]

성실교회의 예배에서는 '기억'을 매우 중요하게 여긴다. 이러한 기억하고 기념하고 기원하는 것(창세기-요한계시록)을 중심으로 이루어지는 성실교회의 예배 흐름은 이러하다. '예배 시작'을 항상 힘찬 찬양으로 하 데 이것은 천지창조때의 근원적인 축복 original blessing을 연상케 한다. 그런 다음 '자복의 기도 및 사죄 선언'이 있고 '말씀과 응답의 반복'이 행해진다. '성찬'을 하면서 '마라나타' 간구를 하고서 마지막으로 '파송선언'을 하며 세상으로 나아가는 순서이다. 이처럼 예배는 반복-순환의 나선형 구조이며 기존 예배학 관점에서 보면 [계시]와 [응답]으로 정의되며 대화와 소통으로도 정의할 수 있다. 이 교회에서 드러지는 예배의 목적은 바로 '하나됨'이다. '성찬'을 봐도 먼저 하나님과의 하나됨, 인간끼리의 하나됨, 세상과의 하나됨을 담고 있다. 그렇기 때문에 파송의 순서가 중요하다는 것을 강조한다. 따라서 이심전심으로 통할 수 있는 것 그것은 바로 우리의 전통문화에서 찾으라고 강조하며 이를 위한 대안으로 계속 '기억'을 샘솟게 하는 장치를 만들어 나가야만 한다고 주장한다. 이러한 '기억'을 위한 장치를 위해서는 예배를 기획하는 과정이 필연적으로 있어야 한다고 말한다. 그리고 예배 음악의 중심은 국악이다.

3 ── 한국형 예배를 위한 신학화 작업

과거와 현재에 출현하고 있는 새로운 형태의 예배를 바로 '한국형'이라고 규정짓는다는 것은 사실상 불가능하다. 다양한 형태의 예배가 등장하고 있다는 점은 고무적이긴 하지만, 예배학적인 관점에서 보았을 때 무엇보다 본격적인 신학화 작업이 이루어지지 않았다는 태생적인 한계점을 있기 때문이다. 이러한 부분은 구도자 집회에 대해 열광적으로 찬성했던 것과는 다른 점이며 무엇보다 철저히 서구 문화적인 관점에서 시작되고 그 특징을 기본으로 하여 출현한 예배이기 때문에 한국 교회에 보편적으로 적용해 나가기에는 무리가 있는 것 또한 무

시할 수 없는 사실이자 현실이기 때문이다.**303**

　　　이러한 점을 감안하여, 여기에서는 한국형 예배의 신학화 작업의 선행과제로서, 먼저 예배회복운동에 대한 고찰이 필수적이다. 이와 함께 이러한 역사적인 통찰을 통해 예배회복운동의 연속선상에서 초대 교회와의 연계성을 가지고 발전시킨 로버트 웨버의 '고대-미래'*Ancient-Future* 방법론이 어떠한가를 살펴보도록 하자.

1) 예배회복운동 *Liturgical Renewal Movement*

19세기말부터 20세기 후반까지는 예배학에 있어서 아주 중요한 시기였다. 그것은 유럽과 북미 지역의 예배에 커다란 변화를 가져온 예배회복운동 때문이다.**304** 한 마디로 표현하면 이 운동은 교회로 하여금 초대 교회의 예배와 그 정신을 회복하고자 하는데 목적을 둔 것이었다. 여기서 초대 교회의 예배라 함은 교회가 동방 교회와 서방교회로 분리되기 이전의 예배를 말하는 것이고, 그것은 시기적으로 기독교가 국교화되고 제도화되기 이전의 약 3세기 초반까지의 예배를 지칭한다.**305** 19세가 말에 시작되어 20세기 중반부터 신.구교 모두에게 초교파적으로 영향을 미치고, 20세기 말에 그 꽃을 피운 예배회복운동은 역사적으로는 베네딕트 수도사였던 람베르트 보댕*Lambert Beauduin, 1873-1960*이 1909년 벨기에의 마린*Marines*에서 열린 회의석상에서 했던 연설을 그 시작으로 본다.**306** 그리고 그가 1914년에 [예배. 교회의 생활]이라는 책을 출판한 것을 그 시작으로 보기도 한다.**307** 이 운동이 현대 예배에 끼친 영향은 매우 큰데, 특별히 20세기에 들어와 더욱 활발히 진행된 초대 교회와 예배에 대한 집중적인 연구로 말미암아 교회는 이제 예배 개혁에 관한 여러 가지의 신학적 관점을 가지게 되었다. 그것들은 다음과 같다.

(1) 초대 교회의 예배와 그 정신을 회복하는 것에 초점

즉 예배회복운동이란 "교회의 재부흥 운동의 한 부분"**308**으로서 초대 교회의 예배 회복에 그 핵심이 있다.**309** 초대 교회의 예배는 교회가 중세 천년을 지나는 동안에 잃어버린 예배의 중요한 유산들을 많이 가지고 있었는데, 그것들은 "부활의 기쁨과 감격, 하나님의 나라의 경험, 주님과의 교제, 그리고 말씀과 성례전의 균형"**310** 등이다. 이런 초대 교회의 소중한 유산들에 대한 인식과 예배를 위한 회복은 신.구교 모두에게 지대한 영향을 끼쳤고, 그 결과 신.구교 모두에게 예배를 통한 교회 일치의 모습을 가져오게 되었다.

❶ 카톨릭의 변화

1960년대 이르러 로마 가톨릭교회는 제2바티칸 공의회를 통하여 진정한 자체 내의 종교개혁을 일으키게 되었고, 특별히 예배에 있어서 예배회복운동의 여파로 여러 가지 개혁을 일으키게 되었다. 그 내용들 중에서 가장 중요한 것은 예배 안에서의 말씀의 회복이었다. 로마 가톨릭교회는 제2바티칸 공의회에서 "하나님의 말씀의 풍성한 식탁을 마련하도록 신자들에게 성서의 보고를 널리 개방하여, 성서의 중요한 부분을 일정한 연수 내에 회중들에게 낭독해 주어야 한다"**311**는 결정을 한 후에 성서일과를 새롭게 만들어 말씀의 중요성과 전체성을 회복하였다. 그 결과 예배시간에 신.구약 성경을 매 예배시간에 낭독하고, 초대 교회 예배의 가장 중심적인 하나의 축이었던 말씀의 예전을 회복하게 되었다.

❷ 개신교의 변화

반면에 개신교회는 그 동안 잃어버렸던 초대 교회 예배의 또 하나의 중심축이었던 성만찬의 중요성과 의미를 깨닫고 예배 안에서 성찬을 회복하게 되었다. 그러므로 지난 20세기에 들어와 이 예배회복운동에 동참한 세계 교회의 예배의 흐름은 일치를 향하여 나가고 있다는 것을 알게 된다.

❸ 초대 교회 예배를 회복

개신교회는 잃어버린 성만찬을 회복하는 방향으로 나가고 있고, 로마 가톨릭교회는 잃어버린 말씀을 회복하는 모습으로 나가고 있다. 이것이 바로 초대 교회의 예배를 회복하고자 하는 예배회복운동의 결과이기도 하다. 좀 더 구체적으로 설명하면, 예배회복운동 진영에 참여한 교회들은 "들리는 말씀", 즉 선포되는 말씀인 설교의 회복(로마 가톨릭교회)과 "보이는 말씀"인 성찬의 회복(개신교)을 통하여 원래 초대 교회가 가지고 있던 모습을 향하여 일치하는 방향으로 나아가고 있다.

❹ 사중구조의 확립

현재 예배회복운동에 참여하고 있는 전 세계의 교회들은 신.구교를 막론하고, 초대 교회 예배의 두 중심축이라고 할 수 있는 "말씀의 예전"과 "성찬 예전"을 주일예배에서 온전히 회복하는 방향으로 나아가고 있다. 그리고 "말씀의 예전" 앞에 예배의 도입entrance 부분이 있고, 성찬 예전 뒤에 파송dismissal의 순서가 들어감으로, 현재 예배회복운동에 참가한 대부분의 교회들은 전체적으로 예배에 있어서 사중적 구조를 가지게 되었다. 즉 그 구조는 "모임의 예전"entrance, "말씀의 예전"Word, "성찬 예전"Table 그리고 "파송의 예전"dismissal이다. 그래서 초대 교회가 가지고 있던 예배의 풍성함이 다시 회복되고 있다. 이렇게 20세기에 들어와 본격적으로 시작된 예배회복운동은 초대 교회의 예배에 그 뿌리를 두고 있으며, 이 초대 교회의 유산이야말로 오늘 신.구교를 포함한 다양한 기독교 전통들이 함께 이어받고 있는 유산이다.

(2) 특별히 예수 그리스도의 부활과 관련하여 성찬의 중요성을 재발견

이미 앞에서 개신교 내에서 성찬의 중요성을 인식하고 회복하게 되었다는 사실은 지적하였지만, 예배운동은 초대 교회의 예배에서 "주님의 날"The Lord's Day에 "주님의 식탁"The Lord's Table에 둘러앉은 "주님의 백성"을 새롭게 발견하였다.[312] 초대 교회는 작은 부활주일인 주님의 날에 모일 때마다 주님의 수난과 죽음 그리고 부활을 감사하면서 감격적으로 떡을 떼고 잔을 나누었다. 그리고 이것이 우리 기독교 예배의 기원이기도 하다. 즉 기독교 예배는 안식 후 첫날에 주님의 부활을 기뻐하며 제자들이 모여서 떡을 떼었던 데서 시작되었다.

초대 교회 교인들에게 있어서 예배는 부활의 기쁨을 나누는 자리요, 성찬을 통해 하나님 나라의 잔치를 미리 맛보는 잔치의 자리였다. 즉 초대 교회 교인들은 "매주일 첫날"(고전 16:2, 행 20:7-11) 또는 "주의 날"(계 1:10)이라고 불리는 매주일에 함께 모여 성찬을 가지면서 주님의 부활을 축하하고 기쁨으로 예배를 드렸던 것이다. 그런데 종교개혁 시대 이후 대부분의 개신교회들은 이 성만찬을 잃어버렸다. 종교개혁 어간에 더불어 진행되어 온 인문주의는 인간의 인지 기능의 한 측면만을 강화시켰고, 그 결과 예배를 말씀을 통한 지적이고 구두적인 커뮤니케이션으로만 편향시켜 버리고 만 것이었다.**313** 그래서 개신교회는 어거스틴이 말한 "보이는 말씀"(성만찬)을 잃어버리게 되었고, 뿐만 아니라 더 나아가 "보고, 만지고, 느끼고, 듣고 그리고 맛보는" 신비의 영역을 잃어버리게 된 것이다. 그러나 예배회복운동의 결과로 말미암아 대부분의 개신교회는 물론 기존의 동방교회들과 로마 가톨릭교회도 주일 정규 예배에서 매주일 성만찬을 거행하는 것을 원칙으로 하게 되었다.

(3) 성직자 중심주의를 탈피하고 회중참여의 확대를 제고

중세교회의 예배가 회중의 참여를 극소화한 데 비해 초대 교회의 예배는 회중의 적극적인 참여가 그 중요한 특징들 가운데 하나였다. 윌리엄 맥스웰*William Maxwell*은 중세 암흑기의 예배를 설명하면서 종교개혁의 당위성을 이렇게 주장한 바 있다.

> ....알아 들을 수 없는 언어로 들리지 않게 말하면서 의식이 진행되었고, 지나치게 화려하고 장식된 의식, 그리고 정교하고 수준 높은 음악 등은 회중이 예배에 능동적으로 참여하는 것을 극히 제한하였다. 회중들은 1년에 한번 이상 성만찬에 참여하는 것이 어려웠다. 설교는 무덤 속으로 퇴락하였고, 대부분의 교수 신부들은 설교를 하기에는 너무 무식하였다. 성경이 봉독되어져야 할 부분이 성자들의 생활담이나 전설로 채워졌고, 성경은 예배자들의 모국어로 전달되지 않았다....따라서 종교개혁은 시급하가도 필연적 일 수밖에 없었다.**314**

이러한 중세교회의 모습은 초대 교회의 예배의 모습과는 정반대의 모습이었다. 예를 들어 초대 교회의 예배를 보면 회중들은 자신들이 직접 "시와 찬미와 신령한 노래들"을 부르면서 하나님을 찬양하였다. 특별히 그들은 예배의 시작을 시편송을 부르면서 시작하였는데, 이 때 시편송은 선창자와 회중이 반복하면서 서로 화답하며 부르는 교창 형식으로 불렀다. 그리고 초대교인들은 예배 때마다 "아멘"으로 적극적으로 응답하면서 예배에 참여하였고, 모두가 하나가 되어 열심히 기도하였다(행 2:42). 그들은 누군가가 대표로 기도하는 것은 가만히 앉아서 듣는 것이 아니라 적극적으로 자신들이 고백하면서 "간구와 기도와 도고와 감사"로 기도하였다(딤전 2:1). 한마디로 초대 교회의 예배는 "자발성"이 그 특징을 이루고 있는 예배였고, 제사장적인 예배와는 반대되는 예배자들이 참여하는 예배였다. 예배회복운동은 바로 이런 초대 교회의 예배의 정신, 즉 예배자들의 적극적인 참여를 회복하는데 그 강조점을 둔다.

(4) 공동체성의 회복을 강조
초대 교회의 예배는 공동체가 함께 드리는 예배였다. 그리고 특별히 초대 교회는 그리스도의 부활이라는 사건 위에 세워진 부활공동체였다. 즉 초대 교회는 그리스도의 부활을 기념하기 위해서, 그리고 부활의 능력을 세상에 선포하고 드러내기 위한 부활공동체였다. 그래서 공동체가 함께 하나님 앞에 나아와 부활을 선포하고 떡을 떼면서 기뻐하고 감사하였다. 그러므로 초대 교회의 예배는 철저하게 공동체의 행위였다. 그리하여 예배회복운동 진영은 예배가 개인적 차원의 사건이 아니라 공동체적 차원의 사건임을 인식하였고, corporate worship이 하나님께서 기뻐하시는 예배임을 확인하게 되었다. 예배의 이러한 공동체성은 21세기에 들어와 사회가 전문화되고 분업화되어 모든 것이 나누어지고 개인주의화 되어가는 모습 속에서 교회가 회복해야 할 매우 중요한 모습이라 아니 할 수 없다. 특별히 인터넷 등의 첨단 매체의 발달로 인하여 점점 더 개인적 접촉이 멀어져만 가는 개인들을 하나로 연결할 수 있는 corporate worship은 더욱 오늘 교회가 회복해야 할 모습이라고 하겠다. 심지어는 가상 공간을 이용하여 재택 예배를 하겠다는 소리도 들려오는 오늘 상황 속에서 예배가 공동체의 행위라는 개념은 매우 중요한 신학적 개념이 아닐 수 없다.

(5) 다양성을 인정
초대 교회 예배의 또 하나의 특징은 획일성에 있지 않고 다양성에 있다. 기독교 예배는 보편적인 진리를 다루고 있지만, 그 진리가 표현되는 상황은 다양한 현실이다. 예를 들어 초대 교회의 예배는 회당예배의 영향을 깊이 받아 기도, 시편송, 성경읽기 그리고 해석 등으로 이루어진 비교적 안정되고 고정된 모습을 가지고 있기도 하였지만, 동시에 바울의 서신(고린도서)

에서 볼 수 있듯이 예배 가운데 다양한 은사의 표현이 드러나는 모습도 있다. 특별히 초대 교회 예배에는 성령님의 역사에 강한 영향을 받고 있었으며, 따라서 예배가 매우 역동성있게 진행되고 있었다는 것을 알 수 있다. 그래서 초대 교회의 예배를 연구한 예배학자들은 신약 성경 시대의 예배가 경직된 예배와 반대되는 자발적이고 자유로운 예배였고, 제사장적 예배 와 반대되는 예배자들이 참여하는 예배였고, 외형적, 형식적 예배와 반대되는 영적, 감동적, 내적인 예배였다고 지적하기도 한다. 그리고 그 이후로 예배의 역사를 보아도 기독교 예배의 역동성은 어느 시대 어느 민족에게나 그 문화와의 토착적이고 창조적인 만남을 통해서 유지 되고 발전되어 왔다. 그래서 예배회복운동은 이런 다양성을 바라보면서 서로 다른 예배 전 통에 대해서도 관심을 갖게 되었다. 그 결과 이렇게 다른 예배 전통에 대한 인정과 더불어 서 로에서 배우려고 하는 진지한 노력을 하게 되었다. 즉 여러 전통의 예배들이 지닌 좋은 요소 들을 서로 간에 교류를 통해서 배우고 수용하게 되었다.

(6) 교회 일치에 대한 관심과 노력

이미 우리는 앞에서 이 운동이 초대 교회의 예배와 그 정신의 회복에 초점을 두기에 신.구 교를 막론하고 말씀과 성찬이라는 두 기둥을 중심으로 예배가 하나의 방향인 사중구조로 모여지고 있음을 보았다. 이 외에도 로마 가톨릭교회가 1969년에 만들어 낸 『미사를 위한 성구집 *Lectionary for Mass*』이 1970년대의 여러 개신교단의 성구집에 영향을 주었고, 그 결 과 1993년에 전 세계의 개신교단들이 공동으로 사용하는 『개정판 공동성구집 *The Revised Common Lectionary*』이 만들어지게 되었다. 그리고 이 성구집의 사용을 위하여 초대 교회 교 인들의 믿음과 삶의 내용을 고스란히 담고 있는 교회력의 회복도 매우 중요한 발견이라고 할 수 있다. 또한 더 나아가서 1982년 리마에서 만들어진 『리마예식서』와 『BEM문서』 등은 전 세계의 3대 기독교 분파라고 할 수 있는 개신교회, 로마 가톨릭교회 그리고 동방 정교회 가 합의하여 만들어 낸 매우 소중한 문헌들이다. BEM문서는 기독교 세례*Baptism*와 성만찬 *Eucharist* 그리고 사역*Ministry*의 의미가 무엇인가를 초대 교회의 여러 가지 모습을 통하여 합의하여 만들어낸 문서이다.

이렇게 19세기말에 시작하여 20세기 중반에 꽃을 피운 예배회복운동은 중세천년을 지나면서 잃어버렸던 초대 교회의 귀한 유산들, 즉 예배에 있어서의 회중의 참여와 예배의 공동체성의 회복, 교회력의 재발견과 예배에 있어서의 성서일과의 사용, 예배의 절기를 상기시켜 주는 교회력의 색과 상징의 사용, 초대 교회 교인들의 핵심적인 신앙이었던 부활신앙과 함께 관련하여 성만찬의 회복, 예배 예식서의 발간, 그리고 말씀이 바로 선포되어지고 성례전이 올바로 집례될 수 있는 예배당의 구조 등의 개혁에 그 초점을 두게 되었다. 그 결과 이 운동에 적극적으로 동참하였던 세계의 많은 교회들은 이런 면들에 있어서 많은 개혁을 이루게 되었다.

2) 로버트 웨버의 '고대-미래' 접근법*Ancient-Future Approach*

이처럼 예배회복운동을 통해 잃어버리거나 간과하고 있었던 초대 교회의 소중한 전통과 유산들을 되찾기 사용된 대표적인 연구 방법이 바로 로버트 웨버*Robert E. Webber*의 '고대-미래' 접근법*Ancient-Future Approach*이다. 웨버는 예배회복운동에 적극적으로 참여하면서 예배의 사중 구조를 확립하게 되었고[315], '고대-미래' 접근법의 기초를 확실하게 닦아 '고대-미래' 시리즈를 써나가게 된다. 그는 자신의 '고대-미래' 시리즈에서 유작이 되어버린 책 *Ancient-Future Worship: Proclaiming and Enacting God's Narrative*에서 그 목적을 다음과 같이 기술한다.

이 시리즈에서 본인은 특별한 관점으로부터, 다시 말해서 고대의 기독교 전통에 깃들어 있는 지혜에 근거하면서 이런 통찰들을 현재와 미래의 교회의 삶과 신앙, 예배, 사역 그리고 영성에 각각 적용시키려는 목적으로 기독교 신앙과 실천에 관한 주제들을 다루었다.[316]

여기서 주지해야 할 바는 '고대의 기독교 전통에 깃들어 있는 지혜'이다. 웨버는 일관되게 과거의 유산을 소중히 여기는 기본 입장을 고수하면서, 현대 예배를 진단하고, 미래 예배를 예측했음을 잘 알 수 있다. 그는 이 시리즈를 통해 첫째, 신앙의 뿌리*roots*를 교회의 고대 전통과 성경에서 찾아야 한다고 강조한다.[317] 둘째, 교회의 일치를 위해 교회 역사 전반에 걸쳐 나오는 다양한 교파간의 연결성*connection*을 강조한다.[318] 셋째, 성경적인 고대의 뿌리와 기독교 역사에서 파생한 실천적인 문제들을 어떻게 유기적으로 현재에 발생하고 있는 문제와 연결시켜 참된 진정성*authenticity*을 얻어나가야 하는 가를 강조한다.[319] 그러면서, 웨버는 교회가 장차 나아가야 할 미래의 길은 완전히 새롭게 만들어진 출발점에서 시작하는 것이 아니라, 과거로부터 이어져오고 있는 길을 따라 가야할 것을 주장한다. 즉, 1세기 초대 교회의 원칙과 패러다임이 21세기 교회의 패러다임이 되어야 한다는 것이다.[320]

따라서, 현재 우리가 고민하고 추구하는 한국형 예배는 기본적으로 예배회복운동의 연속선상에 있으면서 동시에 교회의 전통적인 시각적, 상징적, 예전적 유산을 찾아내어 현실에 적용하면서 만들어 나가야 하는 것이다. 그러기 위해서 일단은 현재 우리가 처해 있는 21세기의 상황 속에서 재해석하고 시행착오를 각오하면서 계속 적용해나가야 한다. 필자는 바로 이와 같은 유기적인 상호작용을 통해 진정한 한국형 예배의 역사가 시작될 것이라고 생각하는 바이다.

앞으로도 계속해서 주의 깊게 한국 교회에 새롭게 출현할 예배의 흐름을 지켜보아야 하겠지만, 일단은 여기서 21세기 포스트모던 사회에 접한 한국 교회 예배가 나아갈 방향성을 짐작할 수 있다. 단순히 고대 예배에서 효과적으로 사용된 촛불이나 중세 교회의 스테인드글라스를 그대로 설치하거나 예전의 회복을 위해서 성만찬의 횟수를 늘리는 것이 '고대-미래' 접근법의 바른 적용이 아니며 한국형 예배가 무엇인가에 대한 답도 되지 못한다. 21세기 한국 교회 예배가 추구해야 할 것은 먼저, 예배의 유일한 주권자되신 하나님의 계시에 대한 인간의 응답이라는 정의부터 가슴에 새기는 것이 필요하다. 그 다음으로, 예배에 역동성*dynamics*과 개방성*openness* 그리고 적응성*flexibility*이 유기적으로 작용할 수 있게 하되, 새로운 세대를 배려하면서도 역사성과 예배 형식에 있어서는 초대 교회의 원초적 예배의 재현이라는 특성을 재해석하면서 창조적인 진화를 해 나가는 전투적인 자세가 필요하다고 생각한다.

‖

나만 몰랐었던 이야기:

깊이 있는 예배를 위한
깊이 있는 교회

비단 한국 교회의 예배만이 아니라 직간접적으로 큰 영향을 받을 수 밖에 없는 미국 교회의 예배 현장에도 많은 변화가 일어나고 있다. 대형 교회의 등장을 가능하게 했던 구도자 집회에 대한 비판적인 고찰과 문제가 꾸준히 제기되다가 최근 10여년 동안에는 그 대안의 일환으로 미국 복음주의권을 중심으로 확산되고 있는 '이머징 교회' 혹은 '이머징 예배' 담론이 전개되고 있기 때문이다. 상대적으로 긍정적인 반응을 보였던 구도자 집회와는 달리 이머징 예배는 현장에서부터 시작되어 학문적인 이론을 만들어나가는 현상 때문인지는 몰라도 아직까지도 팽팽하게 찬반으로 갈라져 있는 것을 보게 된다. 이머징 교회와 이머징 예배를 포스트모던 시대의 새로운 세대를 위한 적절한 예배 형태로 수용하는 측과 그러한 형태의 예배는 하나의 유행에 불과하며 어떠한 예배학적 근본이나 기본이 없다고 반대하는 측으로 대립되어 있는 것이 사실이기 때문이다.

특별히, 한국 교회의 상황에서는 이러한 이머징 예배를 본격적으로 드리고 있는 교회가 확실하게 나타나지 않고 있기 때문에 어떠한 찬반 의견을 말하기 힘든 것이 솔직한 현실이기도 하다. 일찍부터 이머징 예배와 교회에 큰 관심을 갖고 연구해왔던 필자의 입장에서도, 기본적으로는 이머징 예배 출현을 기대하고 있으면서도 학문성이 부족한 것은 인정할 수 밖에 없는 사실이기도 하다. 그러던 중에 짐 벨처*Jim Belcher*의 『깊이 있는 교회 *Deep Church*』[321]를 발견한 것은 참으로 다행이었을 뿐 아니라 실제 예배 현장에 적용하기에도 큰 도움이 되었다. "전통 교회와 이머징 교회를 뛰어넘는 제3의 길"이라는 부제에 나와있는 것처럼, 그는 대립관계에 있는 두 진영의 핵심 주장과 논리를 잘 파악하고 통합시키면서 제 3의 길을 제시한다.[322] 여기에서는 먼저 책의 기본 구조와 내용 요약을 한 다음에 장점과 단점으로 정리해보면서 어떻게 한국형 예배에 적용할 수 있는지 그 가능성을 중심으로 살펴보고자 한다.

1 ── 책 의 기 본 구 조

이 책은 크게 3 부분으로 이루어져 있다. '들어가는 말'에서 벨처는 이머징 교회에 대한 전통적인 교회의 맹목적인 비판과 이머징 교회의 무조건적인 찬성으로 대립되어 있는 현실 문제제기를 하면서, 과연 '제3의 길'이 가능한가라는 질문으로 논의를 시작한다. 이어서 10장에 걸쳐 본론이 전개되는데, 다음과 같이 1부와 2부로 나눠서 서술해 나가고 있음을 알 수 있다.

1부 전통 교회와 이머징 교회를 뛰어넘는 길을 모색하라 *Mapping New Territory*

1장 There from the Start 깊이 있는 교회를 세우는 일은 가능할까?

2장 Defining the Emerging Church 이머징 교회란 무엇인가?

3장 The Quest for Mere Christianity 순전한 기독교를 찾아서

2부 일곱 가지 분야에서 깊이 있는 교회를 이루라 *Protest, Reaction and the Deep Church*

4장 Deep Truth 깊은 진리

5장 Deep Evangelism 깊은 전도

6장 Deep Gospel 깊은 복음

7장 Deep Worship 깊은 예배

8장 Deep Preaching 깊은 설교

9장 Deep Ecclesiology 깊은 교회론

10장 Deep Culture 깊은 문화

제목만 보더라도 2부가 실제적인 본론이라 할 수 있으며, 마지막에 결론 깊이 있는 교회를 향하여가 나온다. 벨처는 결론에서 '깊이 있는 교회'는 단순히 이상적인 교회가 아니라 실재임을 각인시킨다. 그리하여 깊이 있는 교회가 되기 위한 7가지 실천 사항을 제시하면서 최종 결론으로는 참된 연합을 일깨워주면서 책을 끝맺는다. 참고로, 7가지 실천 사항은 이러하다. ❶공동체 모임을 시작하거나 기존 모임에 들어가라 ❷용서의 복음과 하나님나라를 모임의 중심으로 삼으라 ❸선교하라 ❹샬롬 메이커가 되라 ❺깊이 있는 예배자가 되라 ❻중심 집합형 사고의 본을 보이라 ❼리더에게 요구하기 전에 먼저 자신이 깊이 있는 교회가 되라

2 —— 책 의 내 용 요 약

벨처는 전통 교회와 이머징 교회의 충돌에도 불구하고 사도신경, 니케아신조, 아타나시우스 신조를 기반으로 한다면 "정통이란 성령의 인도를 받아 성경을 분별하는 고대의 일치된 전통 바로 그것이다."고 하면서 정통으로 인정하자고 말한다.**323** 다시 말해서 아무리 양극단으로 갈라져 있다고 해서 '전통'이라는 접점을 인정한다면 하나가 될 수 있다고 믿기 때문이다.

1) 깊이 있는 교회를 세우는 일은 가능할까?

『깊이 있는 교회』는 그 제목에서 알 수 있듯이, 전통적인 교회와 이머징 교회를 넘어서는 제3의 길을 모색하는 과정을 서술한 책이다. 이 과정에서 서로 대립하고 있는 양측의 교회를 공평하고도 경험적으로 소개하면서 그에 대한 새로운 대안으로 깊은 교회론을 제시한다.[324] 벨처는 두 진영 사이의 대화가 쉽지 않은 이유 중의 하나가 진심으로 서로의 입장에 대해 알기 위해 귀를 기울이지 않기 때문으로 생각한다. 이러한 현실 상황에서 벨처는 중도적인 입장을 가진 사람들, 즉 복음주의 교회의 현재 모습이 불만스럽긴 하지만 어디서 대답을 찾아야 할지 모르는 사람들을 돕고자 하는 것이 이 책을 쓰게 된 동기임을 밝히고 있다.

2) 이머징 교회란 무엇인가?

벨처는 이머징 교회 지도자들이 갖고 있는 전통교회에 대한 견해처럼 전통교회가 계몽적 합리주의에 사로잡혔고, 편협한 구원관과 이원론적인 세계관을 지녔으며, 공동체보다는 개인적인 믿음에만 치중했을 뿐 아니라 값싼 복음을 조장해 온 것으로 본다. 또한 상황과 세대에 맞지 않는 단절된 예배를 드리고 있으며, 설교가 청중에게 효과적으로 전달되지 못하다고 지적한다.[325]

또한, 벨처는 교회 개척 전문가 에드 스테처의 도움을 받아 이머징 계열의 주요 세 그룹을 소개한다. 첫째가 적용주의자 또는 연결주의자*Relevants*인데, 이들은 보수적인 신학을 표방하는 복음주의자로서, 신학을 수정하기 보다는 예배 형식과 설교 기법, 교회 지도 체제 쇄신에 관심을 둔다. 둘째는 재건주의자*Reconstructionists*로, 복음과 성경을 전통적으로 보지만, 현재 교회 형식과 구조는 다시 생각한다고 말한다. 이들은 재세례파와 메노나이트에게 영향을 받았으며, 교회론과 공동체 분야에서 전통 교회에 가장 강하게 도전하고 있다. 또한 이들은 콘스탄틴 이전의 초대 교회를 본으로 삼으며, 닐 콜, 마이클 프로스트, 앨런허쉬, 조지 바나와 같은 사람들에게 영감을 얻는다. 마지막으로 수정주의자*Revisionists*는 신학과 문화에 관한 복음주의의 핵심 교리에 거리낌 없이 의문을 제기하며, 포스트모더니즘의 영향을 받았으며 문화를 대하는 교회 태도와 교회의 복음 선포를 비판한다. 맥클라렌, 토니 존스, 더

그 패짓이 중심이다.**326**

      그는 이러한 이머징 그룹 중에서 특히 수정주의자들의 신학적 입장에 오해가 일어날 가능성이 있는 동시에 전통교회의 입장에서도 위험 요소들을 지니고 있음을 지적한다. 그러면서, 그는 전통적인 신학적 입장으로 돌아설 것을 요구하는데, 그러한 입장을 견지하게 된 것은 평소 읽어왔던 중요한 기독교 저자들과 신학자들의 저작들과 함께 교회론을 형성함에 있어 큰 영향을 받은 풀러 신학교의 교수들과 PCA 개척자 학교, 팀 켈러 목사와 뉴욕 맨해튼의 리디머 교회를 언급한다. 다시 말해서, 그는 이머징 교회가 지닌 문제의식을 보유하면서도 전통 교회가 갖고 있는 깊이와 근거를 놓치지 않고자 노력하고 있는 것이다. 그리하여 벨처는 두 진영의 차이를 밝힐 뿐만 아니라 양측이 다 가지고 있는 장점을 배우면서 제3의 길을 모색하여 진정한 연합을 궁극적으로 목적으로 삼고 있음을 알 수 있다.

3) 순전한 기독교를 찾아서

저자는 양극단에 서 있는 전통교회와 이머징 교회를 향한 중요한 개념을 제시하고 있다. 그는 기독교가 좀 더 순전해지기 위해서는 본질적인 부분에서 의견을 같이해야 하며, 저마다 다른 점을 겸손하고 너그럽게 고수할 수 있어야 한다고 강조한다. 고전적이고 공통된 복음의 전통을 딛고 서는 동시에, 우리의 특별한 전통을 상층부만큼 중요하지만 그보다 확실하지 않은 것으로 볼 수 있는 자세가 필요함을 이야기한다. 그는 리디머 장로교회의 깊은 연합을 예로 제시하며 이야기한다.

      리디머 장로교회는 ①기독교 역사가 물려준 역사적 전례에 예배의 뿌리를 주며, 개혁주의 전통을 물려주려고 한다. 이와 함께 다른 그리스도인과의 공통점을 존중하기 위해 광범위한 책들을 읽으며, 고전적 공통분모를 인정하며, 서로를 이해하려고 노력한다고 한다. ②단순히 설교가 아니라 신념을 삶으로 바꾸어 실천하려 하며, ③연합의 적이 되는 거친 말, 질투, 우월 의식, 분파 의식, 조소, 편협함 등의 죄악 된 태도를 삼가려 노력한다. ④오만을 경계하며, 서로에게 배우려는 자세를 견지하고, ⑤복음의 연합을 중심으로 모이고, 존중하며, 교회의 문

턱을 낮춘다. 그리고 ⑥성장의 시간을 인정하며, 인내심을 기른다.**327**

즉, 깊이 있는 교회란 전통 교회와 이머징 교회에게 배우면서 궁극적으로는 이 둘을 뛰어넘어 더 탁월한 길로, 순전한 기독교로 발전해 나가야 함을 주장하면서 1부를 끝맺는다.

4) 일곱 가지 분야에서 깊이 있는 교회를 이루라
구체적으로 깊이 있는 교회론을 언급한 2부에서는 7장에 걸쳐 깊은 진리, 깊은 전도, 깊은 복음, 깊은 예배, 깊은 설교, 깊은 교회론, 깊은 문화의 내용을 다루고 있다. 벨처는 일단 전통 교회와 이머징 교회의 상이한 의견과 현상을 언급한 다음 긍정적인 대안이 되는 제3의 길을 제시하는 것으로 서술해 나가고 있다.

(1) 깊은 진리
"하나님은 우리에게 그분의 말씀으로 말씀하셨고 분명한 구원 메시지를 주셨다. 따라서 우리는 우리 가운데 샘이 있다고 확신하며 선포한다."

모더니즘이 하나님 대신 이성과 개인에게서 의미를 찾았다면 포스트모더니즘은 더 나아가 개인주의를 극단에까지 몰고 갔다. 벨처에 의하면, 전통 교회측은 이머징 교회가 급진적 개인 경험과 지식을 위주로 하는 혼합적 구성주의라고 공격하고 있으며, 이머징 교회는 전통 교회가 자신의 신념을 정당화하고 타인의 신념을 공격하는 정초주의에 사로잡혀 있다고 비판하고 있다. 벨처는 양쪽을 위한 제3의 길은 일단 고전적 정초주의와 강경한 포스트모더니즘을 모두 거부해야 함을 주장하면서 정초주의와 강경 포스트모더니즘을 넘어선 깊이 있는 교회가 해야 할 네 가지 선언을 소개한다. 첫째, 탈정초주의에 기초할 것 둘째, 이성이 아니라 신앙 위에 세워진 참된 정초를 믿을 것 셋째, 뉴비긴이 말한 '적절한 자신감'*proper confidence*을 보유하는 것 마지막으로, 전지전능하신 하나님께서 우리를 선택하였음을 믿고 그 중심에 자리한 진리의 샘되신 그리스도께 초점을 맞춰야 한다.**328**

(2) 깊은 전도

"제이슨은 샘이신 그리스도에 다가갈수록 다른 사람들을 공동체에 따뜻하게 맞아들였다. 사실, 제이슨은 리머머 장로교회에 1년 정도 다녔을 무렵부터 달라보였다."

벨처에 의하면, 전통 교회는 신앙(특정 교리에 대한 동의)이 공동체의 일원에 속하는 것보다 반드시 선행되어야 함을 주장한다. 그러나, 이머징 교회는 이와 다르다. 포스트모더니즘 환경에서 경험한 바에 따르면, 사람들은 먼저 소속감을 가진 다음에 믿게 된다고 주장한다.[329] 예수님의 경우에도 공동체의 일원이 되는 것에는 아무런 규제가 없었지만, 일단 들어오게 되면 헌신하도록 가르치셨고 인도하셨다. 벨처는 누가복음 18장에 나오는 부자관원의 이야기를 근거로 제시하면서, 전통 교회의 통찰력(울타리가 필요한)과 이머징 교회의 가르침(속하기가 믿기보다 먼저이다)을 받아들인 다음 그것을 넘어서는 제3의 길을 소개한다.[330] 그것은 공동체로서의 초청과 결단의 과정(선택)을 적용한 교회, 깊은 공동체가 형성되어가는 교회이다.

(3) 깊은 복음

"절대로 복음을 축소하지 않았다는 확신을 하고 싶었다. 우리는 복음 강령 부분을 쓰면서 하나님 나라뿐 아니라 속죄도 강조하고 싶었다."

이머징 교회는 전통 교회가 개인 구원에 집착한 나머지 하나님의 창조 세계와 선교에 소홀히 하는 축소주의가 되었다고 비판한다. 전통 교회는 이머징 교회가 십자가를 내리고 속죄 교리를 포기한 채 사회 행위와 도덕적 삶만 말하는 자유주의 신학이라고 비판한다. 여기에 대한 제3의 길로 벨처는 '복음-공동체-선교-샬롬'이라는 핵심 강령을 제시하면서 순서의 중요성을 강조한다. 그리하여 마침내 하나님의 원 창조 계획이 존중되는 방식으로 문화와 제도가 새로워지는 샬롬이 이루어져 지는데, 이렇게 될수록 복음이 더 필요하기 때문에 다시 복음-공동체-선교-샬롬의 순환이 시작된다는 것이다.[331]

(4) 깊은 예배

"성경과 전통과 문화, 세 가지를 모두 마음에 품을 때 우리는 문화에 다가가면서도 혼합주의에 빠지지 않는 예배를 드릴 수 있다."

전통 교회는 목사 한 사람이 예배를 인도하며 설교 중심의 교회이지만, 이머징 교회는 다감각적 예배로 공동체가 예배의 중심이다. 벨처는 전통 예배에서는 포스트 모던에 상응하는 새 부대가 필요하며, 이머징 예배에는 전통을 무시할 때 세상의 세속적인 것에 혼합될 위험이 있다고 본다. 벨처는 대안으로 제시하려는 깊이 있는 예배를 위해, 자신이 목회하고 있는 리디머 장로교회가 깊은 예배를 드리기 위해 실제로 노력했던 7가지 사항을 소개한다. 첫째, 예스럽고도 새로운 예배 둘째, 성경 드라마가 있는 예배 셋째, 기쁨과 엄숙함이 균형을 이루는 예배 넷째, 모든 신자가 제사장인 예배 다섯째, 심오지만 이해하기 쉬운 설교 여섯째, 매주 성찬식을 행하는 예배 마지막으로 손님에게 친절한 예배가 그것이다.[332]

(5) 깊은 설교

"착하게 살고 거룩해야 한다고 설교하느라 힘을 소모하고 싶지 않다. 변화를 일으키는 십자가와 부활의 능력을 선포하고 싶다."

벨처는 전통 교회의 경계 집합형 설교와 이머징 교회의 관계 집합형 설교의 문제점을 동시에 말하면서 이에 대한 제3의 길로 '중심 집합형 설교'를 주장한다. 중심 집합형 설교란 성경 지식을 나열하는 전통적 설교와 섬기는 삶을 강조하는 이머징 설교의 장점을 결합한 것이다. 따라서, 중심 집합형 설교는 관계 집합형 설교와는 다르게 항상 핵심을 포함하며, 경계 집합형 설교와 비슷하게 해결책을 연역적으로 제시한다. 그는 문제해결의 열쇠를 칭의와 성화에 두고, 이를 매일 앞에 두어 하나님 나라의 제자로 살아갈 수 있는 변화에 초점을 맞춰나가는 그리스도 중심의 이야기식 설교 구성의 중요성도 함께 강조한다.[333]

또한, 벨처는 자신의 설교를 통해 이러한 중심 집합형 해석학 본보기를 제시하고 있으며, 이야기식 설교 구성을 활용해 회중을 말씀 속으로 이끌어 가기 위해 애쓰고 있음을 말한다. 그 결과, 교인들은 성경을 충실하게 해석하고 통찰을 삶에 적용하며, 공동체 그룹에서는 설교를 두고 토론을 할 때도 있다. 이를 위해 매주 토론을 위한 질문을 제시하는데 이 모든 것의 목적은 단순한 정보나 영적 체험이 아니라 바로 변화임을 강조한다. 그리하여 우리가 담대함과 확신과 겸손함으로 복음을 살아낼 때, 변화는 중심 집합형 설교에서, 공동체 그룹에서, 개개인의 삶에서 일어난다는 것이다.

(6) 깊은 교회론

"제도와 유기체라는 교회의 두 가지 면을 제대로 보지 못하면, 교회론은 일그러지고 우리는 건강하지 못한 지경에 빠진다."

벨처는 교회가 스스로 교회론을 적립해야 한다고 하면서, 교회를 향한 하나님의 비전은 내향적 종족 주의가 아니라 가슴이 요동치는 선교임을 주장한다. 따라서 깊이 있는 교회는 유기적이고 유연한 교회론을 가지고 있어야 한다는 것이다. 유연한 교회란, 교회가 정한 시간, 정한 장소에서 모이는 회중으로 보는데서 벗어나 일련의 관계와 소통으로서의 교회 개념을 의미한다.[334] 그는 깊이 있는 교회론의 공식으로 '성경+전통+선교'를 소개한다. 이 공식은 성경과 선교만을 교회론의 기초로 보거나(유연한 유기적 모델) 성경과 하층부 전통만을 교회론의 기초로 보는 (전통 교회 모델) 대신에 중요한 셋째 요소인 위대한 전통을 추가한 것이다.[335]

실제로 리디머 장로교회에서는 성경과 전통과 선교를 시험적으로, 겸손하게 그러나 확신을 가지고 표현했다고 하면서, 다음의 5가지 실제 방식을 소개한다. 첫째, 균형 둘째, 하나님은 리더를 부르신다 셋째, 은혜의 수단인 예배 넷째, 전통을 세워나가라 다섯째, 전통은 현실에 아주 적절하다는 것이다. 그렇기 때문에 공동체는 유기적으로 조직되어야 하며 그것이 바로 깊은 교회론의 완성을 위한 필수 요소임을 알 수 있다.[336]

(7) 깊은 문화

"그리스도인은 성읍 전체를 위해 문화를 창조하는 사람으로 인식되어야 한다. 우리는 주변 문화와 뚜렷이 구분되는 동시에 주변 문화에 참여한다."

이머징 교회는 전통 교회가 세속과 세상을 혼동하여 창조 세계를 잃어버렸다고 비판하고, 전통 교회는 이머징 교회가 세상으로 팔려나갔고 세상과 짝을 지어 스스로 세상에 순응해버렸다고 비판하고 있다. 벨처는 바람직한 문화 참여에 대한 제3의 길을 제시하면서 크리스천 스미스*Christian Smith*가 말한 "복음주의는 더 넓은 사회와 뚜렷이 구분되는 동시에 참여할 때 가장 번성한다"는 전제에서 시작한다. 그리하여 제도적으로 탄탄한 교회와 동시에 반문화적인 비밀요원(샬롬 메이커)을 훈련하는 유기체로서의 교회를 주장한다. 리디머 장로교회 교인들도 샬롬 메이커가 되라는 고귀한 소명에 감동해 유기적 교회와 세상의 비밀 요원이 되어야 할 책임을 진지하게 받아들이고 있음을 말해준다. 벨처는 끝부분에서 이렇게 자신의 소망을 피력하고 있다. "나는 제도와 유기체로서의 교회를 세우고 싶다는 이 비전이 복음주의 교회를 연합하게 하리라 믿는다. 이머징 교회와 전통 교회를 성경에 바탕을 둔 문화관을 중심으로 하나로 묶을 수 있다고 굳게 믿는다."**337**

6) 깊이 있는 교회가 되기 위한 7가지 임무**338**

결론적으로 벨처는 깊이 있는 교회가 되기 위해 해야 할 일을 일곱 가지로 언급했다. 먼저, 그리스도인의 삶을 더 적극적으로 살고 심오한 공동체를 체험하기 원하는 그리스도인과 공동체 모임을 시작하거나 기존 모임에 들어가라고 한다. 둘째, 공동체 모임이든 기존 모임이든 상관없이 용서의 복음과 하나님 나라를 모임의 중심으로 삼으라고 권고한다. 셋째, 하나님이 사람들을 가족으로 부르신 목적은 긍휼을 베풀고, 섬기며, 선교하라는 것에 있음을 알아야 한다는 것이다. 넷째, 각자의 소명으로 거주지역의 평화를 구하는 샬롬 메이커가 되라고 충고한다. 다섯째, 고대 교부와 예배의 역사, 찬송의 역사 등에 대해서 배워 깊이 있는 예배자가 되라고 한다. 여섯째, 울타리를 치지 말고 불신자들에게 다가가 공동체 안으로 초대하는 중심집합형 사고의 본을 보이라고 한다. 마지막으로 상대를 먼저 비판하기 전에 자기 자신부터 깊이 성찰하며 바꾸어 나가면서 깊이 있는 교회가 되라고 한다.

3 ——— 평가

1) 장점
(1) 전통교회와 이머징 교회 간의 참된 통합과 연합의 가능성 제시
벨처는 단지 표면상 표출되는 문제점으로 양 진영 간의 통합과 접점을 찾으려고 하지 않았다. 그는 로버트 그리어*Robert Greer*의 '2단계 시스템'을 예로 들며 자신이 의도하는 바를 명료하게 설명하는데, 정통 기독교에는 상층부와 하층부라는 2단계 시스템이 공존하며, 상층부는 대부분의 교회들이 역사적으로 동의해 온 보편적 신앙 고백으로서 초대 교회로부터 비롯되는 사도신경, 니케아신조, 아타나시우스신조를 말하고, 하층부는 개별 교회들이 나름대로 형성하게 된 특징적인 교회 구조와 의식들이 있다는 것이다.

2단계 시스템은 기독교 신앙 내에 가족 유사성*family resemblance* 현상을 투영한다. 가족 내에 서로 다른 모습을 위한 공간을 형성한다. 이러한 일체감에 다양성이 더해져, 그리스도께서는 대제사장 기도에서 그렇게 하셨듯이 교회가 서로 사랑하고, 그럼으로써 믿지 않는 세상에 효과적인 증인이 될 기회가 생긴다.[339]

벨처가 의미하는 기독교 신앙의 '깊이 있는' 차원은 확실하다. 초기 기독교회 공동체로부터 고백된 시도신경, 나케아 신조, 아타나시우스 신조 등 근본 교리를 토대로 새로운 교회 운동들의 논쟁 주제에 상호 통합과 접점을 도출할 좌표를 제시한다. 그렇다고 해서 탁상공론격인 이론적으로만 가능한 대안을 제시한 것은 아니다. 직접 목회 현장에서의 경험과 적용을 가지고 시행착오를 걸쳐 알게 된 실제적인 연합의 길을 조용히 그러나 단호하게 주장하고 있는 것이다.

(2) 목회 현장에서 도출된 실제적인 대안을 제시

이 책의 영문 부제인 *A Third Way beyond Emerging and Traditional*에서 알 수 있듯이 벨처는 지금까지 익숙했던 전통 교회와 새로운 세대를 중심으로 신앙 공동체를 만들어 나가고 있는 이머징 교회를 비교 분석하면서 더 나은 제 3의 길을 모색하고자 애쓰고 있음을 알 수 있다. 전통 교회하면 저자가 밝힌 것처럼, 구원관이 편협하여 이원론적인 세계관을 지녔고, 공동체에 속하기보다 믿기를 먼저 앞세우며, 죄 용서와 천국행 티켓을 남발하는 싸구려 복음과 상황과 세대에 맞지 않는 단절된 예배를 드리며, 설교가 청중들에게 효과적으로 전달되지 못한 곳을 떠 올리기 쉽다. 반면 이머징 교회는 포스트모던 시대의 대표적인 교회 운동이고 적어도 전통 교회보다는 신선하고 특히 젊은 청년들에게 적합한 교회라고 생각이 들지만 그렇다고 해서 이것만이 최선일까라는 의문이 없어지지는 않는다. 이처럼 평행선으로 대립되어 있는 그 갈림 길에서 저자는 누구도 생각지 못한 대안인 '제3의 길'을 제시하고 있다.

　벨처는 깊이 있는 교회가 가능하다는 확신을 넘어 실재한다고 믿는다.[340] 또한, 그는 앞서 말한 것처럼 가능성만을 제시하는 이론가가 아니라 행동하는 실천가이다. 그는 전통 교회와 이머징 교회의 양 진영에서 차분하게 현실을 직시하되 목회자로서의 신앙과 목회적 경험에서 나온 사실을 기반으로 하여 직접 '깊이 있는 교회'를 만들어 나가고 있다. 그가 말하고 있는 제3의 길은 헤겔의 변증법처럼 논리나 철학적으로 도출된 것도 아니고, 진보와 보수 진영 간의 정치적 대립과 논쟁 끝에 억지로 획득한 대안이나 타협점도 아니다. 책의 내용을 더 깊이 있게 읽어보면, 철저히 자신의 목회 현장 경험과 교류를 나누고 있는 네트워크를 통해 나온 것임을 알 수 있다. 자신의 목회지인 리디머 장로교회 실제 사역 경험을 토대로 전통 교회와 이머징 교회가 주장하는 내용에 대한 진지한 성찰을 더하여 자신만의 고유한 깊은 차원의 신학적, 목회적, 실천적 좌표를 제시했다는 점이 큰 장점이라 하겠다.

(3) 전통의 중요성을 재발견

벨처는 이머징 교회와 전통 교회 모두 제대로 알지 못하고 있는 바른 '전통*tradition*의 중요성'을 새로운 관점에서 발견해야 함을 여러 사례를 통해 보여준다. 일반적으로 '전통'이라고 할 때 떠올리기 쉬운 구태의연한 극복과 개혁의 대상으로만 보는 경우가 많은 것이 사실이다. 그러나, 엄밀히 말해서 전통 없이 현재가 존재할 수 없으며 따라서 포스트모더니즘 속에서 흔들리고 있는 기독교의 중심을 잡고 앞으로 나아가기 위해서는 기독교 전통의 재정립이 필수적이다. 벨처는 이러한 역사적인 통찰력을 가지고 책 전반에 걸쳐 '전통'이라는 단어가 나타내는 부정적인 느낌대신 긍정적인 의미와 중요성을 강조했다는 것만으로도 충분한 장점이 된다고 생각하는 바이다. 새 포도주는 새 부대에 담아야 하지만, 포도주 자체는 오랜 시간을 두고 숙성해야 좋은 맛을 내는 것과 마찬가지이기 때문이다.

2) 단점
(1) 불충분한 객관성
벨처가 에드 스테처의 범주를 인용하여, 이머징 교회 그룹을 연결주의자, 재건주의자, 수정주의자로 분류하고 있는데[341], 거기에는 객관적인 근거가 불충분하다는 것을 먼저 지적하는 바이다. 물론 로버트 웨버가 이와 비슷한 구분을 시도한 적은 있지만, 아직도 이머징 교회 진영측은 계속해서 현재 진행형이기 때문에 단순히 3개의 범주로 도식화시켜 버리는 것은 오히려 많은 무리가 있다. 이머징 교회 측의 범위는 벨처가 생각하는 것보다도 훨씬 광범위하고 복잡한 현실이 얽혀있기 때문이다.

(2) 개혁주의 예배 전통에 대한 잘못된 이해와 소개
벨처가 개혁주의 예배 전통을 '5막'[부르심-씻음-규범-성찬식-파송]으로 말한 부분이다.[342] 예배회복운동 이후로, 칼뱅의 예배신학을 근거로 정립한 개혁주의 예배 전통은 '사중구조'[도입-말씀의 예전-다락방 예전-파송]이기 때문이다. 그렇기 때문에 벨처가 5막에 근거한 예배전통을 소개한 부분을 읽을 때에는 구약의 성막 신학과 신약의 예배신학이 애매하게 합쳐진 것이 아닌가 싶은 생각이 들었다. 이 책에서 벨처가 개혁주의 전통의 근본인 칼뱅의 『기독교 강요』를 한 번도 인용하지 않고 초대 교회 때의 3개의 신조만을 모두 소개한 것을 보아도 능히 짐작할 수 있다.[343] 아니면 적어도 4중 구조로 이루어진 개혁주의 예배의 전통을 한

번이라도 언급했어야 하는 것이 당연하다고 생각하는 바이다.

(3) 피상적인 유기적 교회론

벨처가 이상적 교회 형태로 보고 있는 유기적 교회론이 지나치게 관념적이라는 것이 이 책의 강점인 실제적인 측면을 가리고 있다는 점이 아쉽게 느껴진다. 그가 주장하는 유기적 교회의 특징은 교회가 종교적 경역에서 '게토화'되지 않고 세상 한복판으로 깊이 들어가 빛과 소금의 사명을 잘 감당하는 선교적 사명 수행의 관점에서 유기적 교회론에 근거한 것이다.[344] 그러나, 이는 유기적 교회의 어떤 단면만을 인식한 것으로 보인다. 유기적 교회론을 언급할 때에는 교회의 크기부터 시작해서 여러 다양한 현실의 문제점과 함께 한국 교회만의 특수한 상황까지도 함께 유기적 교회론의 관점에서 비판적인 성찰이 우선되어야 하기 때문이다. 따라서, 유기적 교회론에 대한 부분은 그 깊이에 있어서는 조금 부족하다고 본다.

(4) 근본적 한계

이는 번역 서적을 읽을 때마다 느끼는 원초적이고 근본적인 한계이다. 일단 한국 교회의 상황이 이 책에서 전제한 것처럼 전통 교회와 이머징 교회로 대립되어 있지 않다. 세상의 빛과 소금이 되어 변화시켜 나가기는커녕 오히려 개혁되어야 하는 대상으로 전락해 버린 암담한 현실에 처한 것이 사실이기 때문이다. 따라서 현실에 대한 비판적 성찰 없이 섣부르게 이 책에서 제시하고 있는 '제3의 길'에만 천착한다면, 오히려 갈 바를 알지 못해 표류할 수 밖에 없는 악순환이 계속될 것이 자명하다. 이와 함께 어색한 번역 단어 표기나 구절 또한 옥의 티임을 말하고 싶다.

한국 교회 예배 현장에서 가장 심각한 문제는 예배의 역동성이 사라져버린 '예배의 경직화'이다. 이런 의미에서 특별히 '깊은 예배'가 우리에게 시사하는 바가 크다고 하겠다. 옛스럽고도 새로운 예배, 성경의 드라마가 있는 예배, 기쁨과 엄숙함이 균형을 이루는 예배, 모든 성도가 제사장인 예배, 심오하지만 이해하기 쉬운 설교가 이루어지는 예배, 성찬식이 매주 행해지는 예배, 손님에게 친절한 예배와 같은 벨처의 예배 전략과 실천은 새로운 한국형 예배를 만들어나가기 위해 충분한 가이드 역할을 하고 있기 때문이다.

필자가 생각하기에는 사실상 이러한 내용들이 전혀 새롭거나 창조된 것이 아니다. 처음에 예수 그리스도께서 참된 예배에 대해 들려 주시고, 성례전을 거행하시면서 보여주시고, 본을 보여주신 그 가운데 담겨 있었던 것들이다. 다시 말해서, 기억에 대한 바른 재해석과 재구성이 필요하다는 뜻이다. 이는 시대의 변화에 민감하게 깨어있으면서 나아가되, 하나님이 열어주시는 그 여정의 길로 바르게 가는지 계속 재점검하는 자세가 필요하다는 뜻이기도 한 것이다. 다음 장에서, 지금까지의 논의를 바탕으로 해서 궁극적으로 제시하려고 하는 필자의 의견이 본격적으로 나타날 것이다.

4 ─── 제언

한국 교회 예배 현장에서 가장 심각 문제는 '예배 경직화'라 할 수 있다. 예배 순서나 예배의 습관적인 내용에 대한 경직화는 예배의 지루함을 야기 시키며, 예배의 역동성을 상실하게 만들 뿐만 아니라 성령의 인도하심에 민감하지 못하게 하며, 말씀의 예전과 성만찬 예전의 불균형을 지속하게 했다.

또한 한국 교회에서 드려지는 예배 현장에서 나타나는 문제는 드리려는 욕구보다는 받고자하는 욕구가 강하다는 것이다. 은혜 받기를 원하고, 말씀으로 위로 받기를 원하며, 복을 받기를 원하고, 문제의 해결함 받기를 원하고, 병 고침 받기를 원하는, 예배의 중심이 "받고자 하는 욕구"로 가득 차 있는 것을 보게 된다. 이러한 경험주의 예배 경향은 필연적으로 기복주의 신앙형태를 조장하게 된다. 특히 현재 필자 스스로도 섬기는 교회에서는 기도와 설교에 이전에 학교에서 가르쳤던 내용과는 어긋나게 축복을 자주 사용해야만 하는 딜레마에 빠져있는 것이 사실이다.

물론 예배를 통해서 하나님께서는 성도들에게 축복 주시기를 원하시고, 은혜 주시기를 원하시는 것은 확실하다. 그러나 하나님이 기뻐하시는 거룩한 산제사로 드리는 것이 기독교 예배의 중심이며, 하나님께서 이미 전부를 우리에게 내어 주신 은혜와 구속사건 앞에 감격하여 자신의 전부를 드리려는 것이 기독교 예배의 중심을 이룬다. 그러므로 성도들은 받으려는 자신의 욕망을 앞세워 예배에 참석할 것이 아니라, 은혜와 구속의 은총 앞에서 자신을 드리고, 시간을 드리고, 물질을 드리고, 아니 생애 전부를 드리려는 자세를 가지고 예배에 참석해야 한다는 것이다.

이런 의미에서 벨처가 제시한 깊은 예배가 한국 교회 예배 현장에 시사하는 바가 크다고 하겠다. 예배는 지루하고 딱딱한 의례도 아니고 그저 축복을 받는 정보전달의 교실도 아니고 반면에 쇼도 아니다. 예배는 다감각적으로 시각, 청각, 미각, 후각, 촉각, 체험을 포함해야 한다. 소비주의와 자기중심적 예배를 배제하면서 어떻게 예배를 공동체적이면서 성삼위일체 하나님을 향한 예배로 만들 수 있는가? 옛스럽고도 새로운 예배, 성경의 드라마가 있는 예배, 기쁨과 엄숙함이 균형을 이루는 예배, 모든 성도가 제사장인 예배, 심오하지만 이해하기 쉬운 설교가 이루어지는 예배, 성찬식이 매주 행해지는 예배, 손님에게 친절한 예배와 같은 벨처의 예배 전략과 실천은 새로운 한국형 예배를 만들어나가려는 현장에 적용 가능한 것이라는 생각이 든다.

필자가 생각하기에 사실상 이러한 내용들이 전혀 새롭거나 창조된 것이 아니다. 처음에 예수 그리스도께서 참된 예배에 대해 가르쳐 주시고, 성례전을 거행하시면서 보여주시고, 본을 보여주신 그 가운데 담겨 있었던 것들이다. 다시 말해서, 기억에 대한 바른 재해석과 재구성이 필요하다는 뜻이다. 이는 시대의 변화에 민감하게 깨어있으면서 나아가되, 하나님이 열어주시는 그 여정의 길로 바르게 가고 있는지 계속 재점검하는 자세가 필요하다는 뜻이기도 하다.

다음 장에서는 지금까지의 논의를 바탕으로 해서 필자가 한국형 예배의 새로운 패러다임으로 제시하려고 하는 예배에 관해 보다 구체적으로 살펴보려 한다.

미주

283 Andy Langford, 『예배를 확 바꿔라』, 39.

284 William D. Maxwell, 『예배의 발전과 그 형태』, 213.

285 위의 책, 214.

286 Andy Langford, 『예배를 확 바꿔라』, 46.

287 "구도자의 예배"의 뿌리는 19세기에 북미의 거의 모든 교파들에게 영향을 미쳤던 "개척자 예배"로 올라가는데, 이에 대해서는 다음의 두 책을 참고하라. James F. White, 『개신교 예배』, 293-329; 정장복, 『예배의 신학』, 339-72.

288 1996년 1월에 예수촌교회가 한국 교회 최초로 열린 예배를 드린 것으로 알려져 있다. 온누리교회는 1997년 12월에 '구도자 예배(열린 예배)'를 공식적으로 드리기 시작하는데 개척자 예배와의 역사적 맥락성과 타당성을 홍보하기 위해『목회와 신학』(1997년 4월호)과『빛과 소금』(1997년 8월호)에서 대대적으로 다룬 바 있다. 『목회와 신학』에는 김만형 "구도자 예배란 무엇인가?", 손종태 "한국 교회는 왜 구도자 예배가 필요한가?", 문동학 "열린 예배의 신학적 이해와 영성", 김기영 "미국 교회의 구도자 예배의 현황과 흐름", 하용조 "나는 왜 구도자 예배를 시작하는가?", 이영호 "구도자 예배의 현장을 가다"가 실려있다.『빛과 소금』에는 한 홍 "거칠고 야성적인 서부의 부흥운동", 이미생 "미국의 제2차 영적 대각성 운동"이 있다. 이러한 열린 예배라는 트렌드는 사랑의교회, 지구촌교회, 만나교회, 가스펠교회 등으로 급속히 확대되어 갔다.

289 김세광, "열린 예배의 올바른 자리를 향하여", 『월간목회』(2000, 5), 49.

290 20세기 최고의 펀드 매니저로 일컬어지는 조지 소로스는 일찍이 칼 포퍼의 '열린 사회 철학'에 큰 영향을 받아 1979년에 'Open Society Funds'를 설립, 옛 소련 및 동구 공산권의 순조로운 체제 전환을 위해 거액을 지원해왔다. 현재는 북한에 큰 관심을 보이고 있는 것으로 알려져 있다.

291 오스트리아 출신 유태인으로, Open Society and Its Enemies라는 책으로 유명해진 사회철학자이다. 1938년 히틀러의 오스트리아 침공 소식을 듣고, 5년간 집필한 후 1945년에 출판했다. 한국에서는 이한구, 이명현 역, 『열린 사회와 그 적들』(서울: 민음사, 1982)로 출판되었다.

292 정장복 외, 『예배학 사전』(서울: 예배와설교아카데미, 2000), 916.

293 필자가 탐방한 온누리교회 청년부 M2 공동체 예배, 예수촌교회와 윈딩하우스 예배에 대한 부분은 생략하였다. 이에 대한 내용을 알고 싶으면 졸저, 『이머징 예배 따라잡기』, 199-213을 참고하라.

294 보다 자세한 내용을 알고 싶으면 교회 홈페이지 http://beautyncross.net와『목회와 신학』(2012. 4)에 실린 졸고 "미와십자가교회 탐방기" 부분을 참고하라.

295 홈페이지 http://bluelightchurch.com/와 인터뷰 영상 http://vimeo.com/34882146 참고.

296 홈페이지 http://waychurch.me/ 참고.

297 홈페이지 http://newsoundchurch.org/ 참고.

298 민경찬, "현대교회에 나타난 새로운 예배음악에 대한 고찰," (미간행 석사학위논문, 장로회신학대학교, 2002), 61.

299 장성배, "포스트모던 문화와 소통하는 한국 교회의 존재양식 모색", 한국기독교학회 제38차 정기학술대회 자료집(상), 227-41중 239-40.

300 위의 책. 2008년에 개척된 이 교회는 2012년에 미자립교회에서 벗어났다. 2012년 교회 소개 동영상 http://youtube.com/watch?v=GNChIMwYkpg을 참고하라.

301 모새골 홈페이지 www.mosegol.org에서 발췌한 내용임.

302 이것은 본교에서 한국의 전통문화를 이해하고 실제 예배에 도입하여 실천하고 있는 성실교회 이정훈 목사의 특강(2009. 5. 14) 내용과 그가 지은『그리스도인을 위한 전통 문화 이야기』(서울: 한들출판사, 1999)와『한국의 그리스도인을 위한 절기예배 이야기』(서울: 대한기독교서회, 2000)을 참고한 것이다. 성실교회는 계속해서 한국의 전통 문화를 교인에게 교육시키고 이해를 도모하면서 매주매주 한국적 예배를 드리고 국악의 예배 음악화에도 힘쓰고 있으며 『성실문화』라는 자료집도 발간하고 있다.

303 예를 들어 유교 문화의 영향을 받아온 한국 교회의

경우 만약에 공적 예배때 초를 사용한다면 대부분의 회중들은 그 의미를 깨닫거나 생각하기도 전에 '제사'를 떠올리며 강한 거부감을 보일 것이라 쉽게 짐작할 수 있다.

304 "예배회복운동"은 벨기에의 베네딕트 수도사였던 람베르트 보뎅(Lambert Beauduin, 1873-1960)이 1914년 「예배, 교회의 생활」이라는 책을 출판한 것을 계기로 본격적으로 촉발된 운동으로, 유럽과 북미에서 예배에 대한 많은 개혁을 가져오게 하였다. Robert L. Tizik, How Firm a Foundation: Leaders of the Liturgical Movement (Chicago: Liturgy Training Publications, 1990), 23-28.

305 예배회복운동에서 초대 교회의 예배의 내용을 연구하는데 있어서 아주 중요한 문헌들이 19세기 말부터 발견되어 졌는데, 이 문헌들은 오늘 거의 모든 개혁 교회들과 또한 로마 카톨릭 교회에서도 중요하게 다루며, 예배 개혁의 기초로 삼는 중요한 문헌들이다. ①A. D. 90년경에 로마의 클레멘트가 고린도에 보낸 편지 ②A. D. 90년경에 기록된 것으로 추정되는, 『디다케』라고 불리는『열두 사도들의 교훈』③A. D. 112년경 소아시아 비디니아(Bithynia)의 총독이었던 플리니(Pliny)가 로마의 트라야 황제에게 보낸 편지 ④A. D. 150년경에 순교자 저스틴(Justin)이 로마의 황제 안토니우스 피우스에게 보낸『변증문(Apology)』⑤A. D. 220년경에 기록된 로마 교회의 히폴리투스(Hippolytus)의『사도전승(Apostolic Tradition)』.

306 John Fenwick and Bryan Spinks, Worship in Transition: The Liturgical Movement in the Twentieth Century (New York: Continuum, 1995), 13

307 위의 책.

308 J. G. Davies, ed. A New Dictionary of Liturgy and Worship (London: SCM Press, 1986), 314.

309 이 예배회복운동은 초대 교회의 예배를 그 모델로 삼을 뿐만 아니라, 회중의 참여, 성경의 재발견, 성만찬의 재발견, 예배에 있어서 모국어 사용의 강조, 그리고 다른 기독교 전통의 재발견, 복음선포와 사회적 운동의 강조 등의 내용도 가지고 있다. John Fenwick & Bryan Spinks, 위의 책, 5-11.

310 조기연, 『예배 갱신의 신학과 실제』(서울: 대한기독교서회, 1999), 134-35.

311 The Constitution on the Sacred Liturgy, para. 51, in Flannery, ed. Vatican Council II: The Conciliar and Post-Conciliar Documents, 17.

312 조기연, 위의 책, 137.

313 김순환,『21세기 예배론』, 31.

314 William D. Maxwell,『예배의 발전과 그 형태』, 102.

315 웨버는 예배의 사중 구조야 말로 가장 성경적이고 역사적 예배로 보았다. 이것은 웨버가 편찬한 역작 The Renewal of Sunday Worship, The Complete Library of Christian Worship, vol.3, (Nashville: Star Song Publishing Group, 1993), 210-11과 The New Worship Awakening: What's Old Is New Again (Peabody: Hendrickson Publishers, 2007), 44-48을 참조하라.

316 Robert E. Webber, Ancient-Future Worship: Proclaiming and Enacting God's Narrative, 이승진 역, 『예배학: 하나님의 구원 내러티브의 구현』(서울: 기독교문서선교회, 2011), 15.

317 Robert E. Webber, Ancient-Future Worship: Proclaiming and Enacting God's Narrative (Grand Rapids: Baker Books, 2008), 19.

318 위의 책, 19-20.

319 위의 책, 20.

320 한편, 로버트 웨버는 직접적으로 이머징 예배라고는 하지 않았지만, 포스트모던 세대를 위한 예배를 '새롭게 등장한 역동적인 세계관과 예배'라고 칭하면서 그 특성을 이렇게 말한다. ❶초자연적인 현상에 열려있는 회중들에게 관심, ❷신앙의 신비에 대한 경험과 추구, ❸만물이 서로 밀접하게 연결되어 있음에 대한 전적 확신, ❹보다 더 많은 상관관계에 있다는 것을 스스로 깨닫게 됨, ❺참여에 대한 강력한 촉구, ❻보다 공동체 지향적이고 과정을 중요시 여김, ❼시각적인 것을 통한 배움과 소통의 기회가 주어짐; Robert E. Webber, The New Worship Awakening, 27.

321 Jim Belcher, Deep Church, 전의우 역, 『깊이 있는 교회』(서울: 포이에마, 2011). 짐 벨처는 캘리포니아 뉴포트비치의 리디머 장로교회를 개척한 담임목사이다. 파사데나의 레이크 아베뉴 교회에서 창고 예배로 처음 사역을 시작한 그는 전통적 개혁 진영과 이머징 교회 양쪽의 입장을 균형있게 받아들여 서로가 집단적으로 대립하는 것에 대해서는 공정한 비판을 가하고 있다.

322 벨처는 자신의 책 서문에서, '깊은 교회'라는 말이 C. S. 루이스가 <The Church Times>(1952)에 보낸 편지에서 사용한 단어임을 설명하면서, 이를 근거로 '깊이 있는 교회'로 이름 붙였음을 밝힌다.

위의 책, 21.
323 위의 책, 82.
324 위의 책, 21-22.
325 위의 책, 56-60.
326 위의 책, 61-71.
327 위의 책, 91-95.
328 위의 책, 117-120.
329 위의 책, 134.
330 위의 책, 143-145.
331 위의 책, 157-160, 173
332 위의 책, 196-200.
333 위의 책, 220-24.
334 위의 책, 234.
335 위의 책, 245-46.
336 위의 책, 247-52.
337 위의 책, 276-81.
338 위의 책, 289-93.
339 위의 책, 84-85. 재인용.
340 위의 책, 288.
341 위의 책, 64-67.
342 위의 책, 197.
343 위의 책, 77-82.
344 위의 책, 233-240.

제 5 장

바 라 다 보 기

—

선택과 집중의 시대

I

세 대 통 합 예 배

1 —— 왜 세대통합인가?

'기독교학교교육연구소'에서 발표한 자료에 따르면 현재 한국 교회 주일학교의 실상은 다소 충격적이다. 전국 주일학교 학생 1019명을 조사한 설문조사 결과, 주일임에도 불구하고 교회에 나가지 못하는 이유가 사교육 즉 '학원이나 학교에 가야 하기 때문(25.4%)'이라는 응답이 가장 많았다. 이것은 지난 10년간 한국 교회 주일학교 학생 수가 대폭 감소한 것과 흐름을 같이 한다. 본 교단의 주일학교의 경우 아동부는 96년 29만8274명에서 10년 뒤인 2005년에는 26만9911명으로 감소했고, 중고등부는 96년 23만672명에서 2005년 18만명으로 줄었다.[345] 주일학교 학생 수 감소라는 외형적 결과보다 실제로 더 큰 문제는 이 상태가 지속된다고 볼 때 신앙의 다음 세대 존립 자체가 위협받거나 존재 자체가 거의 사라질 수도 있다는 점이다.

다행히도 교회 현장 일각에서는 이러한 신앙의 단절성을 우려하면서, 교회 공동체를 구성하는 여러 세대가 함께 모여 그 간극을 좁히고 신앙의 공동체성을 함께 유지하려는 '세대통합' 목회의 실행과 확산이 이루어지고 있다. 이는 어린이주일이나 성탄절 예배처럼 특별한 주일이나 절기에만 시행하는 연례 행사가 아닌, 목회철학 자체를 세대통합에 맞춰 교회의 예배와 주일학교 프로그램 및 교육을 '통합적'으로 실천해 나가는 교회가 늘어나고 있음을 뜻한다.

이러한 세대통합의 필요성은 비단 현대에 들어와서 제기되었던 것만은 아니다. 종교 개혁자 마틴 루터는 1525년 『독일 미사 *Deutsche Messe*』를 발간할 때 독일어만이 아닌 수정된 라틴어 사용도 허용했다. 주일날에도 독일어, 라틴어, 그리스어, 히브리어로 매주일 본문을 돌아가면서 드려지기를 바라면서 젊은이들을 위한 예배에 관심을 기울였다. 학교에서 언어를 배우기만 하고 실제 적용할 기회가 없는 학생들을 위해서 그리고 지역주의를 막기 위해서였다.[346]

본 장은 '세대통합'의 필요성에 동의하고 실행을 위해 고민하는 목회자 및 사역자의 실제적인 면을 제일 먼저 염두에 두고 서술해 나갈 것이다. 따라서, 왜 이러한 변화가 필요한지 신앙의 다음 세대들의 문화적 특징을 간략하게 살펴보게 될 것이다. 그 다음으로는 세대통합예배와 설교의 필요성과 가능성을 예배학과 설교학의 관점에서 살펴본 다음 실제적인 대안을 제시하게 될 것이다.

2 —— 새로운 세대의 특징과 한국 교회의 상황

1) 한국 교회의 새로운 세대의 특징
우리나라의 세대 구분은 거의 서구의 세대 이론을 답습하다시피 하다가 점점 우리나라만의 특징적인 세대에 대한 연구가 일어나고 있는데 주로 광고계와 경제·경영연구소, 심리학자들에 의해 주도되는 실정이다. 여기에서는 청소년부터 청년까지 즉, 10대부터 30대 초반까지의 세대를 범위로 하여 세대 구분과 특징을 정리해 보면 다음과 같다.

(1) N세대_Net Generation_**[347]와 M세대**_Mobile Generation_ : 어릴 때부터 인터넷과 컴퓨터, 디지털 매체에 대해 어느 정도의 지식을 갖추고 있으며, 일방적 정보유입을 거부하고 쌍방향 의사소통을 바라는 경향이 크다. 인터넷 상에서 축약어를 주로 사용하는 특징으로 인해 국어 황폐화 우려까지 불러일으킨 장본인이기도 하다. 한국의 마케팅 시장에서는 이 세대를 타깃으로 한 마케팅이 활발히 이루어지고 있는 실정이다. 한편 M세대는 80년대 초반에 출생한 20대를 통칭한다. N세대보다 더욱 개인화가 되어 인터넷과 모바일을 주요 소통의 도구로 삼는 경향이 강하다. N세대가 축약어로 자신들의 의사를 전달한다면 M세대는 이모티콘 _Emotion+Icon_으로 문자를 대신하는데 더욱 익숙하다.[348]

(2) W세대와 P세대[349] : W세대는 2002년 월드컵을 계기로 탄생한 세대이다. 개인의 열정을 대중 안에서 자유롭게 표출하는 신세대를 의미한다. 이 세대는 웹_Web_, 웰빙_Well-being_, 월드와이드_World-Wide_, 여성_Woman_이라는 특징이 있으며, 새로운 소비 문화를 주도한다는 점에서 관심의 대상이 되고 있다. W세대는 웹사이트에 매장을 열어 억 대 수입을 올릴 정도로 인터넷과 친숙하며, 영어에 관심이 많고 국제적 감각이 뛰어난 것도 특징이다. 또한 인생의 가치를 막대한 성공보다는 웰빙에 두는 것도 이전의 세대와 구별되는 점이다. P세대는 386세대의 사회의식, 1990년대 X세대의 소비 문화, 2000년 이후 등장한 N세대의 생활방식, W세대의 공동체 의식과 행동 등을 포괄하는 세대로 알려져 있다. 이 세대는 정치적 민주화와 유동성, 정보화, 부유함 등 비교적 자유로운 정치 체제에서 성장하여 자신이 사회를 변화시킬 수 있다고 믿는 적극적인 가치관이 특징이다.

(3) 새로운 C세대 : 80년대생이고 0으로 시작되는 학번을 가진 현재 20대를 대상으로 하는 새로운 세대론이다. 이들 C세대는 청소년 시기와 청년 시기에 두 번의 경제 위기_Crisis_를 겪

으면서, 격심한 경쟁Competition을 체화하고 있으며, 소비자Customer로서 자신을 정체화하는 세대이다.**350**

(4) G세대 : 이것은 80년대 후반에 태어난 현재의 20대 중·후반이 대상인 'G(글로벌)세대론'이다. 1988년 서울올림픽을 기준으로 달라진 대한민국의 위상에 따라 부모 세대의 집중적인 투자를 받아 디지털 능력으로 중무장한 세대, 각자의 개성을 살려 창의적인 일에 도전하는 세대이기도 하다. 20대의 다수가 월평균 88만원의 급여만 받는 비非정규직으로 전락할 것이라 경고한 좌파 진영의 '88만원 세대론'과 명확한 대조를 이루고 있다.**351**

(5) PDG세대 Post Digital Generation**352** : N세대보다 발전된 개념이며, 차가운 기계적 디지털 환경에서 자랐으나 인간적, 아날로그적 감성과 함께 주체적이고 낙천적 성격을 가진 13-24세의 새 세대를 지칭하는 용어이다. 13~24세 소비자를 디지털 문화가 만들어낸 신세대인 'PDG'로 규정했다. 이들은 다시 인터넷 대중화 시기에 초등학교를 입학한 '16-18' 세대, PC통신을 경험한 '19-24' 세대, 초등교 고학년생부터 중학생으로 구매력이 상대적으로 없는 '13-15'세대로 나뉜다. 이들은 후천적으로 디지털 환경을 익힌 '초기 디지털 세대(20~30대 초반)'나 디지털을 아예 멀리하는 아날로그 세대(30대 후반 이후)와는 달리 디지털 기기를 통해 인간관계를 강화하며 스스로를 적극적으로 표현하고 문자보다는 이미지와 비주얼을 중요시 여기는 것이 특징이다. 또한, PDG는 '편리'와 '개인주의'로 대변되는 초기 디지털시대와 달리 공동체 문화를 조성하는 등 아날로그적 가치를 다시 살려내고 있다고 한다.

2) 한국 교회의 상황: 언어단절의 예

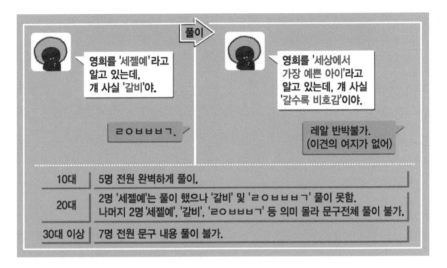

이것은 중부일보에서 올해 2016년 한글날을 맞아 10대들이 애용하는 인터넷 용어 등으로 구성된 문구를 20대, 30대, 40대 이상에게 제시한 결과이다.[353] 또한, 10대가 만드는 뉴스채널 사이트에 들어가보면, <2017학년도 아무말능력시험 문제지>가 나오는데, 이것을 보면 얼마나 요즘 NG 세대들이 다른 세상, 다른 언어를 사용하는 지 절실하게 느낄 수 있다.[354] 몇 가지 예를 들어본다면, 정주행, 솔까말, 어그로, 취존, 악개, 별다줄, 번달번줌, 어덕행덕, 구양현조, 팬아저, 금사빠녀, 인생짤, 고급지다, 심쿵, 심멎, 먹스타그램, 맥세권, 애빼시, 먹부심, 의문의 1패, 대프리카 등등이 있다. 국립국어원(www.koreans.go.kr)에서도 해마다 신조어를 수집하여 보고서를 발간하고 있다. '2014 신어 조사 보고서'에는 총 335개의 신조어가 실려 있으며, 이미 단행본으로 출판하기까지 했다.[355] 이것은 바로 세대 간, 계층 간 의사소통을 원활히 하고 정보 공유의 불평등을 해소하기 위해서이기도 하다.

현재, 우리 한국 교회의 '현재' 상황은 어떠한가? 쏟아지는 트렌드의 홍수 속에서 '현재' 불어 닥치고 있는 변화와 위기에 대해 어떤 노력을 하고 있는가? 우리 한국 교회의 '미래'를 위해 교회와 목회자 모두 어떤 불변의 '척도'를 가지고 무슨 전망을 하면서 무엇을 준비하고 있는가? 그렇다고 해서 교회가 기업의 마케팅 이론을 적용해서 교인을 '소비자'로 여기며 그들의 비위를 맞춰주기 위해 애쓰라는 뜻은 아니다. 오히려 포스트모던 문화가 팽배하고 기독교의 고귀한 가치가 가볍게 여겨지는 현실을 직시하면서 다가올 '미래'를 준비하자는 뜻이다.[356] 이를 위해서는 먼저 광의적 차원에서 '예배' 현장을 살펴보는 것이 필요하다. 일반적으로 개 교회의 목회철학을 가장 집약시키고 함축시켜 나타내는 곳이 바로 '예배'이기 때문이다.

이 시점에서 필자가 제기하고 싶은 질문은 "그렇다면, 현재 한국 교회의 예배 현장을 어떻게 말할 수 있는가?"이다. 새롭고 현대적인 예배 형식에 관심을 가지고 시도하는 교회가 점차 늘어나고 있지만 교단별 특징을 거의 살펴보기 힘든 혼합적인 예배를 드리고 있는 것이 일반적인 현상이다. 그 이유를 찾아보면 일단 담임목사와 당회에게 모든 권한이 집중되어 있는 한국 교회의 특수한 교회 구조 때문이며, 목회자와 예배 지도자들이 가장 기본적인 예배 신학의 내용에 대해서 잘 알지 못해서이다. 또한, 소위 유행하는 현대 예배의 유형에 대해 기본적인 신학적 배경과 그 의미를 제대로 파악하지 못한 채 교회 성장의 도구로만 이용하려는 탓이기도 하다.

김세광은 현대 한국 교회의 예배를 교단의 예배 전통과 상관없이 문화적 선호에 따라 전통적 예배와 문화적 예배로 구분하여 말하는데,[357] 20세기로 접어들면서 한국 교회 현장에서 예배 변화를 가져오게 된 일차적 원인을 다음과 같이 분석한다. 첫째, 새로운 신앙운동과 선교적 교회의 출현이다. 그로 인해 새로운 형태의 교회 프로그램들이 각각 그에 맞는 예배문화를 가지고 확산시키게 되었다는 것이다. 둘째, 목회자와 교회 지도자들 사이에서 교회 성장과 갱신에 대한 관심과 기대이다. 예배 변화가 교회 성장을 위한 우선 과제로 인식되면서 과감한 시도도 가능하다는 공감대가 형성되어서 점점 주일예배에 있어 과감한 변화를 시도하는 교회가 많아지고 있다. 셋째, 회중을 볼 때 과거에 비해 세대 구분이 더욱 세분화되어 있다. 연령에 따라서만이 아니라 독특한 문화에 따라 구분되고 있는 특징을 갖는다.[358]

이러한 현상은 교회학교 예배에서도 동일하게 나타나서 80년대 초까지만 성인 예배의 내용과 구조를 유지하면서 각 세대에 맞게 드렸지만, 포스트모던 문화 영향을 받게 되면서 특

히 초등학교 학생 예배의 경우 그들의 문화를 접목한 다양한 예배가 등장하기에 이르렀다.**359**

　　이처럼 세대별로 문화별로 나뉘어진 예배를 드리게 되면서 한국 교회는 성장하게 되었지만, 세분화된 예배의 한계와 문제점이 표면화되면서 자신이 드리지 않는 예배에 대해서는 이해하거나 영적 교제를 나누기 어렵게 되었다. 심지어 같은 교회를 다니는 가족들조차도 각각 다른 예배와 설교, 성경공부를 하게 되면서 공통적인 유대감을 나누는 것이 거의 불가능하게 되었던 것이다. 이러한 현실 상황을 고려해 볼 때 '세대통합예배'의 필요성과 중요성은 아무리 강조해도 지나치지 않을 것이다.

3 ── 세대통합예배와 설교

1) 성경적 근거

우리가 한 가지 기억해야 할 중요한 사실은 성경을 읽어보면 하나님 백성으로서 부름받은 공동체라면 다 같이 세대구분 없이 한 자리에 함께 모여 하나님의 율법에 경청하고 예배를 드렸다는 사실이다. 따라서 현재 우리가 세대통합에 대해 고민하고 목회적 대안을 제시하려는 것이 갑자기 일어난 새로운 움직임이라기보다는 성경에서 발견한 원래의 자리를 돌아보면서 현재 상황에 맞게 재해석하여 그 의미를 회복해야할 사명으로 보아야 할 것이다.

　　본격적으로 출애굽을 할 때부터 하나님께서는 '온 이스라엘'을 대상으로 자신의 말씀을 그대로 전하고 따를 것을 명령하셨고 그 말씀 안에 예배(제사)와 설교(계명, 율법)가 통합적으로 포함되어 있었다. 공동체가 함께 드리는 예배를 통해 이스라엘 백성들은 과거를 회상하면서 현재 자신들의 정체성을 확인하고, 미래 자녀들에게 동일한 가르침을 전해줄 수 있었다. 특히 포로기간 중의 회당모임은 예배와 교육을 하나로 통합한 공동체의 자리였다. 여기에서는 대표적인 구절만 몇 개 제시해 보도록 하겠다.

(1) 구약

구약에서 '토라*Torah*'는 모든 계명의 핵심이며, 이스라엘 백성이라면 세대를 막론하고 다 암기하도록 요구받았다. 동일한 토라의 암기와 암송이 가족 간의 연대감을 강화시켰으며, 나아가 세대 간의 유대감을 강화시키는 역할을 하였다. 구약에서 "이스라엘아, 온 이스라엘아, 대대로" 등이 나오는 구절은 세대를 막론하고 다 함께 지켜야 할 하나님의 말씀을 지칭한다.

"이와 같이 모세가 아론과 그의 아들들과 온 이스라엘 자손에게 말하였더라"(레 21:24)

"모세가 온 이스라엘을 불러 그들에게 이르되 이스라엘아 오늘 내가 너희의 귀에 말하는 규례와 법도를 듣고 그것을 배우며 지켜 행하라"(신 5:1)

"이는 곧 너희의 하나님 여호와께서 너희에게 가르치라고 명하신 명령과 규례와 법도라 너희가 건너가서 차지할 땅에서 행할 것이니 곧 너와 네 아들과 네 손자들이 평생에 네 하나님 여호와를 경외하며 내가 너희에게 명한 그 모든 규례와 명령을 지키게 하기 위한 것이며 또 네 날을 장구하게 하기 위한 것이라 이스라엘아 듣고 삼가 그것을 행하라 그리하면 네가 복을 받고 네 조상들의 하나님 여호와께서 네게 허락하심 같이 젖과 꿀이 흐르는 땅에서 네가 크게 번성하리라 이스라엘아 들으라 우리 하나님 여호와는 오직 유일한 여호와이시니 너는 마음을 다하고 뜻을 다하고 힘을 다하여 네 하나님 여호와를 사랑하라 오늘 내가 네게 명하는 이 말씀을 너는 마음에 새기고 네 자녀에게 부지런히 가르치며 집에 앉았을 때에든지 길을 갈 때에든지 누워 있을 때에든지 일어날 때에든지 이 말씀을 강론할 것이며 너는 또 그것을 네 손목에 매어 기호를 삼으며 네 미간에 붙여 표로 삼고 또 네 집 문설주와 바깥 문에 기록할지니라"(신 6:1-9)

"또 모세가 이 율법을 써서 여호와의 언약궤를 메는 레위 자손 제사장들과 이스라엘 모든 장로에게 주고 모세가 그들에게 명령하여 이르기를 매 칠 년 끝 해 곧 면제년의 초막절에 온 이스라엘이 네 하나님 여호와 앞 그가 택하신 곳에 모일 때에 이 율법을 낭독하여 온 이스라엘에게 듣게 할지니 곧 백성의 남녀와 어린이와 네 성읍 안에 거류하는 타국인을 모으고 그들에게 듣고 배우고 네 하나님 여호와를 경외하며 이 율법의 모든 말씀을 지켜 행하게 하고 또 너희가 요단을 건너가서 차지할 땅에 거주할 동안에 이 말씀을 알지 못하는 그들의 자녀에게 듣고 네 하나님 여호와 경외하기를 배우게 할지니라"(신 31:9-13)

"여호사밧이 두려워하여 여호와께로 낯을 향하여 간구하고 온 유다 백성에게 금식하라 공포하매 유다 사람이 여호와께 도우심을 구하려 하여 유다 모든 성읍에서 모여와서 여호와께 간구하더라 여호사밧이 여호와의 전 새 뜰 앞에서 유다와 예루살렘의 회중 가운데 서서 …(중략)… 유다 모든 사람들이 그들의 아내와 자녀와 어린이와 더불어 여호와 앞에 섰더라"(대하 20:3-5, 13)

(2) 신약

신약에서는 예수님의 공생애 사역을 통해 그리고 바울의 선교 활동과 초대 교회 공동체에서 세대통합의 모습을 발견할 수 있다. 본문에서 '가족이나 무리'는 곧 세대통합을 의미하며, 사도들의 선교활동 후에는 그 대상이 이방인까지 확대되었다. 그 결과, 설교와 세례 그리고 예배까지 모든 사역이 전 세대를 대상으로 차별없이 이루어졌음을 알 수 있게 된다.

"예수께서 들으시고 배를 타고 떠나사 따로 빈 들에 가시니 무리가 듣고 여러 고을로부터 걸어서 따라간지라 예수께서 나오사 큰 무리를 보시고 불쌍히 여기사 그 중에 있는 병자를 고쳐 주시니라 저녁이 되매 제자들이 나아와 이르되 이 곳은 빈 들이요 때도 이미 저물었으니 무리를 보내어 마을에 들어가 먹을 것을 사 먹게 하소서 …(중략)… 무리를 명하여 잔디 위에 앉히시고 떡 다섯 개와 물고기 두 마리를 가지사 하늘을 우러러 축사하시고 떡을 떼어 제자들에게 주시매 제자들이 무리에게 주니 다 배불리 먹고 남은 조각을 열두 바구니에 차게 거두었으며 먹은 사람은 여자와 어린이 외에 오천 명이나 되었더라"(마 14:13-15, 19-21)

"그 때에 사람들이 예수께서 안수하고 기도해 주심을 바라고 어린 아이들을 데리고 오매 제자들이 꾸짖거늘 예수께서 이르시되 <u>어린 아이들을 용납하고 내게 오는 것을 금하지 말라 천국이 이런 사람의 것이니라</u> 하시고 <u>그들에게 안수하시고</u> 거기를 떠나시니라"(마 19:13–15)

"허락하지 아니하시고 그에게 이르시되 집으로 돌아가 주께서 네게 어떻게 큰 일을 행하사 너를 불쌍히 여기신 것을 <u>네 가족에게</u> 알리라 하시니"(막 5:19)

"그들이 이 말씀을 듣고 양심에 가책을 느껴 <u>어른으로 시작하여 젊은이까지</u> 하나씩 하나씩 나가고 오직 예수와 그 가운데 섰는 여자만 남았더라"(요 8:9)

"<u>그와 그 집이 다</u> 세례를 받고 우리에게 청하여 이르되 만일 나를 주 믿는 자로 알거든 내 집에 들어와 유하라 하고 강권하여 머물게 하니라 …(중략)… 그 밤 그 시각에 간수가 그들을 데려다가 그 맞은 자리를 씻어 주고 <u>자기와 그 온 가족이 다</u> 세례를 받은 후 그들을 데리고 자기 집에 올라가서 음식을 차려 주고 <u>그와 온 집안이</u> 하나님을 믿으므로 크게 기뻐하니라"(행 16:15, 33–34)

"우리가 <u>유대인이나 헬라인이나 종이나 자유인이나 다 한 성령으로 세례를 받아 한 몸이 되었고</u> 또 다 한 성령을 마시게 하셨느니라"(고전 12:13)

"너희는 <u>유대인이나 헬라인이나 종이나 자유인이나 남자나 여자나 다 그리스도 예수 안에서 하나이니라</u>"(갈 3:28)

"거기에는 <u>헬라인이나 유대인이나 할례파나 무할례파나 야만인이나 스구디아인이나 종이나 자유인이 차별이 있을 수 없나니</u> 오직 그리스도는 만유시요 만유 안에 계시니라"(골 3:11)

2) 세대통합예배란 무엇인가

(1) 세대통합예배의 정의

각 세대를 구분할 때에는 유년기(~12살), 청소년기(13~24), 청년기(25~39), 중년기(40~정년퇴직), 노년기(정년퇴직이상의 연령)로 말하는 게 일반적이다. 그러나, 세대통합예배에서의 '세대'는 3대 즉 조부모-부모-어린이를 의미한다. 이러한 맥락에서 본 교단에서는 세대통합예배에 대한 정의를 부모와 자녀들이 함께 드리는 예배로 말하며, 세대별로 따로 드리는 예배의 문제점과 한계 극복을 목적으로 한다. 가족예배로도 통용되나 혼자 나오는 어린이나 독신교인들에게 소외감을 줄 수 있기 때문에 세대통합예배라고 지칭한다.**361**

네덜란드 개혁교회의 경우, 가족과 함께 앉아서 하나님께 예배드리는 가운데 자녀들은 어릴 때부터 가족의 신앙을 지적으로 그리고 정서적으로 공감한다. 지루해 할 때에는 부모들이 어떻게 하든지 자녀들이 예배 분위기에 젖어들도록 배려한다. 교회에서도 아이들 신앙의 지도자가 된다. 굳이 설교를 하거나 신앙 주입의 시간을 따로 갖지 않아도 기회가 항상 주어지는데 그것은 자녀들이 질문을 많이 하기 때문이다. 부모가 부르는 찬송은 아이들도 좋아하며, 아이들이 좋아하는 찬송을 부모들도 부를 수 있다. 가족 모두가 예배에 참석하여 같은 설교를 듣고 같은 성경을 통해 하나님의 구원 사역과 예수 그리스도의 복음 사역을 듣는 것은 가정 전체를 같은 신앙의 공동체로 만들어 나간다는 점에서 큰 하나의 인간으로 서는 것이다. 이런 면에서 네덜란드 개혁교회는 기본적으로 가정을 신앙공동체로 만드는 교회의 책임을 잘 감당하고 있다 하겠다.**362**

교회와 가정은 하나님께 예배드린다는 점에서 상호 긴밀한 관계를 가질수록 성장해 간다. 목회적 차원에서도 분리보다는 통합하는 것이 더 유익하다. 세대들을 다시 연결하여 예배, 성경공부, 봉사와 놀이 등을 함께 하며 상호의존적이 될 때 교회와 가정은 더욱 성장해 간다. 그러므로 가족이 함께 드리는 세대통합예배는 교회와 가정을 더욱 성장시키고 공동체 예배를 회복시킬 수 있을 것이다.**363**

(2) 세대통합예배의 가능성

❶ 예배의 정의에 담긴 공동체성과 축제성 그리고 시간의 초월성

예배란 일반적으로 "예수 그리스도 안에서 자신을 계시해 주신 하나님과 그 하나님 앞에 뜨겁게 응답하는 만남의 현장"으로 정의한다. 여기에서는 이를 기본으로 하되 공동체성을 표명한 박은규의 정의를 살펴보면 다음과 같다.

> 예수 그리스도 안에서(in) 자신을 계시하신 창조주시요 섭리자시며 구원자이신 하나님을 분명히 알고, 예수 그리스도를 통하여(through) 사랑과 구원의 은혜를 베풀어주신 살아계신 하나님을 만나며, 성령의 감화와 역사하심의 도움을 받아 화해와 구원의 확신을 가지고 자발적으로 하나님께 영광을 돌리는 공동적인 예배 의식적(liturgical) 응답이요, 또한 전생(全生)의 봉사이다.[364]

> 이와 아울러 개혁교회 예배학자인 존 버크하르트*John E. Burkhart*는 "근본적으로 예배란 하나님께서 우리를 위하여 하셨고, 하시고 계시며, 또 앞으로 하실 것에 대한 축제적 응답이다"라고 하면서 시간의 초월성과 축제성을 강조하여 정의를 내린다.[365]

❷ 예배자들의 가족에 대한 인식 변환: 가족의 재구성[366]

예배는 공동체적이어야 한다. 교회는 보이는 건물이 아니라 예수 그리스도를 구주로 모시는 사람들 즉 자신을 사망과 죽음에서 생명으로 이끌어주신 그리스도를 구주로 영접한 무리들의 모임을 의미한다. 한 마디로 말해서 교회는 하나님으로부터 부름받은 백성의 언약공동체요, 그리스도의 몸이요, 예배하는 공동체이다. 이에 대해 정장복은 다음과 같이 말한다.

> 하나님의 백성이 된다는 것은 한 피 받아 한 몸 이룬 가족의 뜻을 가지고 있다. 그러므로 예배하는 그리스도인들은 언제나 공동체의 실체를 이루는 것이 가장 합당한 자세이다. 하나님을 예배하는 현장에서는 서로가 각각 다른 개체의 존재성을 인정하면서도 하나님 앞에서

는 하나의 연관된 가족*the interrelatedness of the human family*으로서의 공동체 개념을 인식해야 한다.… 즉, 예배란 '내가' 드리는 단독의 행위가 아니라 '우리가' 드리는 공동체의 행위여야 합당한 예배가 된다.**367**

그럼에도 불구하고, 세대통합예배를 실행하려고 할 때 장애물 중의 하나가 바로 '가족'이라는 용어에 담긴 폐쇄성이다. 교회가족공동체가 강조되다보면 독신자들이나 가족 중에 혼자 신앙 생활하는 회중들이 배제될 수 있기 때문이다. 이 점을 고려하면서 장신근은 가족에 대한 정의를 새로 내려야 한다고 하면서 다음과 같이 말한다.

우선 가족에 대한 정의는 이제 하나가 아니다. 다양한 형태의 새로운 가족들이 등장함에 따라서 전통적인 혈연 공동체의 차원을 넘어서는 가족 개념이 점차 우세해지고 있다. 합한 가족 구성원들 사이의 관계는 이제 보다 더 수평적, 상호적, 동반자적으로 재구조화되고 있으며, 가족은 제도적 차원보다 친밀감을 중시하는 동반자의 차원이 점점 더 중요시되고 있다 … 더 이상 전통적인 가정만을 유일한 형태의 가족으로 간주해서는 안될 것이다.**368**

현실을 돌아보면, 혈연의 범위만이 아니라 국가의 범위까지 넘은 다문화 가족과 여러 형태로 복잡하게 재구성된 '가족'이 교회 안에도 엄연히 존재하고 있다. 이 부분은 교회 공동체 전원이 함께 인식을 넓히고 적극적으로 나서지 않으면 안될 기본적인 사항임을 명심해야 한다.

❸ 다감각적인 예배의 실현 가능성

하나님이 우리에게 허락하신 감각은 경험을 통해 알 수 있으며 그 누구도 대신해줄 수 없다. 이러한 관점에서 체험 예배*experiential worship*가 등장하기도 했는데, 체험 예배란 사람들에게 감동을 불러일으켜 하나님이 그들의 삶을 통해 하고자 하시는 일이 무엇인지 생각할 수 있도록 인도해주는 예배이다.**369**

단 샐리어스*Don E. Saliers*는 그의 책 *Worship Come to Its Senses*의 서문에서 기독교 예배를 참되고 적절하게 만드는 것은 무엇이며, 기독교인들이 이 세상에서 그들의 믿음과 삶을 어떻게 형성하고 표현하는가라는 기본 질문을 던지면서 그러한 특징을 구분할 수 있는 네 가지 본질적인 요소로 Awe(경외), Delight(기쁨), Truthfulness(진실함), Hope(소망)를 제시한다. 이러한 감각은 인간이 하나님을 경험하는 가운데 얻어진 소중한 것이며, 말씀 앞에(설교), 세례반 앞에(세례), 그리고 주님의 식탁에(성만찬) 모이는 예전적 행동 가운데 이루어진다고 말한다.[370] 따라서 '감각'은 하나님께서 인간에게 공통으로 허락하신 것이므로 적절한 사용은 세대통합예배에서 매우 중요한 요소가 된다고 하겠다.

(3) 본 교단 예식서에 나온 세대통합예배의 지침[371]

❶ 세대 간의 잠재력이 예배를 역동적으로 만들고 '일생의 여정'에서 배우는 순례자적 신앙이 표현될 수 있다.

❷ 성서 인물들의 세대 차이, 문화 차이를 아우르는 하나님의 백성 공동체의 삶을 표현하고 배울 수 있으며, 세대 간의 갈등 경험이 오히려 성서의 깊은 진리로 이끌 수 있다.

❸ 성서에 나타난 하나님 백성 공동체가 추구하는 예배는 현대 문화의 요구에 친절히 응하면서도 예배의 공동체적·성육신적·사건적 성격과 만남의 광장으로서의 성격을 잃지 않아야 한다. 특히 공동체성은 가족예배적이라기 보다는 교회 가족 공동체적이어야 하고, 교회학교 예배 대체가 아닌 병행이어야 하고, 또한 미래 회중을 생각하며 장기적으로 계획할 때 회복될 수 있을 것이다.

❹ 예배의 실현 가능성은 성령님의 임재와 활동하심, 스토리텔링, 예술적 표현, 예전의 활용, 멀티미디어와 신체언어의 적절한 사용 여부, 예배기획과 진행에까지의 회중 참여 여부에 달려있다.

❺ 어린이와 청소년들을 예배 순서에 참여시키기 때문에 어린 시절부터 공동체 신앙의 틀 형성을 기대한다.

❻ 주일 저녁 각 가정의 가족모임과 병행하는 것도 한 방법이 된다. 낮에는 온 가족이 함께

예배드리고, 주일 오후에는 교회학교 각 부별로 교육과 훈련을 실시하며, 저녁에는 각 가정에서 온 가족이 함께 시간을 갖는데 이 때 가족모임을 위한 프로그램은 교회에서 제공한다.

(4) 세대통합예배 실행을 위한 전제조건

❶ 한국 교회의 특성상 목회자는 일단 '세대통합예배'의 필요성과 근거 등을 당회원들을 비롯한 교회 지도자들에게 교육시켜 동의를 받는 실제적인 노력이 필요하다.

❷ '세대통합예배'를 위한 팀을 만들어 현재 모범적으로 잘 드리고 있는 교회 예배 탐방을 비롯, 자체적인 교육과 실행에 따른 여러 가지 사안들을 미리 구상하고 토의하여 기본 틀을 만들어놓도록 한다.

❸ 적용가능한 예배부터 서서히 실행하도록 한다. 예를 들어 한가족예배, 송구영신예배, 성탄절예배, 부활절예배, 가족수련회, 종교개혁주일예배, 교회창립기념주일, 야외예배 때에는 별 거부감없이 세대가 함께 모여 예배를 드릴 수 있는 좋은 기회가 된다. 그리고, 성경에 나오는 절기를 그대로 실행하여 드리는 기회도 마련하여 '가족'별로 참여하게 한다.

❹ 교인들을 대상으로 하는 예식에도 서서히 적용시켜 나간다. 예를 들어 첫 나들이, 임신과 출산, 또 하나의 가족 탄생 축하 및 기념 등 가정예배가 그 예에 해당된다.

❺ 교회력을 적극 활용하여, 예배당과 교회학교 예배당을 장식할 때 함께 모여 같은 장식을 하도록 권장하여 유대감을 평소에도 키워나가는 게 중요하다.

❻ 예배순서에 적절하게 세대별 책임을 맡겨 함께 분담하도록 시도해본다. 고정시키는 것이 아니라 세대별로 돌아가며 분담하려는 자세가 필요하다.

❼ 예배와 성례전을 핵심에 둔다.[372] 그리스도를 믿는 신앙공동체가 한자리에 모여 눈으로 보여진 말씀인 성만찬 예식을 실행해 나가도록 한다. 그리하여, 비록 아직 세례를 받지 못했거나 유아세례를 받은 교인들 모두가 세례의 의미와 감격만큼은 함께 나누며 돌아갈 수 있도록 배려한다. 예배의 축제성과 말씀의 향연을 경험할 수 있는 중요한 예식이기도 하다.

(5) 세대통합예배 기획에 있어서 고려할 사항

이것은 세대통합예배의 중심을 이루는 세대간의 교육에서 이루어지는 인지적, 정의적, 삶의 형식적 형성을 이룬다는 점을 기억하면서 제임스 화이트*James W. White*가 주장한 네 가지 관계 형태를 제시해 보도록 하겠다.[373]

❶ **공동경험***In-common Experience* : 참여자들이 연령을 초월하여 동일한 프로그램에 공동으로 참여하고 경험을 함께 한다. 8-9세 어린이와 70대 노인들이 함께 이야기듣기, 비디오 감상, 연도문 암송, 율동, 운동, 떡떼기, 쓴나물 먹기 등에 참여. 덜 언어적이고 관찰적인 특성을 갖는다.

❷ **평행학습***Parallel Learning* : 각 세대들은 동일한 주제나 프로젝트를 작업하기 위해 연령에 따라 구분되나 그 주제나 작업을 위해 인간발달적 차원이나 흥미, 관심상 혹은 기술적 차원에서 각각 다르게 활동하게 된다.

❸ **공헌적 기회***Contributive Occasions* : 평행적인 선행 학습에서 터득한 것을 가지고 다음 단계에서 서로 공헌을 주고 받는 기회를 갖게 된다. 어린이, 청년, 성인들이 동일한 예배 주제의 어느 한 부분을 분담하여 작업한 후 그것을 모아 보다 완전한 하나의 예배 순서 및 자료로 통합하거나 저녁 전교인 행사에 각 연령층이 순서의 한 부분씩을 준비하고 함께 모아 공헌할 수 있다.

❹ **상호작용적 나눔***Interactive Sharing* : 상이한 연령 집단들의 참가자들이 서로서로 연관되어 상호작용하는 것을 목표로 한다. 경험, 느낌, 생각들이 교류되고 행동의 교환이 이루어진다. 최상의 경지는 가장 넓고 깊게 상대방과 자기 자신의 전체를 바라보며 이해하는 경험을 체득하는 것이다. 예를 들면, 갈등처리훈련이나 성탄의 기억들을 함께 나누는 것 등이다.

3) 세대통합설교

(1) 세대통합설교란 무엇인가?

공식적으로 '세대통합설교'라는 용어가 사용된 적은 거의 없을 만큼 생소한 것이 사실이다.

그럼에도 불구하고 설교의 정의를 통해 그 본질적 의미를 유추하여 말해보도록 하겠다.

일반적으로 설교를 말할 때 존 스토트*John Stott*는 다리놓기*bridge-building*로 정의한다. 참된 설교란 성경의 세계와 오늘의 세계 사이에 다리를 놓는 작업이기 때문이며, 현대에 와서는 목회 현장의 특수한 세계와 설교자 자신의 세계까지 포함시킨다.**374** 그러나, 세대통합의 관점에서는 김운용의 정의가 보다 적절하다고 생각한다. 그는 기독교의 설교란 메시아의 향연에로의 '초대'로서의 특성이 있으며, 예수님의 설교가 바로 그러한 특성을 잘 나타내준다고 말한다.**375** 그는 이러한 설교의 구체적 특성을 다음과 같이 말한다.**376**

첫째로 이 초대를 받는 사람은 이제 나아가던 길에서 돌이켜 은혜의 부름으로 나아가는 응답과 돌이킴을 요청받는다. 하나님 나라에로의 초대는 회개와 세례로 인도하는 특징을 가진다. 이렇게 시작된 초대받은 삶은 그리스도께서 친히 제정하신 성만찬에로 나아가게 된다. … 두 번째 특징은 종말론적인 '기대' 속에서 행해진다는 것으로, '마라나타!'라는 표현에 대표적으로 나타난다. … 기독교의 설교는 '제 8일'에 함께 모여, 오시는 주님, 이미 오셔서 우리 가운데 함께 임재하시는 주님을 기쁨으로 경축하는 메시아의 향연이며 또 다른 세계가 시작되고 있음을 새롭게 선포하는 종말론적인 행동이다. 세 번째 특징은 '회상'*recapitulation*이다. … 이 특성은 성만찬에서 가장 잘 드러나며, 십자가에서 일어났던 구원의 역사를 회상하게 해준다. … 세상 속에로의 '참여'를 강조하는 것이 네 번째 특성이다. 말씀과 성례전을 통해 향연을 맛본 공동체는 이제 하나님 나라를 위한 섬김의 공동체가 되어 고난 가운데 있는 세상 가운데로 나아가게 한다는 것이다.

지금까지의 내용을 상고해보면 사실상 세대통합설교에 있어서 선포되어야 할 것은 예수 그리스도 즉, 불변의 진리이며 세대 구분없이 통합적인 것이며 확실한 것이어야 한다. 다만, 어떤 언어로 어떻게 전달해야 할 것인가라는 현실적인 문제가 남아있을 뿐이다. 예수님의 설교가 하나님 나라의 소식들과 가르침을 가득 담고 있었던 것처럼 우리 또한 그러한 하나님 나라에 대한 연속선상에서 복음의 메시지를 계속해서 전하지 않으면 안된다. 눈에 보여지고 귀에 들려지며 행동으로까지 연결되어야 할 참 복음의 선포는 세대를 막론하고 계속되어야 할 소중한 사명이기 때문이다.

(2) 세대통합설교의 가능성: 복음주의적 강해 설교

서구 교회의 경우, 특히 장년세대와 청년세대간의 신앙적 단절을 막고 초대 교회의 신앙과 전통을 이어나가려는 이머징 교회 운동이 활발히 일어나고 있다. 그 중에서도 복음주의에 입각하였으며 소위 '연결주의자'로 불리우는 설교자의 역할이 중요한데,[377] 그들은 공통적으로 강해설교 유형을 취하고 있다는 것에 우리가 주목할 필요가 있다.

❶ 강해 설교의 정의

한국 교회에서는 강해 설교를 번역할 때 주해 설교라고도 했지만 보통은 본문 설교와 혼동하거나 성경 구절을 한 절 한 절 풀어 해석해 나가는 것*running commentary*으로 오해하는 경우가 많다. 강해 설교에 대해 국내외 설교학자가 정의한 것을 소개하면 다음과 같다.

정장복은 성경적 설교*Biblical Preaching*의 재해석과 함께 해돈 로빈슨의 정의를 받아들여 7가지로 정의한다.

ⅰ)설교의 내용 전체가 성경적 관념에 근접해 있는 가운데서 그 특징과 본질을 나타내야 한다. ⅱ)설교 가운데서 그리스도의 현존*Presence*이 보여야 한다. ⅲ)참된 성경적 설교 가운데는 언제나 하나님과 인간의 만남의 현장이 마련되어야 한다. 즉, 하나님이 말씀하시고 인간이 그 앞에서 응답하는 가장 기본적인 대화의 관계가 형성되어야 한다. ⅳ)성경적 설교의 메시지는 현재적 의미를 부여해야 한다. 말씀의 생명력은 '지금 여기*here and now*'에서의 새로운 결단의 발생을 항상 추구한다. ⅴ)성경적 설교자는 언제나 구약과 신약을 하나의 성경으로 보는 관점을 가지고 있어야 한다. ⅵ)성경적 설교는 하나님의 말씀으로서의 확신을 회중에게 심어주어야 한다. ⅶ)참된 성경적 설교는 명령과 책망과 훈계 중심보다는 은총과 사랑과 용서의 하나님을 보여 주는 것이 되어야 한다.[378]

밴더빌트 신학교 교수인 존 맥클루어*John S. McClure*는 다음과 같이 정의한다.

강해라는 말은 라틴어 expositio인데 그 뜻은 '설명하다'*setting forth* 또는 '접근할 수 있게 하다'*accessible*라는 의미이다. 따라서 강해 설교란 성경으로부터 신실하게 메시지를 받아서 그 메시지를 현대의 청중에게 접근할 수 있도록 하는 설교이다.[379]

'강해 설교의 아버지'라 불리는 해돈 로빈슨*Haddon W. Robinson*의 정의이다.

강해 설교란 성경 본문의 배경에 관련하여 역사적, 문법적, 문자적, 신학적으로 연구하여 발굴하고 알아낸 성경적 개념, 즉 하나님의 생각을 전달하는 것으로서, 성령께서 그 개념을 우선 설교자의 인격과 경험에 적용하시며, 설교자를 통하여 다시 회중들에게 적용하시는 것이다.[380]

앞서 언급한 정의를 살펴보면 '성경적인 설교'라는 공통점이 있으며, 왜 세대통합설교에 있어서 다음 설교자들의 설교에 주목해야 하는 지 이해할 수 있을 것이다. 이제부터는 설교자 중에서 연결주의자로 불리는 댄 킴볼*Dan Kimball*과 마크 드리스콜*Mark Driscoll*의 설교에 나타난 복음의 이해와 설교 방법에 대한 내용을 살펴보도록 하겠다. 이들은 이미 대표적인 이머징 설교자에서 그 한계를 뛰어넘어 독자적인 목회 사역을 펼쳐 나가고 있음을 염두에 두고 읽어나가기 바란다.

4) 복음적인 강해설교: 댄 킴볼과 마크 드리스콜

존 보해논*John S. Bohannon*[381]은 이머징 교회와 설교에 관해 다음과 같이 질문을 던짐으로써 독자들에게 중요한 통찰력을 역설한 바 있다.

이머징 교회 내에서 설교는 중요한 역할을 담당하느냐 아니면 주변부적인 역할에 그치고 마는가? 이머징 교회 설교의 철학과 방법론에 대해 신학은 어떤 영향을 끼치고 있는가? 이머징 교회 설교는 성경의 전통적인 관점을 확고하게 하는 것인가 아니면 부정하게 하는 것인가? 이머징 교회 설교와 개신교의 설교학적 전통에 대한 역사적 이해를 어떻게 비교할 수 있는 것인가? 이머징 교회가 갖고 있는 교회론적 관점이 설교와 자신들의 자리매김에 영향을 끼치고 있는가? 설교와 이머징 교회의 관계와 관련해서 알게되는 지혜로운 교훈은 무엇이며 우리가 경계해야 할 점은 무엇인가? [382]

　　　　그러면서, 그는 다음 설교자들의 설교가 복음적인 설교 다시 말해 복음적인 강해 설교*Evangelical Expository Preaching*라는 결론을 내린다. [383]

(1) 댄 킴볼의 데오토피칼 설교 특징 [384]

그의 설교는 강해 설교와 주제 설교를 합친 '강해적-주제데오토피칼, *Theotopical* 설교'이다. 성경에 근거한 메시지를 전하기 위해 올바른 주해를 해야 하는 것이 맞지만, 그것을 회중에게 들려줄 때에는 회중들로 하여금 신학적 관점을 만들어 줄 수 있는 기회이기 때문이다. 언제나 가르치고자 하는 신학적인 개념을 명확히 알고 그것이 성서의 이야기에 어떻게 들어맞는지 확인하는 것이 바른 설교이므로 강해 설교와 주제 설교를 합친 것이라 설명한다. [385]

<복　음>

❶ 고린도전서 15장 3-4절 말씀이 완전한 복음을 나타내는 구절로 이해한다. 대속의 정통적인 관점을 지지한다. ❷ 통합적인 믿음은 영생과 일상을 통한 경험으로의 초대로 이루어져 있다.

<설교방법>

❶ 강해 설교와 주제 설교를 합친 데오토피칼 설교이다. [386] 성경의 메시지를 설명하는 거대 담론과 명제적 진리가 결합되면서 나타난 신학적 주제에 대한 정의를 포함하는 설교이다. ❷ 참여적이고 상호작용적이고 통합적인 방법을 사용하는 설교이다. 성경을 가장 중심에 두고 다감각적인 중간매체(예술, 시각적인 것들, 간증, 기도 스테이션 등) 사용을 중요하게 여긴

다. 설교자는 가운데에 서서 말씀을 선포하는데 이는 교훈과 완전한 변화 그리고 궁극적으로는 하나님과 만날 수 있는 다양한 경험들을 창출해내기 위해서이다. 이러한 통합적인 방법은 말하지 않는 설교에서 언급한 바 있다.[387] ❸ 대화를 위한 공간을 창출하라. 이것은 설교시간 동안에 일어나는 상호작용, 질문들 그리고 공동체의 상황을 두고 생각하는 것에 따라가는 것을 의미한다. 대화를 할 기회가 주어지면 아마도 다음과 같은 내용들이 포함될 것이라 생각한다. 예를 들어 설교에 따라 포럼을 열고, 어려운 본문이나 성경의 주제를 다루는 그룹별 싱크 탱크 활동과 이메일로 토론하는 것 등이다. ❹ 설교를 할 때 배타적이 아닌 포괄적이고 수용적인 언어를 사용하라. 예를 들어 "여러분"이라고 하는 대신 "우리가"라고 하는 것이다. 이것은 설교자가 단순히 메시지를 제공하고 문제를 해결하는 역할에 그치는 것이 아니라 교회 공동체와 함께 신앙의 여정을 가는 동행자로서 필요한 모델이 된다.

(2) 마크 드리스콜의 다각적으로 응용시킨 강해 설교 특징
로버트 웨버는 드리스콜을 '성경에 헌신된 성경주의자a devoted biblicist'라 하면서 성경의 권위에 대한 전통적인 개신교 교리와 삼위일체 교리 그리고 대속에 대한 기존 기독교의 교리를 매우 소중히 여기는 사람이라고 소개한다. 또한, 그가 개혁적인 복음주의 신학과 깊은 관계를 유지하면서 신학적으로는 전통적인 자세를 견지하면서도 새로운 이머징 세대들을 향해 상당히 예리한 문화적인 사고방식으로 접근하는 목회자라고 말한다.[388]

　　드리스콜 스스로도 자신을 '성경에 헌신된 성경주의자a devoted biblicist'로 규정하며, 게리 브레쉐어스Gerry Breshears와 공저한 『Vintage Church』[390]에서 자신은 "말씀을 전파하라"는 디모데후서 4장 2절 말씀을 설교철학의 핵심으로 삼아 그리스도를 중심으로 하는 철저한 강해 설교만이 다음 세대를 위한 최고의 전략이라 확신한다.[391]

<복　음>
❶ 성경의 핵심은 복음이다. 고린도전도 15장 1-8절을 보면 죄인들을 구하기 위해 예수님이 죽으시고 무덤에 묻히셨다가 부활하셨다는 단순한 복음의 메시지를 제공한다. ❷ 인간은 죄

로 충만한 존재이다. 하나님은 거룩하시며, 죄를 싫어하시며, 사람들이 용서받을 수 있는 방법을 우리에게 주시는데 그것은 예수님의 최후사역이셨던 대속하심이다.

<설교방법>

❶ 설교 방법은 변하지만 기독교 교리는 아직도 불변의 것으로 남아있다. 문화적으로 적절한 메시지를 전하려면 문화적으로 연결될 수 있는 형식이 필요하다. ❷ 일반적으로 성경 전체를 관통하는 설교에서 본문의 한 절 한 절 혹은 한 단락이 제 각각 의미하는 것이 무엇인지를 설명하는 것은 대단히 중요한 설교 방법임을 나타낸다. 주해적인 선포는 본문과 주제 이야기에 따라 다른 형식으로 나타낼 수 있다. 그리고 설교 형식과는 상관없이 주해적으로 사고하는 방식은 반드시 지켜져야 한다. 이것은 컨텍스트안에서 저자의 의도를 설명하고 존중하기 위해서 필요한 것이다. ❸ 일반적으로 원고없이 하는 설교 시간은 평균 1시간 정도가 적당하다. ❹ 일상 대화에서 사용하는 언어로 설교한다. 개인적인 죄와 싸우는 영역이 있다는 점을 인정하는 설교는 명료해야 한다. 효과적인 의사소통을 하기 위해서 당대 문화의 언어를 이해하라. ❺ 진리에 접한 사람들이 용기를 내어 결단하게 하려면 직접 대면하는 방법을 사용해야 하고, 신중하게, 지속적으로 그리고 명확하게 해야 한다. ❻ 예수님에 대해 가르치고 설득할 때에 회중들의 주목을 끌기 위해서는 코미디를 사용하라. 여러분의 개인적인 성품과 은사활용을 통해 복음과 회중을 결합시키라.

‖

열린 예배 그 이후의
청년 예배

포스트모더니즘이라는 거대한 변화의 흐름 속에서 현대 교회의 예배 현장은 계속해서 치열한 예배 전쟁을 치르고 있다. 그러나, 세상은 또 다시 포스트-포스트모더니즘이라는 새로운 변화에 대한 관심과 논의가 시작되고 있다. 세상의 변화를 따라잡기는커녕 숨고르기조차 쉽지 않은 지금, 과연 현재 한국 교회의 예배 그리고 그 속에서도 장차 다가올 미래의 주역인 청년 예배는 어디에 위치한다고 말할 수 있을 것인가? 이러한 근원적 물음을 기억하면서, 먼저 한국 교회의 현대 예배의 일반적 상황과 함께 청년 예배의 현재 모습을 살펴보고자 한다. 그런 다음, 청년 예배에서 꼭 지켜야 할 본질적인 요소와 내용 등을 알아본 다음, 어떠한 발전적인 변화가 함께 수반되어야 할 것인가를 간략하게 제시해 보고자 한다.

1 ── 한국 교회의 청년 예배 현황

현재 한국 교회의 예배 현황을 한 마디로 하자면 교단별 특징이 없는 혼합적인 예배를 드리고 있다고 말할 수 있다. 이는 담임목사에게 모든 권한이 집중되어 있는 교회 구조로 인해, 담임목사의 취향과 의견에 따라 다양한 예배가 드려지고 있기 때문이다. 이는 목회자와 예배 관련 지도자들이 가장 기본적인 예배 신학에 대한 이해와 적용을 하기보다는 소위 유행하는 여러 현대 예배를 교회 성장의 도구로만 수단시 하려는 탓이기도 하다. 현재 한국 교회의 예배 상황은 일찍이 앤디 랑포드_Andy Langford_가 제시한 바 있는, 예전적인 예배, 구도자에 민감한 집회, 그리고 경배와 찬양 형식의 찬양 예배라는 세 가지 유형의 예배가 드려지고 있다고 이미 앞서 살펴보았다. 한국 교회의 청년 예배는 이 중에서도 구도자에 민감한 집회와 경배와 찬양 형식의 찬양 예배가 주류를 이루고 있다고 하겠다. 여기에서는 중복되는 내용이기는 하지만 독자의 편의를 고려하여, 구도자에 민감한 집회와 열린 예배 그리고 찬양 예배에 대해 보다 상세히 살펴보도록 하겠다.

1) 구도자에 민감한 집회와 열린 예배

현재 한국 교회에는 중·대형 교회들을 중심으로 구도자에 민감한 집회와 열린 예배 형식이 지속적으로 확산되고 있으며, 청년 예배의 한 주류를 이루고 있는 것임은 이미 말한 바 있다. 이 흐름은 주로 미국의 비예전적 교회와 독립 교회를 중심으로 일어난 집회 형식에서 비롯되었으며, 그 뿌리는 19세기 북미의 거의 모든 교파들에게 영향을 미쳤던 '개척자 예배'로까지 거슬러 올라간다.

이러한 집회 형식의 예배 아닌 예배가 특히 청년 예배에도 많은 영향을 미치고 있다. 이 집회는 미국의 윌로우크릭교회와 새들백교회 등을 중심으로 발전해 온 일종의 전도집회이다.

새들백교회 담임목사인 릭 워렌_Rick Warren_은 이 집회의 세 가지 불변 요소로 불신자들을 사랑과 존경으로 대하기, 예배를 그들의 필요에 연결시키기, 실제적이고 이해하기 쉬운 방법으로 말씀 나누기를 꼽았다.

현재 한국 교회의 열린 예배들은 주로 청년들을 대상으로 하여 기존의 형식적이고 딱딱한 전통적 예배를 벗어나서 잔치적이고, 시각적이며, 회중의 능동적인 참여를 많이 격려하는 생동감 넘치는 예배 형식으로 진행되고 있다. 기존의 주일 예배를 획기적으로 수정하여 생동감 넘치는 잔치와도 같은 예배를 목표로 한다. 기존의 찬송가 대신 CCM을 즐겨 부르며 온 몸으로 하나님을 경배하고 찬양한다. 설교 또한 드라마 설교, 간증 설교 등을 하며 근래에 와서는 예전적 춤까지 도입해서 시도하고 있음을 알 수 있다. 예배에 있어서 전반적으로 보수적 입장인 대부분의 한국 교회는 주로 대학 청년부를 중심으로 유행하고 있는 이러한 새로운 형태의 열린 예배에 대해 조금은 부정적이고도 방어적인 자세를 취해온 것이 사실이다. 그러나, 요즘 들어 특기할 만한 상황은 주로 불신자를 대상으로 했던 구도자 집회 혹은 열린 예배가 이제는 그와는 별도로 신자 중심의 '열린 예배'를 드리고 있다는 사실이다. 다시 말해서, 기존의 구도자 중심의 전도 집회로서의 열린 예배 개념보다는 기존 신자들에게 새로운 생동감을 주는 예배로서의 '열린 예배'가 나타나고 있다는 것이다. 특별히 청년들을 대상으로 하는 '열린 예배'는 그 동안 개혁 교회 예배 전통과 내용과는 상이한, 찬양과 경배를 중심으로 한 또 다른 변종 형태의 예배라고 볼 수 있다.

예배신학적 관점에서 구도자 집회는 예배라기보다는 불신자들에게 복음을 전하기 위한 전도 집회이며 다음과 같은 문제점이 있다. 첫째, 예배란 "인간에 대한 하나님의 봉사"와 "하나님에 대한 인간의 봉사"라는 두 가지 면이 있는데, 구도자 집회에는 하나님을 위한 인간의 봉사가 없다. 구도자를 위한 기존 신자들의 섬김과 봉사만 있으며, "인간을 위한 인간의 봉사"에서 끝나기 때문에 예배라고 할 수 없다. 둘째, 이 집회는 하나님 중심이 아닌 인간 중심의 집회, 다시 말해 고객 지향적인 집회라고 볼 수 있다. 셋째, 예배는 피조물인 인간이 창조주 하나님께 드리는 최고의 행위인데, 복음을 전해 구원을 받게 하는 것이 목적이라고 해도 예배를 수단화시켰다는 점이다. 넷째, 회중의 '수동적 참여'를 조장하게 되었다는 점이다. 회중은 극장식 예배당에서 음악 연주, 드라마 공연, 초대 손님 인터뷰, 메시지 등을 그저 편안히 의자에 앉아서 보고 듣기만 하면 된다. 모든 순서는 '회중을 위해' 이루어진다. 이러한 문제점 이면에는 소비자주의consumerism가 버티고 있음을 알 수 있다. 그렇기 때문에 철저히 이 집회는 모든 환경 제공이 가능하고 자원봉사자 인력이 충분한 대형 교회 중심으로 퍼져나갈 수 있었던 것임을 염두에 두어야 한다. 특별히 소비 성향이 강하고 개성이 뚜렷하며 편리함과 신속함에 길들여져 있는 청년 세대들의 특징을 떠올려보았을 때, 서비스 집단으로서의 교회와 예배만이 각인될 위험이 더 크다고 하겠다.

한국 교회에서는 무분별하게 트렌드를 좇아 소위 '열린 예배'라는 이름으로 바꾸어 실행에만 급급할 것이 아니라 한 걸음 뒤에 서서 냉철하게 비판적인 시각으로 보는 자세가 필요하다. 그 이면에는 단기간 내에 '교회 성장'만을 염두에 둔 예배의 수단화라는 큰 함정이 자리잡고 있기 때문이다. 결과만 좋다면 어떤 형식, 어떤 내용이든 상관하지 않고 무조건 무비판적으로 받아들이고 모방하기에 급급한 현장의 무감각이 더 큰 문제이다. 그럼에도 불구하고, 이러한 열린 예배는 앞으로도 계속 미래 한국 교회와 청년 예배에 있어 중요한 이슈가 될 것이라 생각한다. 따라서, 현재 젊은이들을 중심으로 행해지고 있는 다양한 '열린 예배'의 분석과 실제적 대안 제시가 바로 시급한 과제 중의 하나라고 하겠다.

2) 경배와 찬양 예배

원래 찬양 예배는 크게 찬양과 말씀의 두 부분으로 이루어진다. 예배는 대부분 CCM 찬양과 함께 그 사이사이에 즉흥적 기도가 들어가며, 말씀 부분은 대개 성경의 긴 구절을 해설 형식을 가지고 설명하는 것으로 이루어졌다. 서구 교회의 경우, 카리스마틱 예배를 중심으로 발전되어 나갔는데, 여기에서 음악은 예배자가 하나님이 임재 가운데로 들어갈 수 있게 돕는 중요한 도구이기 때문이다. 또한 찬양과 영적 능력이 직접적인 관계가 있다고 보기 때문에 음악은 예배자들이 하나님의 임재 가운데 성령님이 주시는 다양한 은사들을 경험하도록 돕는 도구로 인식되기도 하였다. 탈예전적인 성향이 강해서 중보기도로 시작된 찬양이 30분 이상 계속되는 곳이 많으며, 찬양 인도자에 대한 의존도가 클 수 밖에 없다.

한국 교회에서의 경배와 찬양 예배는 주로 주일 오후나 저녁 예배 때 '찬양 예배'라는 이름을 붙여 드려졌고, 찬송가 대신 복음 성가 중심으로 찬양 인도자가 기타를 메고 앞으로 나와 혼자서 인도하거나 혹은 몇 몇의 찬양팀원들과 함께 인도하는 형식이 일반적이다. 그리고, 청년부 지도 교역자와 찬양팀 인도자로 이원화 되어 있는 경우가 많다. 그러다가, 청년 예배가 분리되면서 경배와 찬양 예배 형식이 유행하게 되었고, 대부분의 중·대형 교회에서는 주일 예배의 마지막 예배를 명칭의 차이만 있을 뿐 대학청년부를 배려하여 경배와 찬양 예배 형식의 예배를 드린다. 소형 교회에서도 청년의 숫자가 찬양팀을 구성할 정도만 되면 주로 주일 오후나 저녁 예배를 '찬양 예배'로 드리고 있는 실정이다.

이 예배 유형은 한 때 한국 교회에서 상당히 유행했지만 현재에 이르러서는 청년들을 중심으로 드려지고 있는 새로운 형태의 '열린 예배' 안에 흡수된 것으로 본다. 한 때는 초기의 열린 예배라는 형식과 혼용되었던 적도 있었지만 현재 드려지는 경배와 찬양 예배 자체가 독립적인 예배 형식이라기보다는 청년 중심의 열린 예배를 드릴 때 도입부로 드려지고 있는 경우가 많기 때문이다. 따라서, 청년 중심의 찬양 집회 자체는 이전보다 많이 약화되었음을 미루어 짐작할 수 있다.

그러나, 이 예배도 1970년대에의 한국 예수전도단 *Youth With A Mission*과 중앙대학교 기독학생연합회의 활동에 힘입어 1980년대 중반 특히 1987년을 기점으로 큰 변화가 일어나기 시작했다. 주찬양선교단, 다드림선교단(현 다리를 놓는 사람들), 임마누엘선교단(현 어노인팅), 두란노 경배와 찬양(현 올네이션즈 경배와 찬양)등이 시작되었기 때문이다. 이후로 컨티넨탈싱어즈, 다윗의 장막(레위지파), 모던워십(디사이플스), 마커스 목요집회등으로 발전해 나가고 있으며, 특징적인 사항은 이러한 단체를 이끌었던 리더들이 목사로 안수받은 뒤 교회를 개척하여 자신만의 경배와 찬양 예배를 시도하고 있다.**395**

2 ── 한국 교회의 청년: 그들은 누구인가?

이상과 같이 살펴보았을 때 한국 교회의 청년 예배는 '열린 예배'와 '경배와 찬양 예배'가 혼재되어 있는 한국형 '열린 예배'의 중간에 걸쳐져 있다고 말할 수 있다. 그리고, 외형적으로는 대중문화에 친숙한 옷을 입고 있으며, 그 내면에는 포스트모더니즘의 접점에서 세상과 교회의 양 끝에서 아슬아슬하게 줄다리기를 하며 살아가고 있는 청년들의 고민과 외침, 그리고 참된 소통에 대한 갈급함이 있는 것으로 보여진다.

그렇다면, 현재 한국 교회의 청년들, 그들은 누구인가?

2008년 동아일보 특집으로 나온 세대 보고서에 의하면, Independent Producer라는 포괄적인 의미 하에 다음과 같은 일곱 가지 특성을 가진 2030 신세대를 IP 세대라고 부른다. ❶ 재미와 열정*Interest & Passion*, ❷ 국제적 잠재 역량*International Potential*, ❸ 혁신적 개척자*Innovative Pathfinder*, ❹ 똑똑한 재테크족*Intelligent Portfolio*, ❺ 만질 수 없는 파워 *Intangible Power*, ❻ 상호작용하는 참여*(Interactive Participation)*, ❼ 즉흥적 인간관계*Instant Partnership*이다. 참고로, 외국의 IP세대는 일본 아키바계(광적인 마니아들로, 일본 문화를 세계에 전파), 미국의 Y세대(삶의 질을 중시하며 기존 세대와 다른 것을 추구), 유럽의 글로벌 세대(국경을 넘나들며 자력으로 공부하고 취업함), 중국 바링허우(이기적 소황제에서 올림픽 주역으로 떠오른 세대)가 해당된다.

서구 교회에서는 이미 현장의 상황과 변화하고 있는 동향에 관심을 갖는 동시에 이전 세대와는 확연히 다른 소위 이머징 세대들의 목소리에 귀를 기울이고 고민을 하였다. 그 결과, 이머징 세대를 대상으로 하는 '이머징 예배'를 실행하였다. 또한, 계속적인 성찰과 비판적인 논쟁을 통해 이제는 굳이 '이머징'이라는 형용사를 붙이지 않더라도 독자적이면서도 창의적인 목회 사역을 통해 자신의 길을 잘 찾아 걸어나가고 있다. 이러한 점을 감안해 볼 때 그들의 실천한 바를 그대로 한국 교회의 청년 예배에 적용하는 것은 확실히 무리이다. 무리일 뿐만 아니라, 현재 우리 한국 교회에서 중요하다고 말은 하면서도 계속해서 변화하며 나타나고 있는 새로운 세대에 대한 연구나 분석 자체조차 없는 현실을 감안한다면 왜 그런가에 대한 답을 찾을 수 있을 것이다. 그럼에도 불구하고, 만약에 서구 교회의 청년 예배 유형을 그대로 받아들여 실행한다면, 오히려 이전보다도 못하면서도 더 큰 혼란이 있을 것임을 쉽게 짐작할 수 있다.

그렇다면, 기존의 한국형 '열린 예배'를 뛰어넘는 청년 예배를 드리기 위해서는 우리는 어떻게 해야 할까? 여기에 대한 필자의 제언을 정리해 보면 다음과 같다.

첫째, 참된 예배의 정의가 무엇인지, 현재 다니고 있는 교회의 역사와 예배의 특징, 그리고 문화적 배경과 특징에 대한 선행 연구가 있어야 한다. 이 결과에 따라 굳이 청년 예배를 대예배(장년 예배)와 구분하는 것이 바람직한 지 아닌 지를 결정할 수 있으며 나아가 소홀히 했던 예전의 형식을 갖출 수 있는 좋은 기회로 살릴 수도 있다.

둘째, 청년부 구성원들의 연령, 학력, 성별, 기독교 배경의 정도, 헌신 정도, 기질과 성향 등에 대한 분석과 결과를 갖고 있어야 한다. 이는 청년 예배를 기획하고 실행함에 있어서 가장 중요한 부분을 차지하며 차후를 결정짓는 중요한 요소가 되며, 발굴되지 않은 청년들의 다양한 예술적 재능과 잠재력을 키워서 적극적으로 활용할 수 있는 기초가 된다.

셋째, 현실 상황에 대한 분석과 결과를 갖고 대처해 나가야 한다. 먼저, 교회 차원에서 청년 예배를 위해 지원해 줄 수 있는 내용과 제한하고 있는 것은 무엇인지를 정확하게 알고 있어야 한다. 그런 다음에 그것을 근거로 하여 청년부 내에서 보완하거나 대체하여 예배에 반영시킬 수 있는 것은 무엇인지를 알아야 구성원들의 적극적인 참여를 독려해 나갈 수 있기 때문이다.

넷째, 유기적인 리더십에 대한 수용과 교감, 소통이 무엇보다 필요하다. 찬양인도자와 설교자의 동역자 의식이 우선되어야 하며 그것은 정신적인 교감이나 개인적인 합의로만 그치는 것이 아니라 그 결과가 예배에 반영되고 나타나서 공동체가 알고 수용하는 단계에까지 이르러야 함을 뜻한다. 마지막으로, 예배자의 참여를 확대하면서도 예배의 주도권은 언제나 하나님께 있다는 본질을 잃어버리지 않는 것이 중요하다.

III

한국형 예배의
새로운 패러다임:
유기적 예배의
가능성을 꿈꾸며

지금까지 언급한 내용은 간단해 보여도 실제 적용하기란 매우 어려운 일이다. 공동체가 스스로를 잘 알고, 외부의 변화에 대해 열려있으면서도 본질은 잃어버리지 않는 '유기적인' 태도가 그 무엇보다 필요하기 때문이다. 이러한 맥락에서 필자는 세대통합예배와 청년 예배를 위한 새로운 패러다임으로 '유기적 예배'를 제시하는 바이며, 그 내용은 다음과 같다.

1 ―― 유기적 예배의 정의

지금까지 '올가닉*organic*'이라는 단어는 가정 교회 운동을 지지하는 쪽에 의해 주로 생물학적인 의미로 이해되어왔다. 닐 콜*Neil Cole*은 자신의 책 *Organic Church*에서 기존의 '가정 교회'라는 이름 대신 'organic church'라는 이름을 붙여주면서 세상의 모든 교회들은 다음과 같이 '유기적' 특성을 지녀야 할 것을 강조한 바 있다. 첫째, 모든 교회는 예수 그리스도의 몸이며 살아 움직이는 생명체가 되어 예수님이 피로 값 주고 사신 만큼 풍성한 열매를 맺고 번식하여 지구를 가득 채워야 한다.[396] 둘째, 교회는 생명체의 자연스러운 발달 단계를 그대로 따르면서 모든 부분에서 증식이 이루어져야 한다. 그리고 어느 생명체든 증식은 당연하게 일어나는 현상인데 먼저 세포 수준에서 시작되어 분열을 통해 복잡한 생명체로 변화하며 보통은 작은 것에서 큰 것으로 발달해 나간다.[397]

이러한 맥락에서 필자는 '유기적*organic*'이라는 단어를 생물학적 의미로 국한시키는 것이 아니라 세대통합을 위한 동시통합적인 상호작용의 의미를 확대시켜 사용하고자 한다. 일단 어떤 영역이나 집단에서 적어도 3세대가 모인 상황 속에서 상호유기적인 관계와 그 힘을 경험하면 어느 정도 불편이나 혼란이 있어도 점차 주도적으로 새로운 질서를 만들면서 적응하게 된다. 이것은 불안정한 청년 예배에 있어서도 마찬가지이다. 나아가 그러한 단계를 거쳐 내재된 상호유기적인 생명력은 계속해서 다른 방향으로 뻗어나가고자 하는 생명력과 결합하기 때문이다. 바로 이러한 특징이, 필자가 한국형 예배의 새로운 패러다임으로 유기적 예배를 주장하는 이유이기도 하다.

2 ─── 유기적 예배의 특징

1) 이론화를 위한 기초 개념: 이야기, 시간, 공간

(1) 이야기

유기적 예배 이론화에 있어 가장 기초가 되어야 할 것은 바로 하나님의 이야기*Story*와 사람의 이야기*story*이다. 유기적 예배의 궁극적인 목적은 '복음'이라는 불변의 메시지이기 때문이다.[398] 이러한 관점에서 하나님의 이야기와 사람의 이야기(설교)가 유기적 예배에서 구체적으로 어떻게 나타나야 하는지를 다음과 같이 구분하여 말할 수 있겠다.

❶ 개인은 삼위일체이신 하나님께서 내리신 명령에 순종하며 행동하는 증인이기 때문에 그에 따른 실존적 이야기가 나타나야 한다. 이것은 문화 명령을 필두로 현실에서 나타난 사회적 책임과 함께 개인 생활에서만이 아니라 신앙공동체의 구성원에게 요구하신 것에 대해 어떻게 대처하고 살아가고 있는지에 관한 개인적인 이야기|story 전체가 반영되어야 함을 뜻한다. 이것을 유기적 예배의 실제와 관련시켜 생각해 보면 회중들에 의한 기도와 찬양부분에서 직간접적으로 반영되어 나타나게 될 것이라 생각한다.

❷ 궁극적인 목표인 복음 선포의 이야기|Story가 선포되어 나타나야 한다. 다시 말해서 이것은 전도 명령, 다양한 예전, 협력 예배, 다양한 예술 형태로 나타나는 가르침과 신앙의 여정을 나누는 다양한 방법을 통해서도 가능한 부분이다. 또한 증인들 사이에 이루어지는 상호작용적인 관계에서도 이러한 하나님의 이야기가 드러나야 하기 때문에 유기적 예배의 실제에서는 무엇보다 설교와 성만찬을 통해 가장 확실하게 표현될 것이라 생각한다.

❸ 언급한 개인의 이야기|story와 복음 선포의 이야기|Story가 결합되어 나타나야 한다. 그러기 위해서는 설득이라는 방법을 적절하게 사용하여 전달할 때 효과적인 동시에 선교적 자세를 요구하는 것임을 기억해야 한다. 유기적 예배의 실제에서는 하나님이 허락하신 세상을 향해 복음을 들고 나아갈 것을 다짐하는 파송 부분에서 더욱 효과적으로 반영시켜 나타낼 수 있다.

(2) 시간

이것은 과거의 전통이 계승되는 1단계, 현재의 문화가 수용되는 2단계, 미래의 소망이 드러나는 3단계로 나뉜다. 이 단계는 연속성이 강조되어야 하며, 크로노스chronos 즉 일련의 불연속적인 우연한 사건과 카이로스kairos 즉 구체적인 사건의 순간, 감정을 느끼는 순간을 통해서 나타난다.

❶ 유기적 예배의 시간 개념에 있어서 가장 중요한 부분은 바로 아남네시스Anamnesis와 프로렙시스Prolepsis가 공존하여 나타나야 한다는 것이다. 과거를 현재로 가져온다는 뜻인 아

남네시스는 우리의 기억하는 행동을 통하여 과거가 현재로 될 수 있다는 말이다. 이처럼 아남네시스는 과거의 경험을 내 경험의 세계 속으로 가져오는 것을 의미하므로 과거의 사건에 대한 예전적인 행위를 통해 그것을 오늘의 세계로 가져옴을 뜻한다.**399**

❷ 한편 미래를 현재로 가져온다*to take beforehand*는 뜻인 프로렙시스는 어떤 것을 우리의 경험 속에 미리 실제로 일어나는 것을 경험함을 의미하며 다시 말해서 하나님의 미래를 우리의 현재 속에 가져오는 것을 의미한다.**400**

유기적 예배 실제에 있어 이러한 시간 개념은 주승중이 말한 것처럼 '은총의 교회력'에 따라 드려지는 예배에서 가장 잘 나타나며 그 외에도 역사적 신조와 기도문 그리고 찬양을 통해서도 다양하게 적용시켜 나타낼 수 있게 된다.

(3) 공간

여기서 말하는 공간은 삼위일체 하나님이 함께 하시는 구별된 공간이며 성화된 공간*sacred space*이다. 인간의 눈으로 보았을 때는 보이는 공간이 될 수도 있고 보이지 않는 공간이 될 수도 있다.

❶ 유기적 예배가 이루어지는 '공간'은 일차적으로는 눈에 보이는 공간에서 드려지지만 나아가서는 눈에 보이지 않지만 존재하고 있는 사이버 공간을 통해서도 드려질 수 있고 더 확장시켜 보면 하나님이 창조하신 모든 피조물과 이미 도달했으나 아직 도래하지 않은 하나님의 나라라는 '공간'에서 드려질 수 있다고 말할 수 있다.

❷ 이 공간을 예전적 의미로 생각해보면 하나님의 거룩하심을 경험하는 예배 안에서 예배가 담고 있는 풍부한 예술적 상상력과 그 아름다움의 차원을 표현할 수 있다. 이것은 공간을 통해 나타나게 되는 상징과 성구聖具에 대한 새로운 인식과 실천이 행해져야 한다는 당위성까지 포함하고 있는 부분이기도 하다.**401**

2) 유기적 예배의 특징

여기에서는 앞에서 살펴본 유기적 예배의 이론화를 위한 기초 개념인 이야기, 시간, 공간을 참고로 하면서 유기적 예배를 통해 추구해야 할 특징이 차례대로 나온다.

❶ **그리스도 중심**_Christ-centered_ : 이것은 하나님의 인간을 향한 사랑과 인간의 하나님을 향한 응답이 이루어지고 있는 예배의 보편성을 잘 나타낸다.

❷ **복잡계**_complexity_ : 동시통합적인 상호작용이 함께 이루어지고 있는 하나님의 통치를 받고 있는 성화된 개념의 복잡계이다. 이 특징을 통해 유기적 예배는 항상 변화를 추구하되 하나님의 창조 원리에 위배되는 진화가 아니라 창조적 진화가 이루어지는 곳이라면 그 어디든지 드릴 수 있게 된다.

❸ **공동체**_community_ : 유기적인 리더십_organic leadership_을 바탕으로 한 유기적인 공동체를 의미하며 비단 인간의 공동체만이 아니라 하나님께서 함께 창조해주신 모든 창조 세계와 피조물을 포함하는 광의의 개념으로서의 공동체까지 의미한다.

❹ **고백**_confession_ : 하나님의 증인으로 부름받은 인간이 스스로를 돌아보며 불완전함에 대한 참회와 고백, 화해를 뜻한다. 개인적인 고백과 함께 공동체적인 불완전함에 대한 고백이 있어야 하고 하나님께서 맡겨주신 창조세계를 하나님 뜻대로 관리하지 못하는 고백까지 행해져야 한다.

❺ **헌신**_commitment_ : 소명_calling_을 갖고 인간과 세상을 향해 나아갈 때의 마음 자세를 의미한다. 이것은 성경을 통해 하나님께서 가르쳐 주신 수많은 신앙의 선배들과의 시공간을 초월한 교류를 통해 현재를 살아가는 사람들이 그 마음을 바르게 하고 자신을 부르신 하나님의 뜻을 분명하게 깨닫게 될 때 이러한 특징은 완성되어 진다.

❻ **긍휼**_compassion_ : 하나님이 먼저 인간에게 보여주신 근원적 마음이며, 사람과 창조 세계에 있어서 공감되어야 할 근원적 마음이다. 또한 선교적 마음의 기본이자 예배자의 기본 마음이다.

❼ **소통**_communication_ : 일차적으로는 인간과 인간 사이의 수평적인 소통과 하나님과 인간 사이의 수직적인 소통을 의미한다. 또한, 유기적 예배에서 궁극적으로 지향하는 소통은 참된 영적 연합을 지향하는 소통이다. 유기적 예배의 실제에서는 주로 기도, 설교, 찬양, 교제를 통해 나타난다.

❽ **항상성**_constancy_ : 예배에서 선포되어야 할 불변의 진리를 뜻하며 언제 어디에서나 모든 예배를 통해 선포되어야 할 하나님의 말씀을 뜻한다. 과거로부터 이어져오는 국내외적인 신앙의 전통을 의미하며 이것은 모든 예배가 반드시 고유한 전통에 뿌리를 두고서 이루어져야 함을 강조한다.

❾ **축제성**_celebration_ : 절정으로 나타나는 곳이 바로 세례와 성만찬이다. 특별히 이러한 특징은 한국 교회의 현실에 비추어 보았을 때 상대적으로 가장 약한 부분이기도 하다. 한국 교회에서는 성만찬 자체의 의미보다는 그것을 누가 집례하며 분병분잔 할 것인가와 같은 직제에 대한 논의가 더 큰 비중을 차지하고 있기 때문이다.

❿ **당대 문화**_comtemporary culture_ : 당대의 문화에 대해서도 열린 자세와 마음으로 수용하고 재해석하여 표현하는 것이 필요하다. 이것은 예배당 장식과 공간 사용, 다양한 음악과 다양한 번역의 성경 사용 등을 통해 표현할 수 있다. 특별히 한국 교회의 경우 서구의 당대 문화만이 아니라 현재 한국에서 일어나고 있는 당대 문화에 대한 인식과 기독교적인 해석이 필요한 부분이기도 하다.

⓫ **보편성**_catholicity_ : 니케아 신조에 나오는 교회의 전통과도 관련 깊은 특징이며,[402] 먼저 이웃에 대한 차별없는 태도를 통해 나타나야 할 부분이기도 하다. 이것은 믿고 안 믿고를 떠나 교회의 크기에 상관없이 모든 인간들은 하나님의 자녀임을 인식하고서 예배를 통해 그러한 벽을 허물어 뜨리고 다 함께 하나님 앞으로 나아가야 한다는 통전적인 의미를 강조한다.

⓬ **피조물에 대한 배려**_care for creation_ : 이 특징은 앞서 말한 고백과 헌신 그리고 긍휼함을 기본으로 하여 실제적으로 창조 세계와 피조물에 대한 보살핌을 펼쳐나가는 실천에 대한 부분이다.

3 ── 유기적 예배의 실제

필자가 유기적 예배의 실제를 기획하면서 제일 먼저 떠올렸던 말은 "기독교 예배는 문화 *culture*와 구별이 어려울 만큼 연결되어 있으며, 신학적*theological* 이슈들, 정치적*political* 고려들, 그리고 실천적*practical* 문제들과 밀접하게 연결되어 있다. 따라서 시대와 문화를 초월하고 모두에게 적용할 수 있는 완벽한 하나의 예배 형태를 만든다는 것은 불가능할 뿐 아니라 무의미하기도 하다."[403]는 것이었다. 이것은 보기에 따라 유기적 예배 자체가 갖고 있는 역동성, 개방성, 적응성을 부정하는 시도가 될 수도 있다는 걱정이 앞섰기 때문이다.

그럼에도 불구하고, 유기적 예배의 특징들 간에 작용하는 복잡성을 일차적으로 믿고 이와 아울러 각각의 예배를 기획하는 그 시점에서의 이야기-시간-공간을 고려하면서 필자가 직접 기획하고 실행했던 유기적 예배의 실제를 소개하고자 한다. 처음 나오는 추석감사예배는 2007년 가을 Yale Divinity School의 채플에서 드렸던 것이다. 외국 신학교에서, 다양한 인종을 대상으로 한 것이기 때문에 이후에 나오는 다른 예배들에 비해 비교적 자세한 자료들을 실어놓았음을 참고하기 바란다.

유기적 예배를 기획하는 시작 단계에서는 다시 한 번 더 다음의 내용을 점검해야함을 강조하고자 한다. 첫째, '이야기': 이 예배에서 나타내고자 하는 기본적인 내용은 과연 무엇인가?[404] 둘째, '시간': 이 예배에서 나타내고자 하는 과거, 현재, 미래의 시간은 어떠한 것인가?[405] 그리고 과거를 현재로 가져오는 아남네시스와 미래를 현재로 가져오는 프로렙시스는 어떻게 나타내야 하는가? 셋째, '공간': 이 예배가 드려질 공간은 어떤 곳이며 궁극적으로 지향하는 공간은 어디인가?[406]

1) 추석 예배

(1) 기획 의도

내용에 들어가기에 앞서 먼저 분명하게 정리해야 할 부분은 바로 이러한 '추석 예배'를 드리는 날짜 문제이다. 지금까지도 대부분의 한국 교회는 미국인들의 감사주일 날짜에 맞춰 한국 날씨와 실정과는 아무런 상관이 없는 11월 셋째주일에 추수감사예배를 드리고 있는 실정이다. 주승중은 이러한 문제를 놓고 선교 2세기가 지난 이 시점에서도 그러한 추수감사주일을 지킨다는 것은 참으로 부끄러운 일이라고 하면서 다음과 같이 비판적 관점에서 말하였다.

> 전 세계 어디를 보아도 자기 민족의 고유의 감사절을 외면하고 외국의 감사절을 그대로 답습하는 교회는 한국 교회 밖에 없다. 그런 면에서 우리 한국 교회는 하루 빨리 우리의 문화와 정서에 맞는 절기를 찾아 감사주일을 제정해야 할 것이다. 이 문제와 관련하여 우리 민족의 가슴에 감사로 가득 넘치는 중추절을 전후한 주일을 감사주일로 정한다면 하나님을 향한 민족적인 감사의 열기가 더해질 것이다. 그리고 이 날 모두가 함께 교회에 모여 가진 자는 가난한 자에게 베풀어 나눔의 자리가 되게 하고 함께 애찬을 나누게 하면 더욱 더 의미있는 감사절이 될 것이다.**407**

필자는 위와 같은 주승중의 의견에 동의하면서 여기에서 제시하고자 하는 추석 예배는 11월 셋째 주에 지키는 추수감사절에 명칭만 바꿔 드리는 것이 아니라 실제 추석날을 전후한 주일날에 드리는 것을 염두에 두고 기획하였다. 일단 추석의 고유 풍습으로는 추수감사의 만찬*thanksgiving feasts*, 차례*memorial service*, 성묘*visiting graves*, 가족들의 재결합*family reunion*, 이웃들과의 교제와 나눔*sharing in human fellowship*이 있다.**408** 이러한 풍습과 연결되는 유기적 예배의 특징을 살펴보면 다음과 같다.**409**

❶ **감사 만찬** : 이것은 공동체*community*에 의한 교제*communion*, 만찬에 대한 기쁨과 함께 이 땅에서 행해지는 성찬식*celebration*을 떠올리면서 나아가서는 천국에서 행해질 만찬까

지 떠올리게 한다.

❷ **차례** : 온 가족이 함께 모여 조상을 기억하며 교제*communion*하는 시간이며 믿지 않는 가족들을 위해 안타까운 마음을 가지고*compassion* 자연스럽게 복음*constancy, Christ-centered*을 전할 수 있는 기회이다. 자녀들에게는 믿음의 조상을 주신 하나님께 감사를 표현할 수 있는 좋은 기회이기도 하다.

❸ **성묘** : 누구에게나 보편적인*catholicity* 죽음에 대해 생각하며 하나님 앞에 선 단독자로서의 자기 자신을 되돌아보며 회개하고*confession* 새로운 마음으로 부활에 대한 소망을 갖고 보다 적극적으로 세상을 품으며*contemporary culture* 살아갈 것을 결심*commitment*하게 한다.

❹ **가족들의 재결합** : 평소에 바쁘게 흩어져 살던 가족들이 모여 즐거운 교제*communication*)를 나누면서 변치 않는 가족애를 확인하게 되는 때이다.

❺ **이웃들과의 교제와 나눔** : 이것은 거리적으로 가까이 살고 있는 이웃만이 아니라 가난한 이웃까지 포함한다. 그들을 향해 진심으로*compassion* 나아가면서 그들을 섬기고*commitment* 보살피면서*care for creation* 구체적이고도 실제적인 것을 나누는*communication* 실천을 통해 이루어진다.

이와 같이 유기적 예배로 드리는 추석 예배의 실제에 있어서 미리 말해둘 사항이 있다. 이번 예배의 가장 큰 특징은 한국 교회에서의 유기적 예배 적용을 위해 제시하는 추석 예배이기는 하지만, 앞의 고찰을 통해 알게 된 유기적 예배의 특징에 근거하여 미국 신학교에서 다양한 인종의 학생들을 대상으로 한국적 예배의 특징을 소개하는 동시에 다문화권 사람들의 눈높이에 맞추려고 노력한 부분이다. 이것은 필자가 바로 앞에서 언급했던 것처럼 참된 유기적 예배란 내가 아닌 타인, 내가 속한 공동체가 아닌 다른 공동체, 내가 살고 있는 세계가 아닌 다른 세계를 향해 겸손한 마음과 자세를 가지고 나아가는 것이다. 이러한 의미를 잘 생각해 보면 필자가 왜 한국적인 풍습을 가장 잘 나타내는 추석 예배에 다문화권 사람들을 고려한 예배를 기획하게 되었는지 알게 될 것이다.

(2) 주의사항

이러한 맥락을 알고서, 본 예배 기획에 있어서 주의해야할 내용을 살펴보면 다음과 같다.

❶ 실제 예배 시간보다 빨리 와서 함께 교제 나누는 시간이 중요하기 때문에 이에 대한 광고를 몇 주 전부터 여러 번에 걸쳐 하도록 한다.

❷ 예배에 참석하는 사람들의 언어로 만들어진 순서지를 따로 준비해야 하며 이것은 사전에 미리 철저하게 준비하지 않으면 안된다. 여기서는 편의상 한국어와 영어를 함께 사용한 것을 보기로 제시하였다.

❸ 공간 및 장식

실내에서 할 경우 : 가운데에 성찬대를 놓고 사방에서 그것을 바라보는 형태로 의자를 배열하고 각 코너에는 하늘, 지구, 사람을 표시하는 사진이나 틀을 세워놓는다. 성찬대 양쪽 옆에는 따로 탁자를 놓고 한 군데에는 성경책과 감사 물품 등을 올려놓고 나머지 한 군데에는 세례반을 둔다. 자리가 협소할 때에는 탁자 아래 공간이나 주변 등을 상황에 맞춰 이용하도록 한다.

또한, 미리 추석 차례를 지내는 모습이나 함께 모여 송편을 빚는 모습 등이 담긴 동영상이 있으면 소리는 나지 않게 하되 스크린이나 텔레비전을 통해 보여주고 아니면 확대해서 주위 벽면에 미리 설치를 해서 예배드리러 온 사람들이 미리 한국의 전통적인 모습을 보면서 예배드릴 준비를 할 수 있도록 한다.

실외에서 할 경우 : 높이가 있는 성찬대보다는 상을 이용하는 것이 더 좋을 수 있다. 자유롭게 자리를 정해서 앉도록 하되 마이크 의존도가 높아지기 때문에 세심하게 준비하도록 한다. 또한 미리 추석을 소개할 상황이 여의치 않을 경우도 있으므로, 주보를 최대한 이용해서 알려주고 사진 등을 실어서 보여주도록 한다.

❹ 성찬 준비 : 포도주는 가능하면 교회에서 미리 담궈놓은 것을 사용하도록 하고 떡은 쌀가루를 이용해서 얇게 밀어 잘라놓은 것을 사용한다. 만약의 경우에 대비해서 넉넉한 양을 준비하도록 한다.

❺ 전통 복장 : 가능하면 각 나라의 전통 복장을 입도록 권면한다. 그 자리에서 직접 사진을 찍어주며 즐거운 축제 분위기를 만들어 나가는 것도 좋다. 예배 순서를 맡은 사람들은 모두 다 전통 복장을 하도록 한다.

(3) 예배의 구조

여기에서 소개하게 될 것은 실제로 드릴 추석 예배 주보에서 각 순서만을 뽑아 정리해 놓은 것이다. 이것은 추석에 대해 잘 모르거나 예배에 익숙하지 않은 다문화권 사람들을 고려한 것으로 한 눈에 전체 순서가 어떠한 지 알아볼 수 있게 하는 것에 중점을 둔 것임을 참고하기 바란다.

- Prelude(전주): 아리랑 곡조
- Invitation(교독문)
- Sah Doh Shin Kyung(사도신경)
- Hymn(찬송가, Christ, You Are the Fullness)
- Reading: 시편 107편 1-3절
- Response(응답송)
- Narration(나레이션 1): A New Harvest / Sung Response
- Narration(나레이션 2): Reuniting Separated Families/ Sung Response
- Narrative(나레이션 3): Remembering Our Ancestors / Sung Response
- Prayers of the People(회중기도): Harmony prayer(통성기도)
- Joo Gee Doh Moon: 주기도문
- Anthem(찬양)
- Great Thanksgiving(대감사기도)
- Holy Communion(성찬식)
- Music During Distribution(분병분잔 찬양) "Ososo"(오소서)
- Benediction(축도)
- Dismissal(파송)
- Closing Song(마침 찬양): gang-gang-su-wahl-lay"(강강수월래)
- Postlude(후주): Traditional Korean Drumming by Poongmulpae

2) 2014년 장로회신학대학교 채플 성금요일 예배(4월 18일 한경직 예배당)

(1) 기획의도

이 예배에서는 특별히 예배 공간을 세분하여 만드는 것과 시간에 따른 내용을 효과적으로 전달하고 공감하는 것에 중점을 두었다. 이를 위해 예배당의 공간 구분과 새로운 제 3의 공간을 마련하는 것이 제일 고심한 부분이기도 하였다. 특별히 이 예배를 기획할 때 원래 전공이 무대예술인 전문가, 미술 전공인 학생, 그리고 학부 전공으로 신학을 했으면서도 몸으로 드려지는 행동과 춤에 관심을 갖고 전공을 바꾼 학생 그리고 교회음악 전공 학생과의 만남이 매우 큰 도움이 되었고 필자의 식견을 넓히는 데에 큰 도움이 되었다. 결론 부분에서 언급하겠지만, 세대통합을 염두에 두면서 유기적 예배를 기획하고 실행하는데 있어서는 여러 영역의 콜라보가 중요하다고 생각한다. 이를 염두에 두면서 각 예배의 기획-준비-실제에 대한 중요한 내용만을 정리해서 소개하고자 한다.

(2) 준비과정

❶ 각 주제인 아이러니, 배신, 고난과 죽음에 맞춰 3개의 공간을 설치했다. 처음 기획할 때에는 그림자극을 염두에 뒀는데, 준비하면서 현장 조사를 해보니 전용 스크린을 비롯해서 여러 제약사항이 더 많고, 단면적이고 평면적이 느낌이 더 많았다. 또한, 예수님 당시의 배경과 환경을 현대 미술과 멀티미디어 기술과 맞추다 보니 일반 프레임이 아닌 새로운 프레임이 필요했기 때문이다.

❷ 예수님의 고난 중심에 성전이 있었고, 예전에 당하신 고난과 무너진 성전의 개념이 같이 필요했기 때문에 그것을 색깔로 표현했다. 깎인 돌과 함께 예수님 맞은 채찍 같은 것을 돌의 부식(예수님 상한 몸을 의미)을 통해 나타내었다.

❸ 세 부분으로 표현한 세트는 꼬박 1주일 정도 수작업으로 했던 것이며, 주요 자재로는 스치로폼, 건축용 목재, 종이, 일반 수성 페인트이다.

❹ 높이 6미터의 부드러운 흰 천을 이어서 스크린을 만들었으며, 스크린 글자는 돌 위를 스크린 대용으로 한 다음 미리 만들어둔 ppt 내용을 띄웠다.

❺ 예수님의 고난을 표현할 현대무용가를 섭외하여 독무 촬영을 했으며, 편집 기술은 'After Effect', 촬영은 DSLR 카메라 16mm렌즈로 했다. 그리고, 채플에서 할 때 학교 소장 프로젝터(3000안시)를 가운데 두고, 2000안시 2대를 대여해서 양쪽에 둔 다음 각각 3개 세트에 맞춰 ppt와 영상을 보여주었다.

❻ 음악은 교회음악 전공 대학원생에 일임하여 성악과 악기를 적절하게 배합하여 현장에서 라이브로 접목하였다.

(3) 예배 순서지

<예수 그리스도의 몸을 기억하며 드리는 성금요일 예배>

예수 그리스도께서는 '교회'를 위해
기꺼이 자신을 대속제물로 바치시고 십자가에서 피흘리며 돌아가셨습니다.
구원의 은혜를 받은 '나'도 교회이고, '우리'도 교회입니다.
예수 그리스도께서는 눈에 보이는 교회와 눈에 보이지 않는 교회를 위해
십자가에서 피흘리며 돌아가셨습니다.

예수 그리스도의 몸된 우리 자신의 자리를 돌아보며,
죽기까지 사랑하신 몸된 교회를 생각하며
오늘 예배를 하나님께 올려 드리려고 합니다.
"교회는 그의 몸이니 만물 안에서 충만하게 하시는 이의 충만함이니라"(엡 1:23)

※예배 중에는 핸드폰, 사진촬영, 출입이 제한됩니다.

[예배순서]

죽음에서 시작된 사랑
빌립보서 2장 8절 말씀

Prologue: 달콤한 죽음
J.S. Bach/ Arr. by Virgil Fox "Komm, süßer Tod, komm selge Ruh"/ 문지영 교수

Irony 아이러니
- 마태복음 21장 9절, 누가복음 19장 41~42절 말씀
- Irony Hosanna/ 성금요일 Ensemble/ 지휘 백하슬기
- 예수 그리스도의 몸1

Betray 배신
- 마가복음 14장 27절, 29절, 42절, 50절 말씀
- 즉흥곡/ 문지영
- 예수 그리스도의 몸2

Cross and Death 고난과 죽음
- 누가복음 23장 21절, 33절, 44-46절 말씀
- "십자가 지신 예수님"(백하슬기)
- 예수 그리스도의 몸3

어둠 속의 빛을 찾아
예수 그리스도의 몸 그리고 십자가

Epilogue 주의 십자가, 우리의 십자가
- 마태복음 16장 15절, 24절 말씀
- "주 달려 죽은 십자가"(찬 149장)/ 성금요일 Choir/ 지휘 이동규
  (콰이어의 선창이 있은 후 가사가 나올 때 함께 부릅니다.)
- 회중찬양

예수 그리스도의 '몸'된 우리가 다함께 드리는 기도
- 침묵 가운데 조용히 기도 제목을 보면서 기도드립니다.
- 계속 기도하는 지체들을 위해 조용히 움직여 주시기 바랍니다.
(※오늘 예배는 부활주일로 이어지기에 축도 없이 끝납니다.)

3) 2015년 주안장로교회 성금요일 예배(4월 3일 부평성전 대예배실)
*부록 참조

(1) 기획의도

❶ 주제 : 잊어버린 십자가-어둠 속에서 빛을 발견하다!

❷ 성경 : "오히려 너희가 그리스도의 고난에 참여하는 것으로 즐거워하라 이는 그의 영광을 나타내실 때에 너희로 즐거워하고 기뻐하게 하려 함이라" *(벧전 4:13)*

(2) 준비과정

❶ 당회실 벽면 고난주간-부활절-기쁨의 50일 홍보 자료를 현수막으로 만들어 게시하였다.

❷ 고난주간 묵상집 배포(A6 크기, 12면) : 랑데뷰 수입지 160g 사용, 로즈골드 별색으로 제작하였고, 개정 성구집에 따라 본문과 간단한 성화 소개, 그리고 개인의 묵상과 기도를 써넣게 하였다.

❸ 칼 블로흐의 성화와 카라바조의 성화를 묵상내용에 맞춰 선정하였다.

❹ 묵상용 성화를 비춰줄 대형 액자 프레임 제작 : 높이 5.5미터, 너비 3.5미터, 70센티 두께, 조립식으로 제작하였다. 합판. 인테리어 몰딩 목재를 사용했으며, 금분가루와 우레탄 코팅, 속 프레임은 철제(3*7 철각제), 3mm 와이어를 달아서 내렸다. 속은 리어 반투명 스크린을 사용했고, 후면 프로젝션(7000안시)를 사용했는데, 원래는 초점을 맞춰 2대가 바람직하다.

❺ 크로스 번을 주문하여 성금요일 예배 후 나눠주도록 하였다.

(3) 실행

평상시 기도회 형식을 중심으로 하되, 여러 분주하고 번잡한 일상을 떠나 주님의 고난을 다시 한 번 더 되새겨보게 하는 쪽으로 기획해 보았다. 이를 위해 액자 프레임을 활용했다. 이번 성금요일 예배를 위한 찬양단과 선창자를 선정하여, 시작부분을 비롯하여, 도입-전개-절정까지가 내부적으로는 성금요일예배 1부(1시간 예정)에 해당된다. 이어질 전체 기도회(30분 예정)가 2부에 해당된다.

4) 2016년 주안장로교회 성금요일 특별기도회(3월 25일 부평성전 대예배실)

*부록 참조

(1) 기획의도

❶ 주제 : 십자가와 함께, 주님과 함께

❷ 성경 : "내가 그리스도와 함께 십자가에 못 박혔나니 그런즉 이제는 내가 사는 것이 아니요 오직 내 안에 그리스도께서 사시는 것이라 이제 내가 육체 가운데 사는 것은 나를 사랑하사 나를 위하여 자기 자신을 버리신 하나님의 아들을 믿는 믿음 안에서 사는 것이라"

(갈 2:20)

(2) 준비과정

❶ 주보 전면 광고를 시작으로, 고난주간 특별새벽기도회 홍보용 포스터 이미지를 가지고, 현수막과 삽지 이미지를 통일시켜 진행하였다.

❷ 2016년부터 위임목사님이 직접 기도회와 설교를 하시게 되었기 때문에 특별기도회로 연결시켜 기획하였다.

❸ 이번 특별기도회의 가장 큰 특징은 내용상에 있어서는 자체 콘티를 가지고 사전 제작을 의뢰한 샌드아트에 본 교회만의 역사를 연결시켰고 당일날 라이브공연을 했다. 그리하여, 개인만을 돌아보는 것에서 나아가 교회 공동체가 주님의 십자가 앞에서 함께 하나됨을 염두에 둔 기획임을 주지하기 바란다.

(3) 실행

❶ 특별기도회는

Before the Cross 주님의 십자가 앞에서: 주안교회의 과거와 현재(샌드아트)

On the Cross 주님의 가상칠언과 함께 드리는 기도(성경-멘트-기도-음악)

After the Cross 십자가 이후의 삶: 나와 너, 그리고 주안교회(샌드아트)

그리고, 침묵기도로 끝냈다.

❷ 음악은 찬양과 악기 등 따로 음악 감독을 세워 전문적인 흐름을 따라갈 수 있도록 일임하였으며 과하게 많은 숫자가 악기가 아닌, 어쿼스틱 분위기를 유지하는데 집중하였다.

이와 같이 세대통합을 염두에 둔 유기적 예배를 기획하고 실행하는데 있어서는 다른 영역 특히 멀티미디어의 신학적 해석과 활용에 따른 콜라보가 필수적이라고 하겠다. 이런 의미에서 필자는 예배 기획자라는 용어보다 '예배 프로듀서'가 더 적합하다는 생각까지 하게 되었다. 한 가지 고무적인 현상은 이미 저술한 바, 요즘 신학교와 신대원에 진학하는 학생들 중에서도 다양한 전공 학생들이 있으며, 이러한 예술과의 다양한 콜라보에 관심을 갖고 그 재능을 계발시키려는 학생들이 늘어나고 있다는 사실이다. 따라서, 조금만 더 교회와 학교에서 인내와 열린 생각을 가지고 이러한 점을 염두에 두고 유기적 예배를 실행시켜 나간다면, 비록 시행착오는 필수적이겠지만 한국형 예배가 자리잡고 꽃피우는 그 시기는 앞당겨질 것이라 믿는 바이다.

4 ── 결론: 기억과 용기

유기적 예배의 가장 큰 장점은 예배의 여러 요소들을 통합하여 미적인 표현을 자유롭게 풀어나갈 수 있다는 점이다. 실제 요즘 예술 경향을 보면, 예전에는 표현의 한계가 분명하게 있었으나 이제는 콜라보를 통해 그 한계를 뛰어넘는 것을 볼 수 있다. 예를 들어 과학, 엔지니어들이나 인문학자들, 예술가들이 서로 콜라보를 해서 프로젝트를 하는 추세가 많아지고 있다. 외국에서 진행되는 큰 프로젝트 특히 공공 프로젝트를 예로 들어보면, 시청에서 시민들을 위한 어떤 프로젝트가 있을 때 다양한 전문가와 시민들이 함께 모여 토론하고 아이디어를 모아서 작업들을 하는 것을 본다.

현재 교회 현장에 적용시켜 볼 때 사역자들 특히 교회의 예배 전문가들이 어떻게 하는 지를 보면 우리가 무엇을 지향해야 하는 가가 분명하게 나온다. 일차적으로 설교라는 언어로 표현하는 것도 중요하지만 이제는 예배 기획자들의 통합적 능력이 중요한 시대이다. 일방적으로 교역자들만이 직설적으로 하는 시대가 더 이상 아니다. 소통도 중요하고, 세상 사람들 이야기에도 귀기울여 필터링해서 표현하는 것이 사역자들의 역할임을 인식해야 한다.

문제는 현 시대의 멀티미디어나 예술이 말로는 표현하기 힘든 것을 표현 가능케 하는 것임을 바르게 인식해야 한다. 포스트모던 시대 하나님은 단순히 4영리만으로만 표현하는 것이 아니라, 예술의 문법을 가지고, 미묘하고 신비로운 부분을 예술의 과정들을 통해서 표현할 수 있기 때문이다. 예를 들어 오케스트라 지휘자처럼 여러 사람 데려다가 화음을 만들어 내고 아름다운 화합을 만들어낸다. 적용한다면 일반인들을 데려다가 하나님을 여러 모양으로 표현하는데 사용되도록 이끌어내는 것이 중요한 역할임을 기억해야 할 것이다. 따라서, 그러한 재능이나 능력있는 사람들, 사역할 수 있는 장을 열어주려면, 목회자와 평신도 모두 기본적으로 가지고 있는 소양을 확인하는 동시에 서로 소통할 수 있는 능력 다시 말해서 유기적 예배에서 강조하는 개방성과 적응성 그리고 열려있는 자세가 그 어느 때보다 필요하다. 이것이 곧바로 세대통합예배의 주요한 단초가 됨을 기억해야 할 것이다.

앞으로 계속해서 주의 깊게 한국 교회에 출현할 세대통합예배의 흐름을 지켜보아야 하겠지만, 지금까지의 내용을 토대로 하여 21세기 포스트모던 사회에 접한 한국 교회 예배가 나아갈 방향성을 짐작할 수 있다. 단순히 세대가 함께 모여 앉아 있는 것만으로, 혹은 특별 프로그램이나 일회성 예배를 통해서만 세대통합예배가 지속되어질 수 있는 것만은 아니다. 또한, 예배 때 찬송가 대신 CCM을 대치하는 것이 청년 예배의 전부가 아니다. 찬양대 대신 찬양팀을 세우는 것이 청년 예배의 전부가 아니다. 설교자가 가운 대신 평상복을 입고 나가는 것이 청년 예배의 전부가 아니다. 그보다는 얼마나 '예배'를 알고 있으며, 그 다음으로는 '나/우리'를 알고 있느냐가 더욱 중요하다.

세대통합예배 안에서 발견할 수 있는 한국형 유기적 예배의 가능성이야말로 21세기 한국 교회 예배가 추구해야 할 중요한 의미를 가지는 것이라 생각한다. 그 예배 안에 세대통합예배에서 추구해야 할 역동성*dynamics*과 개방성*openness* 그리고 적응성*flexibility*이 상호

유기적으로 작용하고 있음을 알 수 있기 때문이다. 즉, 한국 교회의 다음 세대를 배려하면서도 역사성과 예배 형식에 있어서는 각 세대별의 역할이 유기적으로 작용한다는 특성을 내포하여 지속시켜 나가야 함을 의미한다. 다양한 연령층 사람들이 예배를 통해 서로 중요하고 의미있는 것을 배울 수 있는 상호작용의 기회가 되며, 그 안에서 따뜻함, 용납, 위로, 사랑, 소속감 등이 서로를 성장하게 해준다는 사실을 기억하며 현재의 혼란 너머에 있는 새로운 질서를 찾아 나아가는 자세가 그 어느 때보다도 필요하다. 처음부터 우리는 하나였고, 그리스도를 머리로 하는 한 공동체였기 때문이다.

청년 예배도 마찬가지이다. 예배에 체화되어 나타나는 진정성과 개방성 그리고 참된 수용성을 얼마나 '유기적으로' 풀어나가느냐에 따라 참된 청년 예배가 드러지며, 그에 따른 예배 신학이 단단하게 세워져 나갈 것이라 생각한다. 위기가 곧 기회이며, 부족한 것은 오히려 발전할 가능성이 크기 때문에 우리는 보다 '유기적인' 자세로 시행착오를 당연히 겪으며 나아가야 한다.

그렇다면, 현재 우리에게 가장 필요한 것은 무엇일까?

그것은 인간의 완벽한 이론도, 완벽한 계획서도, 능력이 뛰어난 사람도 아닐 것이다. 과거-현재-미래를 통해 재무장하고 변화의 물결에 뛰어들어야만 변화하는 세상 속에서 "예배"에 담긴 다양성을 폭넓게 이해하고 학문의 영역과 실천 영역 사이의 유기적인 상호작용을 통해 창조적인 새로운 질서가 만들어 나가는 것이다. 다시 말해서, 주님에 대한 기억을 되살려 용기 있게 실천해 나가는 것 즉, *Anamnesis & Virtus*를 통해 변화를 수용하되 본질을 놓치지 않는 '유기적인' 청년 예배가 꽃을 피워 나가는 날, 하나님을 기쁘게 하는 그 날이 속히 올 것이라 기대한다.

"오직 사랑 안에서 참된 것을 하여 범사에 그에게까지 자랄지라 그는 머리니 곧 그리스도라 그에게서 온 몸이 각 마디를 통하여 도움을 받음으로 연결되고 결합되어 각 지체의 분량대로 역사하여 그 몸을 자라게 하며 사랑 안에서 스스로 세우느니라"(엡 4:15-16)

"주의 권능의 날에 주의 백성이 거룩한 옷을 입고 즐거이 헌신하니 새벽 이슬 같은 주의 청년들이 주께 나오는도다"(시 110:3)

미주

345 "당신의 자녀는 주일아침, 어디에 있습니까?", 『크리스찬타임스』, 2012. 6. 29. 입시사교육 때문에 주일예배를 포기한 경우는 교회 내 집사나 권사, 장로 등 직분자의 자녀 뿐 아니라 목회자의 자녀도 상당수 있는 것으로 조사되어 충격을 주었다.

346 Laurence Hull Stookey, Eucharist: Christ's Feast with the Church, 김순환 역, 『성찬, 어떻게 알고 실행할 것인가: 교회와 함께 여는 그리스도의 잔치』 (서울: 대한기독교서회, 2002), 111.

347 『한국일보』, 2002. 6. 7.

348 『매일경제』, 2002. 4. 9.

349 이명진, 『한국 2030 신세대의 의식과 사회정체성』 (서울: 삼성경제연구소, 2006), 14.

350 『중앙일보』, 2009. 3. 16. 한국 정치사회학회와 중앙일보 특별취재팀이 합동으로 기고한 내용이다.

351 『조선일보』, 2010. 3. 1.

352 http://k.daum.net/qna/openknowledge/view. html? (2013. 8. 22.) 제일기획이 2005년 서울 거주 13-49세 남녀 800여명을 대상으로 개별 면접조사를 실시한 결과를 보고서로 작성한 것이며, PDG를 이해하기 위한 핵심코드를 'H·E·A·R·T·S'로 다음과 같이 표현했다. ❶H(Human Relationship)=인간관계를 위한 디지털, ❷E(ex-pressionism)=표현을 위한 디지털, ❸A(Anti-literality)=시각적 라이프스타일, ❹R(Relaxed Mindset)=낙천적 라이프스타일, ❺T(Trend-independence)=트렌드의 주체적 수용태도, ❻S(Speed)=즉시성이다. 이 보고서에 따르면 PDG는 초기 디지털세대의 '고립된 개인'으로부터 '집단 속의 개인'으로 진화하며 라이프 스타일에서 차이를 보이고 있다.

353 http://www.joongboo.com/?mod=news& act=articleView&idxno=1110351 (2016. 11. 15)

354 www.tong.joins.com

355 국립국어원편, 『(2002년 이후 생겨난 새말) 사전에 없는 말 신조어』 (파주: 태학사, 2007)

356 유재원, 『이머징 예배 따라잡기』, 13-14.

357 김세광, "한국 교회 예배유형의 다변화에 따른 대안적 모색", 『신학과 실천』, 제15호(2008, 여름), 18.

358 김세광, "한국 교회 예배유형의 다변화에 따른 대안적 모색", 14-17.

359 본 발제에서는 다루지 않지만 이 부분에 대해 자세히 알고 싶으면 고원석, "놀이를 통한 기독교교육 모델", 고원석 외 6인 공저, 『변화하는 세대를 위한 기독교교육의 새 모델들』(서울: 장로회신학대학교 기독교교육연구원, 2012), 7-49를 읽으라.

360 Charles M. Sell, Family Ministry, 정동섭 역, 『가정사역』(서울: 생명의 말씀사, 1997), 285.

361 총회예식서개정위원회 편, 『대한예수교장로회 예배·예식서 표준개정판』 (서울: 한국장로교출판사, 2008), 201.
참고로, 영어로는 cross-generational worship, multigenerational worship 등으로도 사용하지만 최근에는 intergenerational worship(IGW)으로 통용되고 있는 추세이다.

362 김현섭, "가정회복을 위한 교회의 역할에 관한 연구: 교회의 공동체성 회복을 중심으로", (미간행 석사학위논문, 총회신학대학교 대학원, 1994), 70-71.

363 김현섭, 위의 책, 64-65.

364 박은규, 『예배의 재발견』, 18.

365 John E. Burkhart, Worship: A Searching Examination of the Liturgical Experience (Louisville: The Westminster John Knox Press, 1982), 17.

366 정장복, 『예배학개론 수정증보판』, 27-28.

367 위의 책.

368 장신근, "가정과 교회를 연계하는 기독교교육 모델", 고원석 외 6인 공저, 『변화하는 세대를 위한 기독교교육의 새 모델들』, 197-8.

369 Group ed, Engaging Worship, 김용환 역, 『오감체험예배-회중을 깨우는 예배 기획 20선』(서울: 국제제자훈련원, 2009), 7. 다른 말로는 다감각적인 예배(Multisensory Worship)라고도 한다.

370 Don E. Saliers, Worship Come to Its Senses (Nashville: Abingdon Press, 1996), 13-15.

371 총회예식서개정위원회 편, 『대한예수교장로회 예배·예식서 표준개정판』, 201-202. 그리고, 예배의 실제의 예로, 샘플로 함께 시작하고 나뉘는 예배(202-203), 끝까지 함께 하는 예배(203-204), 성찬 있는 예배(204-206)를 제시해 놓았다.

372 정웅섭은 이에 대해 "성례전은 항상 기독교교육의 중심이 되어야 한다. 왜냐하면 공동체의 예배 속에서 우리의 이야기와 행동이 싹트며, 우리의 거룩한 전통을 나누고, 우리의 삶을 함께 한다는 상징적 방법으로 이를 기억하고 행동하며, 매일의 삶을 위한 의미와 동기를 부여받기 때문이다"고 말한 바 있다; 정웅섭, 『현대 교육목회의 전개』 (서울: 한국신학연구소, 2001), 199.

373 James W. White, Intergenerational Religious Education (Birmingham Alabama: Religious Education Press, 1988), 26-30.

374 주승중, 『성경적 설교의 원리와 실제』 (서울: 예배와설교아카데미, 2006), 15, 26-27.

375 김운용, 『새롭게 설교하기』 (서울: 예배와설교아카데미, 2005), 192-93.

376 위의 책, 193-98.

377 본 발제에서는 다루지 않지만 이 부분에 대해 자세히 알고 싶으면, 졸고 "이머징 교회 운동의 설교 연구", 『장신논단』, vol. 44 (2012. 12), 243-67을 참고하라.

378 정장복, 『한국 교회의 설교학 개론』 (서울: 예배와설교아카데미, 2001), 102-104.

379 John S. McClure, "Expository Preaching", in Concise Encyclopedia of Preaching (Louisville: Westminster/John Knox Press, 1995), 130-31; 주승중, 『성경적 설교의 원리와 실제, 32에서 재인용.

380 Haddon W. Robinson, Biblical Preaching: The Development and Delivery of Expository Messages (Grand Rapids: Baker Book House, 1980), 20.

381 John S. Bohannon, Preaching and the Emerging Church: An Examination of Four Founding Leaders: Mark Driscoll, Dan Kimball, Brian McLaren, and Doug Pagitt (North Charleston: CreateSpace Independent Publishing Platform, 2010).

382 John S. Bohannon, 위의 책, 17.

383 위의 책, 18.

384 위의 책, 155의 표에 나오는 내용을 정리한 것임.

385 Dan Kimball, The Emerging Church, 179-80.

386 데오토피컬 설교의 예는 Dan Kimball, 위의 책, 251-54에 나온다.

387 보다 자세한 내용을 알고 싶으면 17장 "Preaching without Words", 185-96을 참고하라.

388 Robert E. Webber ed., Listening to the Beliefs of Emerging Churches, 16.

389 위의 책, 21.

390 Mark Driscoll and Gerry Breshears, Vintage Church: Timeless Truths and Timely Methods (Wheaton: Crossway, 2008).

391 Mark Driscoll and Gerry Breshears, 위의 책, 92-93. 보다 자세한 내용을 알고 싶으면 4장 "Why is preaching important?", 85-109를 참고하라. 드리스콜은 또한 강해 설교가 왜 이머징 세대를 위한 최고의 설교전략인지에 대한 이유를 다음과 같이 말한다. ①모든 성경은 하나님의 감동으로 된 것이고, 교회 역사상 가장 위대한 설교가들은 강해 설교를 했기 때문이다. ②불신자들과 새신자들 모두 성경 말씀과 설교를 쉽게 이해할 수 있고 신앙이 자랄 수 있기 때문이다. ③설교자의 경우, 설교하기 어려운 본문들과 시대 이슈들을 피하지 않고 대면할 수 있기 때문이다. ④회중의 경우, 매주 설교 말씀과 연관된 본문을 매주 읽으면서 성경을 공부할 수 있도록 도와주기 때문이다. ⑤성경의 권위를 가지고 설교자가 설교할 수 있기 때문이다.

392 Andy Langford, 『예배를 확 바꿔라』, 39.

393 William D. Maxwell, 『예배의 발전과 그 형태』, 213.

394 위의 책, 214.

395 모던워십 리더였던 천광웅 목사의 뉴사운드처치 (www.newsoundchurch.org), 한국에 대한 특별한 사명을 받고 와서 다윗의장막과 레위지파 사역을 했던 스캇 브래너(Scott Brenner) 목사의 주님의교회(www.thelord.or.kr)가 그 대표적인 예이다.

396 Neil Cole, Organic Church: Growing Faith Where Life Happens, 정성묵 역, 『오가닉 처치』 (서울: 가나북스, 2006), 26, 29.

397 위의 책, 61.

398 Bob Whitesel, Inside the Organic Church: Learning from 12 Emerging Congregations (Nashville: Abingdon, 2006), 66.

399 주승중, 『은총의 교회력과 설교 개정판』, 26-27.

400 위의 책, 28-29. 이것 또한 성만찬 예전에 잘 나타난다. 성찬은 우리가 장차 하늘나라에서 맛보게 될 잔치(heavenly banquet)를 이 땅에서 미리 맛보는 것으로 성령님의 역사를 통해 미래 사건을 오늘 현재 성찬 예식을 통해 경험하게 되는 것과도 같다.

401 오늘날 한국 교회에서도 이러한 움직임이 조금씩 일어나고 있다. 박종환외 6인이 공저한 『거룩한 상징:

예전 가구의 신학적인 이해』(서울: 대한기독교서회, 2009)도 그 한 예이다.

402 "I believe one, holy, catholic, apostolic church"(나는 하나의 거룩한, 보편적인, 사도적 교회를 믿습니다). 라틴어로는 Unum sanctum catholicum et apostolicum ecclesiam이다.

403 김경진, "기독교 예배의 역사(1)-예배란 무엇인가", 『교육목회』 (1999, 여름), 82.

404 이것은 앞서 말한 것처럼 증인으로서의 실존적 이야기(기도와 찬양), 복음 선포의 이야기(설교와 성만찬), 그리고 개인의 이야기와 복음 선포의 이야기의 결합(파송)이 잘 나타나야 한다.

405 여기에서는 역사적 신조와 기도문 그리고 찬양을 통해서도 나타나며 무엇보다 교회력에 따라 드리는 예배에서 다양하게 적용시켜 나타낼 수 있다.

406 여기에서는 함께 모일 수 있는 예배당 안과 다른 야외 공간도 염두에 두고 기획하게 될 것이다. 하지만 잊지 말아야 할 것은 이러한 가시적인 공간 말고도 웹과 네트워킹과 같이 불가시적인 가상 공간에서도 드려질 수 있다는 점이다.

407 주승중, 『은총의 교회력과 설교 개정판』, 295-96. 이와 관련된 예배 샘플을 보고 싶으면, Joo, Seung Joong, "The Christian Year and Lectionary Preaching: A Liturgical Contextualization for the Presbyterian Church of Korea(Tong Hap)," Unpublished Th. D. dissertation, Boston University School of Theology in Massachusetts, 1997, 245-57을 참고하라.

408 위의 책, 294.

409 이외에도 아남네시스와 프롤렙시스와 같은 '시간'에 대한 공통적인 특징도 발견할 수 있다.

EPILOGUE

———

가장 좋은 것은
아직
오지 않았다

—— 끝없는 트렌드의 진화

올해 2016년의 트렌드는 무엇이었을까? 서울대 소비트렌드 분석센터에서는 "원숭이의 해, 위기의 터널을 재치와 기지로 극복하라"는 대주제 하에, 아래와 같이 'MONKEY BARS'라는 10개의 소비트렌드 키워드를 선정해서 발표하였다.

M —— Make a 'Plan Z' '플랜 Z' 나만의 구명보트 전략

플랜 A가 최선, 플랜 B가 차선이라면, 플랜 Z은 최후의 보루다. 최악의 경우를 대비해 구명보트를 준비하듯, 소비자들도 불경기의 파고에 대비하는 소비의 구명보트, 즉 '플랜 Z'를 마련한다. 최악의 상황에서도 우아한 소비를 유지하려는 '플랜 Z' 세대는 B급 제품이라도 살 것은 사고, 각종 앱을 활용해 작은 혜택이라도 긁어 모으며, 순간의 행복에 충실한 모습을 보인다. 이들에게서 나타나는 '집으로의 회귀'도 눈여겨볼 현상이다.

O —— Over-anxiety Syndrome 과잉근심사회, 램프증후군

크고 작은 사건사고가 줄을 잇고 경제적, 사회적 불안이 계속되면서 집단적인 불안장애가 곳곳에서 감지된다. 사회적 분노의 수준은 높아지고 작은 일에도 사과를 요구하는 여론의 쏠림이 강해진다. 예민해진 마음에 호소하는 불안 마케팅과 근심해소 상품이 줄을 잇는다. 그러나, 불안과 긴장은 더 나은 결과를 가져오고 활동에 신중을 기하게 만드는 순기능도 존재하는 만큼, 그 긍정적 에너지를 살려내는 방안을 모색해야 한다.

---

1 김난도외 5인, 『트렌드 코리아 2016: 서울대 소비트렌드 분석센터의 2016 전망』(서울: 미래의창, 2015), 16-17. 각 주제어별로 자세한 내용을 알고 싶으면, 이 책의 2부 "2016년 소비트렌드 전망"을 참고하라. 한편, 『트렌드 코리아 2017』에서는 "붉은 닭의 해, 비상의 날개를 펴라"는 대주제하에 CHICKEN RUN이라는 다음의 10대 키워드를 제시하고 있다. ①C'mon YOLO! ②Heading to B+ Premium ③I am the Pick-me Generation ④Calm-Tech, Felt but not seen ⑤Key to Success: Sales ⑥Era of Aloners ⑦No give up, no live up ⑧Rebuilding Consumertopia ⑨User Experience Matters ⑩No One Backs you up

N — Network of Multi-channel Interactive Media 1인 미디어 전성시대

'그들만의 리그'로 여겨지던 1인 방송이 메이저 콘텐츠로 급부상하고 있다. 공중파 TV에서도 1인 미디어를 전격적으로 수용한 포맷의 프로그램들이 큰 인기를 끌고 있으며, 브랜드의 제품 기획이나 마케팅에서도 1인 미디어의 활용이 늘고 있다. 대자본을 갖춘 MCN의 지원을 통해 날개를 단 1인 미디어는 극세분화되는 소비시장에서 대중들의 취향에 정확하게 부합하는 다채로운 콘텐츠를 생산하는데 최적의 미디어가 될 수 있다.

K — Knockdown of Bands, Rise of Value for Money 브랜드의 몰락, 가성비의 약진

구매의 나침반이던 브랜드의 역할이 무너지고 있다. 소비자들은 이제 브랜드가 약속하는 환상을 믿지 않으며 소비자끼리 소통하면서 자신만의 가치를 추구한다. '사치의 시대'는 가고, '가치의 시대'가 오고 있다. 가격과 성능의 대비를 의미하는 '가성비'가 브랜드의 역할을 대신하면서, 노브랜드, 신생브랜드, PB, 무명브랜드 등 '절대가치'를 추구하는 상품과 서비스들이 각광을 받는다.

E — Ethics, on the Stage 연극적 개념소비

개념 있는 사람들의 '착한 소비'가 자신의 가치를 표현하는 과시의 아이템으로 변질되고, 업사이클링 제품이 원래의 취지와 달리 명품화되어 간다. 봉사나 기부가 강요되고 의무화되면서 사회적으로 '기부피로'가 쌓인다. 하지만, 이제 대세가 된 '기부', 스마트폰 앱으로 게임하듯이 기부하는 소비자들이 도래하면서 기업은 물론 공공조직 및 공익단체들도 이타적 행동의 본질을 다시 생각해야 하는 새로운 국면을 맞고 있다.

Y — Year of Sustaniavle Cultural Ecology 미래형 자급자족

환경오염과 사건사고는 심해지고 도시생활의 조건은 열악해지는 가운데 도래한 100세 시대는 '지속가능한 삶'이라는 새로운 숙제를 던진다. 이에 도시적 라이프스타일은 유지하면서도 인간적인 삶을 누릴 수 있는 수단으로 '미래형 자급자족'의 삶을 추구하는 사람들이 늘고 있다. '웰에이징'과 더불어 '웰다잉', 에너지를 효율적으로 활용하는 생활, 적정 기술의 이용, 더 나아가 생태도시에 대한 관심이 높아지는 2016년이 될 것이다.

B — Basic Instincts 원초적 본능

수 년간 지속되는 경기 침체가 소비자 반응의 역치를 끊어 올리고 있다. 드라마보다 더 눈물겹고 소설보다 더 소설적인 현실 속에서 이제 웬만한 자극에는 눈도 꿈쩍하지 않는 소비자들을 움직이기 위해 말초적이고 적나라한 자극이 동원된다. 하드코어급의 극단적 콘텐츠, 철저하게 조화되지 않는 것들의 매치가 주목받는다. B급과 비주류, 루저와 질서파괴자가 더 환영받는 시대를 들여다본다.

A — All's Well That Trends Well 대충 빠르게, 있어 보이게

무언가 대단하게 있어 보이도록 만드는 능력, '있어빌리티'가 SNS 시대를 살아가는 새로운 역량이 되고 있다. 만인의 만인에 대한 허세의 장인 SNS세계에서, '꿀팁'으로 무장하면 지금 가진 몇 가지 만으로도 그럴싸해 '보이는' 무언가를 대충 만들 수 있다. 전국구 리더보다 '작은 유명인petit celeb'이 새롭게 각광받는 디지털 환경 아래서, 진지하고 어렵게 얻을 수 있는 본질보다, 쉽고 가볍게 얻을 수 있는 임시방편 소비가 차츰 늘어난다.

R — Rise of 'Architec-kids' '아케텍키즈', 체계적 육아법의 등장

젊은 부모들의 치밀하고 과학적인 '체계적인 육아'에 대한 열기가 심상치 않다. '아키텍키즈'는 마치 고층건물을 짓는 설계사가 단계별 공정에 주의를 기울이듯 자녀를 교육하는 엄마들의 아이를 일컫는 말이다. 높은 교육수준과 사회경력, 첨단지식으로 무장한 신세대 엄마들이 인터넷 커뮤니티와 SNS에서 육아에 대한 정답을 찾기 시작했다. 이는 육아관련 시장의 변화는 물론이고, 엄마들의 새로운 가치관과 라이프스타일을 보여준다.

S — Society of the Like-minded 취향 공동체

대세를 따르기보다는 자기만의 라이프스타일을 추구하는 소비자가 늘고 있다. 고급-저급, 어른-아이, 여성-남성의 이분법적 취향 구분이 무너지면서 이제 소비자 세분화의 기준은 성별·연령·소득·지역 등 인구학적 기준이 아니라, '#(해시태그) 취향'으로 바뀌고 있다. 명확한 콘셉트와 특화된 전략으로 고객 각자의 '취향을 저격'할 수 있는 스나이퍼가 필요한 시점이다.

—— Ubiquitous Deo를 찾아 떠나는 여행

우리는 한국 교회의 '과거' 초대 교회와 그 신앙이 어떠했는가를 돌아보면서 '현재' 우리 한국 교회의 모습과 신앙을 반성하고, '미래'를 위해 원래의 정신과 신앙을 계승해 나가려는 자세가 그 어느 때보다 필요하다. 아직까지도 서구 교회의 동향을 따라가기에만 급급하여 한국 기독교 내의 예배 신학적 입장이 제대로 확립되지 않은 것이 솔직한 현실이다. 과연 우리 한국 교회에게 있어 재해석되어야 할 '초대 교회'는 무엇인지는, 계속해서 우리가 질문하고 고민하며 발전시켜 나가야 할 부분이다. 부족하다는 것은 그만큼 채워나가야 할 부분이 많지만 발전할 가능성이 크다는 의미임을 기억하면서 말이다.

세계는 현재의 우리나라가 지구촌 사회에서 가장 먼저 디지털 폭풍을 이겨냈으며 탁월한 네트워킹 능력을 발휘하면서 이산성이 아주 강한 민족이라고 평가하고 있다. 이러한 점은 비단 사회에서만이 아니라 한국 교회와 예배학계에서도 한국형 예배를 찾아나가고 세워나가는 작업에 속도를 더하게 할 것이고, 현장에서도 긍정적인 요인으로 작용할 것이라 본다. 지금이야말로 한국 교회와 교역자, 교인 모두는 변화를 무시하고 현실에 안주하려는 안이함에서 벗어나 유기적인 상호작용을 통해 한국 교회 상황에 적합한 새로운 형태의 한국형 예배를 만들어나가야 하는 최적의 시기라고 생각한다. 이는 목회 현장에서만 이루어지는 것이 아니라 교단과 교회의 벽을 뛰어넘는 새로운 의미의 초교파적인 예배운동이 계속해서 펼쳐 나가야 한다는 뜻이기도 하다. 과거-현재-미래를 통해 재무장하고 변화의 물결에 뛰어들어야만 변화하는 세상 속에서 "예배"에 담긴 다양성을 폭넓게 이해하고 학문의 영역과 실천 영역 사이의 유기적인 상호작용을 통해 창조적인 새로운 질서가 만들어지게 될 것이다. 하나님께서 이미*already* 우리에게 계시해주셨음에도 불구하고, 아직까지 깨닫지 못한*not yet* "예배 트렌드"를 찾아 떠나는 여행을 계속 해야만 한다. 그리고, 그러한 여행의 목적을 자꾸만 외부에서만 찾으려 하지 말고, 오히려 이 모든 여행의 시작이자 마침이 되시는 삼위일체 하나님을 바라보며 나아가는 것이 올바른 여정이 될 것이라 확신하는 바이다.

때로는 예상대로 일정이 진행되지 않고, 때로는 기대한 것보다 실망스럽고 생각하지 못했던 어려운 일을 만나더라도 포기하지 않고 지속적으로 계속 여정을 나아갈 때, 비로소 한국 교회의 특성이 담긴 새로운 한국형 예배가 강한 생명력을 가지고 나타나 뿌리를 내리고 유기적 성장을 계속 해 나갈 것이라 생각한다.

비록 세상의 유행*Trend*과 기독교 전통*Tradition*의 경계에 서있을 지라도 우리는 미래에 맞이할 새로운 예배에 대해 염려할 필요는 전혀 없다. 오히려 시공간을 초월하여 두루 누비고 다니는 하나님*Ubiquitous Deo*의 임재를 실감할 수 있는 최적의 기회임을 알고 온전히 그리고 충분히 누리기를 바란다. 가장 좋은 것은 아직 오지 않았다. 거룩한 불만족을 가진 채 그리고, 이러한 기억과 용기를 가지고 여행은 계속 되어야만 한다. "Shall we go?"

참고문헌

1. 서양서적

Anderson, Leith. A Church for the Twenty-First Century. Minneapolis: Bethany House, 1992.

Baird, Charles W. The Presbyterian Liturgies: Historical Sketches. New York: M. W. Dodd Publisher, 1855.

Benedict, Daniel and Craig Kennet Miller. Comtemporary Worship for the 21st Century: Worship or Evangelism? Nashville: Discipleship Resource, 1995.

Bohannon, John S. Preaching and the Emerging Church: An Examination of Four Founding Leaders: Mark Driscoll, Dan Kimball, Brian McLaren, and Doug Pagitt. North Charleston: CreateSpace Independent Publishing Platform, 2010.

Bouma, Jeremy. Understanding Emerging Church Theology: From a Former Emergent Insider. Grand Rapids: THEOKLESIA, 2014.

Burkhart, John E. Worship: A Searching Examination of the Liturgical Experience. Louisville: The Westminster John Knox Press, 1982.

Calvin, John. Institutes of Christian Religion 2. edited by John T. McNeil. tr., by ford Lewis Battles. Library of Christian Classics vol. XXI. Philadelphia: The Westminster Press, 1960.

Clark, Charles Allen. The Nevius Plan for Mission Work. Seoul: Christian Literature Society, 1937.

Davies, J. G. ed. A New Dictionary of Liturgy and Worship. London: SCM Press, 1986.

Driscoll, Mark and Gerry Breshears. Vintage Church: Timeless Truths and Timely Methods. Wheaton: Crossway, 2008.

Fenwick, John and Bryan Spinks. Worship in Transition: The Liturgical Movement in the Twentieth Century. New York: Continuum, 1995.

Griffis, William E. A Modern Pioneer in Korea: The Life Story of H. G. Appenzeller. New York: Fleming H. Revell Co., 1912.

Kimball, Dan. The Emerging Church: Vintage Christianity for New Generations. Grand Rapids: Zondervan/Youth Specialist, 2003.

Nevius, John. Method of Mission Work. Shanghai: Presbyterian Mission Press, 1886.

PCUSA. The Book of Common Worship. Philadelphia: The Board of Christian Education of PCUSA, 1946.

Rainer, Thom S. and Eric Geiger. Simple Church: Returning to God's Process for Making Disciples. Nashville: B&H Publishing Group, 2006.

Robinson, Haddon W. Biblical Preaching: The Development and Delivery of Expository Messages. Grand Rapids: Baker Book House, 1980.

Ross, John. Mission Methods in Manchuria. New York: Fleming H. Revell Company, 1903.

Saliers, Don E. Worship Come to Its Senses. Nashville: Abingdon Press, 1996.

Sweet, Leonard. Soul Tsunami: Sink or Swim in New Millennium. Grand Rapids: Zondervan, 2001.

The Joint Committee on Worship. The Worshipbook. Philadelphia: The Westminster Press, 1970.

The Theology and Worship Ministry Unit. Book of Common Worship. Lousville: Westminster/John Knox Press, 1993.

Thompson, Bard. Liturgies of the Western Church. Philadelphia: Fortress Press, 1982.

Tizik, Robert L. How Firm a Foundation: Leaders of the Liturgical Movement. Chicago: Liturgy Training

Publications, 1990.

Towns, Elmer L. Putting and End to Worship Wars. Nashville: Broad & Holman Publishers, 1997.

Underwood, H. G. The Call of Korea. New York: Fleming H. Revell Co., 1908.

Wainwright, Geoffrey and Karen B. Westerfield Tucker. The Oxford History of Christian Worship. New York: Oxford University Press, 2006.

Warden, Michael D. ed. Experiencing God in Worship: Perspectives on the Future of Worship in the Church from Today's Most Prominent Leaders. Loveland: Group Publishing, 2000.

Webber, Robert E. ed. Listening Beliefs of Emerging Churches: Five Perspectives. Grand Rapids: Zondervan, 2007.

_____. ed. Twenty Centuries of Christian Worship. The Complete Library of Christian Worship vol.2. Nashville: Star Song Publishing Group, 1994.

_____. ed. The Renewal of Sunday Worship. The Complete Library of Christian Worship vol.3. Nashville: Star Song Publishing Group, 1993.

_____. Ancient-Future Worship: Proclaiming and Enacting God's Narrative. Grand Rapids: Baker Books, 2008.

_____. (The) New Worship Awakening: What's Old Is New Again. Peabody: Hendrickson Publishers, 2007.

_____. Rediscovering the Missing Jewel. Peabody: Handrickson Publisher, 1996.

_____. (The) Younger Evangelicals: Facing the Challenges of the New World. Grand Rapids: Baker Books, 2002.

White, James W. Intergenerational Religious Education (Birmingham Alabama: Religious Education Press, 1988.

Williamson, A. Journeys in North China, Manchuria, and Eastern Mongolia with Some Account of Corea. London: Smith, Elder & co., 1870.

2. 동양서적

고원석 외 6인 공저, 『변화하는 세대를 위한 기독교교육의 새 모델들』. 서울: 장로회신학대학교 기독교교육연구원, 2012.

곽안련. 『목사지법』. 서울: 조선 야소교서회: 1919.

김난도 외 5인. 『트렌드 코리아 2016』. 서울: 미래의창, 2015.

김세광. 『예배와 현대문화』. 서울: 대한기독교서회, 2005.

김소영. 『현대예배학개론』. 서울: 장로교출판사, 2002.

김순환. 『21세기 예배론』. 서울: 대한기독교서회, 2003.

김운용. 『새롭게 설교하기』. 서울: 예배와설교아카데미, 2005.

김태규. 『한국 교회 초기 문헌에 나타난 성찬 신학과 실제』. 서울: 예영커뮤니케이션, 2009.

박은규. 『예배의 재발견』. 서울: 대한기독교출판사, 1988.

박종환. 『예배미학-인간의 몸, 하나님의 아름다움』. 서울: 도서출판 동연, 2014.

_____ 외 6인. 『거룩한 상징: 예전 가구의 신학적인 이해』. 서울: 대한기독교서회, 2009.

사무엘 마펫. 『위원입교인 규죠』. 서울: 조선예수교서회, 1895.

새문안교회. 『새문안교회 70년사』. 서울: 새문안 교회, 1958.

오덕교. 『장로교회사』. 수원: 합동신학대학원출판부, 2002.

유재원. 『이머징 예배 따라잡기』. 서울: 미션아카데미, 2011.

이명진. 『한국 2030 신세대의 의식과 사회정체성』. 서울: 삼성경제연구소, 2006.

이정훈. 『그리스도인을 위한 전통 문화 이야기』. 서울: 한들출판사, 1999.

이정훈. 『한국의 그리스도인을 위한 절기예배 이야기』. 서울: 대한기독교서회, 2000.

정웅섭. 『현대 교육목회의 전개』. 서울: 한국신학연구소, 2001.

정장복 외. 『예배학 사전』. 서울: 예배와설교아카데미, 2000.

정장복. 『예배의 신학』. 서울: 장로회신학대학교 출판부, 2000.

_____. 『예배학 개론 수정증보판』. 서울: 예배와설교아카데미, 2003.

_____. 『한국 교회의 설교학 개론』. 서울: 예배와설교아카데미, 2001.

조기연. 『예배 갱신의 신학과 실제』. 서울: 대한기독교서회, 1999.

조선예수교 장로회. 『조선 예수교 장로회 혼상예식서』. 서울: 조선 예수교 문장사, 1924.

주승중. 『성경적 설교의 원리와 실제』. 서울: 예배와설교아카데미, 2006.

_____. 『은총의 교회력과 설교 개정판』. 서울: 장로회신학대학교 출판부.

총회예식서개정위원회 편. 『대한예수교장로회 예배·예식서 표준개정판』. 서울: 한국장로교출판사, 2008.

홍 철. 『미국 장로교회의 역사와 신학』. 서울: 기독교문서선교회, 2005.

3. 번역서적

Abba, Raymond. Principles of Christian Worship with Special Reference to the Free Churches. 허경삼 역. 『기독교 예배의 원리와 실제』. 서울: 대한기독교서회, 1981.

Belcher, Jim. Deep Church. 전의우 역. 『깊이 있는 교회』. 서울: 포이에마, 2011.

Bruner, Frederick Dale. (A) Theology of the Holy Spirit. 김명용 역. 『성령신학』. 서울: 나눔사, 1993.

Calvin, John. Institutes of the Christian Religion. 원광연 역. 『기독교강요』(최종판 하). 고양: 크리스챤다이제스트, 2003.

Cole, Neil. Organic Church: Growing Faith Where Life Happens. 정성묵 역. 『오가닉 처치』. 서울: 가나북스, 2006.

Gibbs, Eddie. and Ryan K. Bolger. Emerging Churches: Creating Christian Community in Postmodern Cultures. 김도훈 역. 『이머징 교회』. 서울: 쿰란출판사, 2008.

Gibbs, Eddie . Next Church. 임신희 역. 『넥스트 처치』. 서울: 교회성장연구소, 2003.

Granz, Stanley. A Primer on Postmodernism. 김운용 역. 『포스트모더니즘의 이해』. 서울: WPA, 2010.

Green, Michael. Evangelism-Now and Then. 김경진 역. 『초대 교회의 전도』. 서울: 현진문화사, 1984.

Group ed. Engaging Worship. 김용환 역. 『오감체험 예배-회중을 깨우는 예배 기획 20선』. 서울: 국제제자훈련원, 2009.

Kimball, Dan. The Emerging Church: Vintage Christianity for New Generations. 윤인숙 역. 『시대를 리드하는 교회-새로운 세대를 위한 전통적 기독교』(서울: 이레서원, 2007.

_____. The Emerging Worship: Creating Worship Gatherings for New Generation. 주승중 역. 『하나님께서 영광 받으시는 고귀한 예배-포스트모던 시대를 살아가는 새로운 세대를 위한 대안적 예배』. 서울: 이레서원, 2008.

Langford, Andy. Transitions in Worship: Moving from Tradition to Contemporary. 전병식 역. 『예배를 확 바꿔라』. 서울: 기독교대한감리회, 2005.

Maxwell, William D. A History of Christian Worship: An Outline of Its Development and Forms. 정장복 역. 『예배의 발전과 그 형태-기독교예배의 역사개관』. 서울: 쿰란출판사, 1998.

Segler, Franklin M. (A) Theology of Church and Ministry. 이창희 역. 『목회학 개론』. 서울: 요단출판사, 1977.

Sell, Charles M. Family Ministry. 정동섭 역. 『가정사역』. 서울: 생명의 말씀사, 1997.

Stookey, Laurence Hull. Eucharist: Christ's Feast with the Church. 김순환 역. 『성찬, 어떻게 알고 실행할 것인가: 교회와 함께 여는 그리스도의 잔치』. 서울: 대한기독교서회, 2002.

Sweet, Leonard. Aqua Church: Essential Leadership Arts for Piloting Your Church in Today's Fluid Culture. 김영래 역. 『모던 시대의 교회는 가라』. 서울: 좋은씨앗, 2004.

_____. Post-Modern Pilgrims: First Century Passion for the 21st Century Church. 김영래 역. 『영성과 감성을 하나로 묶는 미래교회』. 서울: 좋은씨앗, 2002.

Tayor, Steve. (The) Out of Bounds Church: Learning to Create a Community of Faith in a Culture of Change. 성석환 역. 『교회의 경계를 넘어 다시 교회로-도대체 그곳에서는 어떤일이 벌어지고 있는가?』. 서울: 예영커뮤니케이션, 2008.

Webber, Robert E. Ancient-Future Worship: Proclaiming and Enacting God's Narrative. 이승진 역. 『예배학: 하나님의 구원 내러티브의 구현』. 서울: 기독교문서선교회, 2011.

_____. Blended Worship: Achieving Substance and Relevance in Worship. 김세광 역. 『예배가 보인다 감동을 누린다』. 서울: 예영, 2004.

_____. (The) Younger Evangelicals: Facing the Challenges of the New World. 이윤복 역. 『젊은 복음주의자를 말하다』. 서울: 죠이선교회, 2010.

White, James F. Protestant Worship. 김석한 역. 『개신교 예배』. 서울: 기독교문서선교회, 1997.

4. 논문자료

1) 영문

Joo, Seung Joong. "The Christian Year and Lection-ary Preaching: A Liturgical Contextualization for the Presbyterian Church of Korea(Tong Hap)". Unpub-lished Th. D. dissertation, Boston University School of Theology in Massachusetts, 1997.

Kim, Kyeong Jin. "The Formation of Presbyterian Worship in Korea, 1879-1934". Unpublished Th. D. dissertation, Boston University School of Theology in Massachusetts, 1999.

2) 국문

김현섭. "가정회복을 위한 교회의 역할에 관한 연구: 교회의 공동체성 회복을 중심으로", 미간행 석사학위논문, 총회신학대학교 대학원, 1994, 70-71.

민경찬. "현대교회에 나타난 새로운 예배음악에 대한 고찰," (미간행 석사학위논문, 장로회신학대학교, 2002), 61.

안성봉. "구도자를 위한 집회(Seeker's Service)고찰 및 가능성 연구," (미간행 석사학위 논문, 장로회신학대학교, 2002).

이주형. "18,19세기 미국 대각성 운동 연구,"(미간행 신학석사학위논문, 장로회신학대학교, 2004), 55.

이진형. "예배갱신의 흐름과 방향에 관한 고찰," (미간행 석사학위논문, 장로회신학대학교 대학원, 2004), 117-1

이현웅. "장로교 예배모범의 역사와 전망에 관한 연구"(미간행 박사학위논문, 장로회신학대학교, 2004), 156.

정성수. "미국장로교회의 분열에 관한 연구" (미간행 목회학석사학위논문, 총회신학대학교, 1998), 12.

정이호. "21세기 한국 교회에 있어서 예배 본질의 회복에 관한 연구," (미간행 석사학위논문, 안양대학교 신학대학원, 1998), 32-33.

5. 기타자료

1) 영문

Annual Report of the Board of Foreign Missions of the Presbyterian Church in the United States of America (1895).

Annual Report of the Board of Foreign Missions of the Presbyterian Church in the United States of America. New York: Mission House, 1888.

Barrett, David. "Missiometrics 2008: Reality Checks for Christian World Communions". International Bulletin of Missionary Research. Vol.32, No.1. (Jan-uary 2008).

MacIntyre, J. "North China". United Presbyterian Missionary Record, (July. 1, 1881).

Moffett, Samuel A. "Evangelistic Work". in Quarto Centennial Papers read Before the Korea Mission of the Presbyterian Church in the U. S. A. at the Annual meeting in Pyengyang (1909).

Reynolds, W. D. "Fifty Years of Bible Translation and Revision". Korea Mission Field. (June 1935).

Ross, John. "China-Manchuria Mission". The United Presbyterian Missionary Record. (Oct. 1, 1880).

_____. "The Christian Dawn in Korea". The Missionary Review of the World. vol. 3, no. 4.

2) 한글

김경진. "기독교 예배의 역사(1)-예배란 무엇인가". 『교육목회』, (1999, 여름).

_____. "미국장로교 예배," 『교육목회』, (2001, 여름호).

김기영. "미국 교회의 구도자 예배의 현황과 흐름". 『목회와신학』, (1997. 4).

김도훈. "포스트모던 시대 교회의 창조적 커뮤니케이션". 『목회와 신학』, (2008, 06).

김만형. "구도자 예배란 무엇인가". 『목회와 신학』, (1997. 4).

_____. "전도의 꽃을 피우기 위한 구도자 예배". 『목회와 신학』, (1997. 6).

김세광. "열린 예배의 올바른 자리를 향하여". 『월간목회』, (2000. 5).

_____. "한국 교회 예배유형의 다변화에 따른 대안적 모색". 『신학과 실천』, (2008, 여름).

문동학. "열린 예배의 신학적 이해와 영성" 『목회와 신학』, (1997. 4).

손종태. "한국 교회는 왜 구도자 예배가 필요한가?". 『목회와 신학』, (1997. 4).

유재원 편, 『장신대 목회신학박사과정 제2차 목회유형연구 세미나 자료집』, (2006, 여름).

유재원. "미와십자가교회 탐방기". 『목회와 신학』. (2012. 4)

_____. "이머징 교회 운동의 설교 연구". 『장신논단』, vol. 44. (2012. 12)

이미생. "미국의 제2차 영적 대각성 운동". 『빛과 소금』, (2005. 8).

이영호. "구도자 예배의 현장을 가다". 『목회와 신학』, (1997. 4).

이유정. "미래교회의 대안, 블렌디드 예배". 『목회와 신학』 (2008, 12).

장성배. "포스트모던 문화와 소통하는 한국 교회의 존재 양식 모색". 『한국기독교학회 제38차 정기학술대회 자료집(상)』, (2009, 10).

정일웅. "예전 중심 열린 예배로 전환하자". 『기독신문』. 1999. 1. 27. 17면.

조성돈. "이머징 교회의 아이콘, '전통, 신비'". 『목회와 신학』, (2008. 06).

주승중. "21세기 교회의 예배 갱신을 위한 방향과 과제". 『현대사회와 예배·설교사역』. 서울: 예배와설교아카데미, 2002.

_____ . "한국 교회의 예배, 설교의 위기." 『교회와 신학』, (2002, 9).

하용조. "나는 왜 구도자 예배를 시작하는가?" 『목회와 신학』, (1997. 4).

한 홍. "거칠고 야성적인 서부의 부흥운동". 『빛과 소금』, (1997. 8).

3) 신문 및 인터넷 자료
『매일경제』. 2002. 4. 9.
『조선일보』. 2010. 3. 1.
『중앙일보』. 2009. 3. 16.
『크리스찬타임스』. 2012. 6. 29.
『한국일보』. 2002. 6. 7.
http://beautyncross.net
http://bluelightchurch.com/   &   http://vimeo.com/34882146
http://k.daum.net/qna/openknowledge/view.html?(2013. 8. 22.)
http://mosegol.org
http://newsoundchurch.org/
http://thelord.or.kr
http://upcpusan.org/
http://waychurch.me/
http://yfgc.fgtv.com/
http://youtube.com/watch?v=GNChIMwYkpg

부록 : 다양한 현대 예배의 실제 자료

1) 2015년 주안장로교회 성금요일 예배(4월3일, 부평성전 대예배실)

(1) 현수막

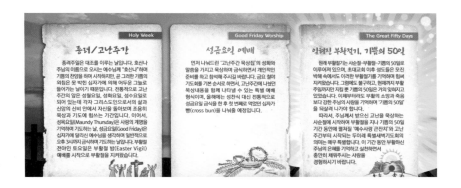

Good Friday Worship

성금요일 예배

먼저 나눠드린 '고난주간 묵상집'의 성화와 말씀을 가지고 묵상하며 금식하면서 개인적인 준비를 하고 참석해 주시길 바랍니다. 금요 철야 기도회를 기본 순서로 하면서, 고난주간에 나눴던 묵상내용을 함께 나타낼 수 있는 특별 예배 형식이며, 올해에는 성찬식 대신 전통적으로 성금요일 금식을 한 후 첫 번째로 먹었던 십자가 빵(cross bun)을 나눠줄 예정입니다.

The Great Fifty Days

잊혀진 부활절기, 기쁨의 50일

원래 부활절기는 사순절-부활절-기쁨의 50일로 이루어져 있으며, 초대교회 이후 성도들은 모진 박해 속에서도 이러한 부활절기를 기억하며 힘써 지켜왔습니다. 그럼에도 불구하고, 현재까지 부활 주일까지만 지킬 뿐 기쁨의 50일은 거의 잊혀지고 있었습니다. 이제부터라도 부활의 소망과 죽음보다 강한 주님의 사랑을 기억하며 '기쁨의 50일'을 되살려 나가야 합니다.

따라서, 주님께서 받으신 고난을 묵상하는 사순절에 시작하여 부활절을 지나 기쁨의 50일 기간 동안에 펼쳐질 '예수사랑 큰잔치'와 고난주간부터 시작되는 두이레 특별새벽기도회의 의미는 매우 특별합니다. 이 기간 동안 부활하신 주님의 은혜를 기억하고 실천하면서 충만히 채워주시는 사랑을 경험하시기 바랍니다.

(2) 고난주간 묵상집

(3) 성화

▶ 칼 블로흐 '가시면류관을 쓰신 예수님'　　　　▶ 카라바조 '예수님의 죽음'

(4) 크로스 번

(5) 예배의 실제 모습

▶ **대형 액자와 하단 캔들 세팅**

▶ 액자 가린 채 찬양 부름

▶ 성화묵상

▶ 성화묵상 후 찬양

2) 2016년 주안장로교회 성금요일 예배(3월25일, 부평성전 대예배실)

(1) 샌드아트 라이브공연
❶ Before the Cross : 1~12
❷ After the Cross : 13~18

1

2

3

4

5

6

7

8

9

10

11

12

13

14

15

16

17

18

(2) 특별기도회 PPT
(배경색은 빨간색과 검정색만 사용)

1   2

십자가와 함께 주님과 함께
2016년 주안장로교회 성금요일 특별기도회

성금요일 **특별기도회를 위한 부탁**

지금부터는 절대 침묵의 시간입니다.

오늘 기도회에는 설교가 없습니다. 예수님 고난에 집중하며 성경에 나타난 가상칠언에 따라 기도하며 나아갈 것입니다.

모든 순서가 끝나면 오직 십자가만을 생각하며 침묵 가운데 나가시기 바랍니다.

3   4

Before the Cross
주님의 십자가 앞에서
주안교회의 과거와 현재

On the Cross
주님의 가상칠언을 묵상하며
함께 드리는 기도

5   6

제1말씀: 죄사함을 위한 기도

"아버지여 저희들을 사하여 주옵소서
자기들이 하는 것을 알지 못함이니이다"
눅 23:34

제2-3말씀: 변화된 관계-제자의 삶

"내가 진실로 네게 이르노니 오늘 네가
나와 함께 낙원에 있으리라" 눅 23:43

"여자여 보소서 아들이니이다
보라 네 어머니라" 요 19:25-26

제4-5말씀: 예수님의 절규

"엘리 엘리 라마 사박다니
나의 하나님 나의 하나님
어찌하여 나를 버리셨나이까 " 마 27:46

"내가 목마르다" 요 19:28

7

제6-7말씀: 생명을 낳는 죽음

"다 이루었다!" 요 19:30

"아버지여 내 영혼을 아버지 손에
부탁하나이다"(눅 23:46)

8

After the Cross
십자가 이후의 삶: 나와 너 그리고 우리

9

성금요일 특별기도회는 지금 끝나지만
오늘 이 시간은 다시 부활주일로 이어져 계속됩니다.

우리는 주님의 부활을 기대합니다.
우리는 죽음보다 강한 주님의 사랑을
믿습니다.

조용히 침묵 가운데 기도하시다가
자유롭게 돌아가시기
바랍니다.

10

(3) 고난주간 특별새벽기도회 삽지
(아르떼 수입지 160g 사용, 빨간색과 흑백이미지만 이용하여 제작)

주요 용어 및 주요 인물 색인

주요 용어

강도요령 97
강해 설교 205
개정판 공동성구집 165
고대-미래 접근법 166, 167
교회력 132, 134, 220
깊이 있는 교회 169-178
네비우스 선교정책 87, 93, 94
뉴사운드처치 156
뉴잉글랜드 지역 73
다각적 강해 설교 208
대한예수교장로회 예배예식서(2008) 63
데오토피칼 설교 207
리마예식서/BEM문서 165
만주 교회(신앙공동체) 86, 89
모새골 158
목사지법 88, 97
미국 변방 예배, 변방 전통 24-26
미국 장로교 계보도 74
미국 장로교 공동예배서 77-81
미국 장로교 예배모범과 예배서 75
미와십자가교회 153
미이미교회강례 64
부산제일오순절교회 122
블루라이트처치 155
사중구조 133, 142, 151, 162, 165, 180
상호문화적 44
새들백교회 211
세대통합 188, 189
세대통합예배의 정의 198
세대통합예배지침 201
세대통합의 성경적 근거 194-197
소비자주의 212

송구영신 예배 92
수정주의자 46, 171
스코틀랜드 공동예배 규범서 69
스코틀랜드 교회 예배회복운동 69
스코틀랜드 장로교 66
스코틀랜드 장로교회 예배 70
아남네시스 136, 219, 236
여의도순복음교회 123
연결주의자 45, 171, 205
연합예배 94
예배 전통의 통합연상 131
예배회복운동 130, 133, 143, 160, 166
예술 요소 137-141, 220
예전적 춤 131, 139, 140
온고지신형 오리엔티어링 44, 45
웨스트민스터 예배모범 75
웨이처치홍대앞교회 155
위원입교인 규죠 94
윌로우 크릭 교회 28-40, 132, 211
유기적 예배의 기초 개념 218-220
유기적 예배의 특징 221, 222
이머징 교회 영성 53, 54
재건주의자 45, 171
제2차 영적 대각성 운동 24
존 낙스의 예배 68, 70
차세대 교회 110
천막집회(야외집회) 25-26
체험예배 200
초대 교회 예배 160-166
트렌드 코리아 241
카리스마틱 117
칼뱅 스트라스부르, 제네바 예식 62

포스트모던 앳모스피어 43
프로렙시스 219, 220
한국 교회 언어단절 192
한국 교회의 경배와 찬양 예배 151, 213, 214
한국 교회의 구도자 집회와 열린 예배 151, 152, 211-213
한국 교회의 예전적 예배 150
한국 예배회복운동 97, 99, 151
한국의 새로운 세대 190, 191, 215
혼상예식서 64, 65

주요 인물

곽안련(알렌 클락) 88, 96, 97
김세광 193
김태규 64
닐 콜 217
다니엘 베네딕트 23
단 셀리어스 201
댄 킴볼 43, 48, 206
데니스 레인 109
데이비드 바렛 116
라이언 볼저 44, 47
레너드 스윗 43, 44, 51
로버트 그리어 178
로버트 웨버 55, 130, 131, 133, 139, 143, 166, 167
로버트 토마스 89
리차드 니버 43
릭 워렌 211
마크 드리스콜 207, 208
빌 하이벨스 28
사무엘 마펫 94
스탠리 그랜츠 43, 55
스탠포드 리드 113
스티브 테일러 47, 50
아펜젤러 87
알렉산더 윌리암슨 89
앤디 랑포드 24, 211
언더우드 87, 92, 93
에드 스테처 171
에디 깁스 44, 47
윌리엄 맥스웰 163
이상규 112
쟝 칼뱅 61, 86
정일웅 114

정장복 205
제임스 게일 88, 95, 96
제임스 화이트 203
존 낙스의 예배 66-71
존 로스 89, 90, 91
존 맥캔타이어 89
존 맥클루어 206
존 보해논 206
존 스토트 204
존 윈스럽 73
존스톤 96
주승중 220, 224
짐 벨처 45, 169
찰스 베어드 76
찰스 피니 25
카브라 42
크랙 밀러 23
크리스천 스미스 177
토마스 쿤 44
폴 훈 128
프랜시스 매케미 73
해돈 로빈슨 206
호레이스 알렌 86, 91, 92